13억 인과의 대화

13억 인과의 대화

초판 1쇄 인쇄 2014년 7월 21일 **초판 1쇄 발행** 2014년 7월 25일

지은이 최종명 **발행인** 조화영 **편집** 김범종 **디자인** 구화정 page9
발행처 도서출판 썰물과밀물 **출판등록** 2013년 11월 28일 제2013-97호
주소 151-891 서울시 관악구 봉천로6길 43 **전화** 02-885-8259
팩시밀리 02-3280-8260 **전자우편** ankjayal@daum.net

ⓒ 최종명, 2014

ISBN 979-11-951616-2-1

⊙ 이 책의 판권은 지은이와 도서출판 썰물과밀물에 있습니다. 이 책 내용의 전부 또는 일부를 재사용하려면 반드시 양측의 동의를 받아야 합니다. ⊙ 책값은 뒤표지에 표시했습니다.

이 도서의 국립중앙도서관 출판시도서목록(CIP)은
서지정보유통지원시스템 홈페이지(http://seoji.nl.go.kr)와
국가자료공동목록시스템(http://www.nl.go.kr/kolisnet)에서 이용하실 수 있습니다.
(CIP제어번호: CIP2014021025)

평생을 공부해도 알지 못할 중국!

13억 인과의 대화

| 최종명 지음 |

썰물과밀물

들어가면서

　책 제목을 정하고 보니 감회가 새롭다. 처음 중국으로 간 게 13년 전이니, 중국인과의 대화가 참 길기도 했다. 2001년 10월에 북경 땅을 밟았고, 출장을 마치고 돌아오는 비행기 안에서 중국으로의 기나긴 여정을 마음먹은 게 엊그제 같은데 말이다. 늦깎이로 중국어를 배우고 나서 배낭과 노트북, 카메라만 달랑 들고 중국 300여 개 도시를 휘젓고 다니다 보니 나도 모르게 '대화'라는 변명을 늘어놓고 있는 게 아닌가. 배낭을 메고 떠난 여행이었지만, 취재라고 애써 고집을 부리는 이유는 자연경관만이 아니라 역사와 문화, 13억 인의 생활을 고스란히 보려던 욕심 때문이 아니었을까? 그 욕심을 한 권의 책으로 엮고 보니, 땀내 나는 소품을 무대에 올려놓은 듯해 신통하기도 하지만 감개도 무량하다.

　후한(後漢)의 학자이자 서예가 채옹(蔡邕)은 '동리규승(動履規繩) 문창표빈(文彰彪繽)'이라 새겼다. '발걸음을 움직여 바로잡으려 하니, 드러내 밝히는 글마다 찬란하다.'라는 뜻인데, 이 정도는 아니더라도 나름대로 중국의 정치인, 상인, 역사문화, 대중문화, 생활, 신화와 고전에 대해서 만큼은 문(門) 정도는 될 듯싶다.

내가 사회에 첫발을 디딜 즈음 우리나라와 중국은 수교가 이뤄졌다. 나는 피시(PC) 통신망 하이텔을 통해 〈중국 사정〉을 연재하던 동지 김기한과 함께 중국을 바로 알아야 한다는 생각으로 중국전문 케이블채널 차이나티브이를 만들었다. 중국 전 지역에 있는 우리 교민 5천여 명에게 캠코더를 이용해 '중국'을 실시간으로 전파하자던 꿈, 아마 그것이 삶의 새로운 변화, 40대 초반의 고단한 시작이었다.

차이나티브이를 개국할 즈음에는 방송을 선전하기 위한 구호가 필요했다. 직원들과 머리를 맞대고 짜내길 1달, 사우나에서 눈을 뜬 아침 우연히, 불현듯 『13억 인과의 대화』가 떠올랐다. 『8억 인과의 대화』는 80년대를 살았던 세대에게는 커다란 가르침이었고, 또 중국에 대한 인식과 세계관의 변혁을 불러일으킨 책이었다. 그리고 대학생활 가운데 가장 인상 깊었던 '신문기사실습' 수업이 떠오르더니 머리에서 사라지지 않았다.

고 리영희 선생님께서는 매주 주제를 내주며 실제 기사를 써오라고 요구했다. 나는 장기수를 주제로 써서 칭찬을 받았지만 다음 주제에서는 눈물이 쏙 빠질 정도로 혼이 나고 말았다. 북한 핵무기를 주제로 쓴 기사였는데, 자신의 글이 아닌 남의 이야기를 썼다는 강렬한 질책이었다. 도서관에서 열심히 자료를 수집한 후 쓴 글이었다고 변명해 보았지만 선생님께서는 아랑곳하지 않았다. 자기 입장, 주장, 생각을 써야 한다는 것을 알게 된 순간이었다.

그 후 글쓰기가 두렵고도 어려웠던 나는 2006년 10월에 안휘(安徽)성의 한 작은 도시 남릉(南陵)에서 글을 써볼 용기를 냈다. 그리고 중국 전역을 돌아다닐 꿈을 꾸었다. 이것은 중국 최고의 여행가이자 지리학자 서하객(徐霞客)이 주유했던 17세기 중국보다 훨씬 더 거대한 도전이었다. 지도를 벽에 붙이고 동선을 짜는 사전 작업만 한 달이나 걸렸다. 그렇게 180일 동안 수만 킬로미터를 다녔고, 그 마음과 그 떨림은 지금도 여전히 남아 있다.

리영희 선생님께서 중국을 보는 냉철한 눈빛은 여전히 유효했지만, '8억'에서 '13억'으로 성장한 중국은 이제 더는 장막이 아니었다. 누구나 중국 정보에 쉽게 접근할 수 있었고, 이제는 홍수처럼 쏟아지고 있다. 그럼에도 중국 정보는 필요했다. 살아있는 생생한 현장, 어느 한두 도시만이 아니라 중국 전체를 이해해야 했다. 그렇게 발품을 팔아 모은 자료가 책이 되어 나오지만, 선생님께서 쓰신 책 제목을 본떠서 붙여놓고 보니 볼품없다는 말이 나올까 봐 걱정이 태산이다. 이 책이 나오면 태산 최정상에 있는 도교 사원 옥황정(玉皇頂)으로 도망가야 할지도 모르겠다.

수천 년 역사를 공유해 온 두 나라는 '한류'를 매개로 대중문화와 사업적인 교류로 새 장을 열고 있다. 그래서 중국 대중문화에 대한 관심은 '대화'의 가장 중요한 고리 가운데 하나이다. '한류'라고 비아냥거리는 중국인도 풍성한 한국 대중문화를 스스럼없이 즐기고 있기 때문이다. 대중문화는 서로 대등하게 교류해야 하고, 끝없는 관심과 공유 또한 지속해야 한다는 점을 강조하고 싶고, 이 책이 그 안줏거리라도 된다면 더 바랄 게 없겠다. 내가 눈으로 보고 귀로 들은, '13억 중국'에 대한 내 경험이, 중국을 타인과도 이어주는 끈이 된다면 행복하겠다.

마지막으로 중국어는 우리말 한자음으로 표기했다. 국어에서는 현지 발음으로 표기하는 것을 권장하고 있지만, 나는 그냥 우리말을 따랐다. 첫째 이유는 영어 같은 언어는 옮길 우리말이 없지만 중국어는 우리 한자음으로 옮길 수 있기 때문이다. 둘째 이유는 내가 습근평을 '시진핑'이라 불러도 중국인은 절대로, 영원히 나를 '최종명'이라 부르지 않을 것이기 때문이다.

　낯선 이방인에게 호의를 베풀어주고 또 나와 인연이 된 모든 중국인에게 감사하고, 마음대로 중국을 돌아다니도록 용서한 많은 벗에게도 내가 좋아하는 중국어 '사사(謝謝)'란 말을 전하고 싶다.
　북경올림픽 취재 중 하늘로 거처로 옮기신 어머님 비문 앞에 면죄의 선물을 드릴 수 있어서 기쁘고, 북경으로 한 번 모시지도 못한 아버님의 서운함도 풀어드리는 계기가 되었으면 좋겠다. 또 옆자리를 지켜주지 못해 늘 미안한 아들 우혁이에게도 책을 선물하며 멋진 인생을 꿈꾸라며 조언하고 싶다. 그리고 내게 늘 용기를 주는, 귀여운 후배 김은아에게 고맙다는 말을 전하고, 흔쾌히 책으로 만들자던 도서출판 썰물과 밀물 조화영 사장님께는 중국에서 가장 오래된 술인 분주(汾酒)라도 한 병 선물해야 할지 모르겠다. 든든한 후원자였던 동생들과 선후배에게는 만한전석(滿漢全席)을 마련해 초대하고 싶다.

2014년 7월 10일 최종명

| 차례 |

1 ★ 정치인

구구절절한 모택동의 결혼 … 14
공산주의 이론가 유소기의 불행한 삶 … 19
모택동은 왜 제갈량보다 더 대단하다고 했을까 … 25
남창봉기의 두 주역, 주덕과 주은래 … 30
중국 현대사를 바꾼 최고의 결혼 … 36
안개비연가 같은 72년간의 사랑 … 41
사대천왕을 보면 국가주석이 보인다 … 46
중국 선거에는 앵그리버드가 없다 … 52

2 ★ 상인

상인의 나라 … 58
진상 교치용과 휘상 호설암 … 63
동양의 유대인, 객가 … 69
작은 어촌이 중국과 세계를 움직인다 … 74
재물신은 많으니 재물을 원하면 빌어라 … 78
와합합과 콜라, 21세기 최고의 상인 … 83

3 ★ 역사문화

13억 중국인의 대문을 열어보자 ··· 90
병마용은 진시황과 무관하다 ··· 95
이 아름다운 하늘을 두고 달라이라마는 어디로 갔을까 ··· 101
서민과 함께 울고 웃던 위대한 스타, 팔대괴! ··· 107
사설 도서관이 국가 도서관의 모범이었다 ··· 115
미와 추의 변증법, 변검 ··· 120
세상에서 가장 작은 사당 ··· 125
공자로 중국을 판단할 수 없다 ··· 131
공방을 가야 공예의 진미를 맛본다 ··· 135
마지막 황제의 마지막 ··· 140
월마트도 부러워한 비단 장수 ··· 146
고대사를 왜곡한 금면왕조 ··· 152
중국 학생을 위한 변명 ··· 157
중국이 치우를 가르칠 때 우리는 편향과 싸우고 있다 ··· 162

4 ★ 대중문화

희망공정 … 170

중국 관객이 등 돌린 영화, 아리랑 … 176

수화인가 예술인가 … 183

장예모와 공리의 만리장성 약속 … 189

중국인이 부르는 아리랑 … 194

6세대 감독이 가는 길 … 200

베스트셀러 삼중문 … 206

오랜만에 대박 난 유승준에게 미안해 … 211

마르지 않는 이야기 샘, 삼국지 … 216

중국 영화는 이곳에서 세계로 향한다 … 221

한류를 비아냥거리는 중국 … 226

5 ★ 생활

황사 종결자, 무시무시한 흑풍폭 ••• 234
이름난 술은 이야기와 함께 마신다 ••• 240
짝퉁 시장에서 값을 제대로 깎으려면 ••• 247
빼빼로 없는 중국, 솔로를 위로하라 ••• 251
중국 결혼식, 차 대접은 변함없어 ••• 256
인생 종착역 ••• 261
천 년 고성에서 먹는 틀국수 ••• 266
아름다운 묘족이 사는 아름다운 마을 ••• 271
서태후도 좋아했던 간식 ••• 277
보일 듯이 보이지 않는 따오기를 찾아서 ••• 282

6 ★ 신화와 고전

공주들의 분투, 남양공주와 문성공주 ••• 290
서시와 초선, 나라를 좌지우지했을까 ••• 295
화려한 미인 양귀비와 가난한 미인 왕소군 ••• 299
서호에 담긴 애절한 사랑 ••• 303
나라의 운명을 바꾼 진원원 ••• 307
아름답지만 비판적인 소설, 홍루몽 ••• 312
수호지와 금병매의 여인 반금련 ••• 316

1 ★ 정치인

구구절절한
모택동의 결혼

-
-
-

　모택동의 고향 소산(韶山)에 가면 그가 태어나고 자란 옛집이 잘 보존되어 있다. 중국을 대표하는 인물이라 그런지 연일 관광객으로 북적대고 있다. 웅장한 동상 앞에서는 사람들이 신에게 봉사하듯이 향을 피우고 있는 모습도 심심치 않게 보이고, 요즘은 모택동 상품도 활개를 치고 있어서 눈살을 찌푸리게 한다. 위대한 공산주의자로 신중국을 개국한 일등공신이지만 대약진운동 실패와 과도한 문화대혁명을 일으켜 정치 지도자로서는 성공과 실패가 교차하는 인물이다. 모택동이 위대한 사상가이자 혁명가인 것은 누구도 부정할 수 없지만 친근하게 다가갈 정도로 인간적인 품성을 지닌 지도자 같지는 않고, 그래서 인간 모택동을 보려고 3번에 걸친 그의 결혼을 훑어보았다.

　1893년에 농사꾼의 아들로 태어난 모택동은 14살에 양가 부모가 정해준 4살 연상의 여인 나일수(羅一秀)와 첫 번째 결혼식을 올린다. 그들은 3년 동안 함께 살았지만 안타깝게도 그녀는 20살이라는 젊은 나이에 병사하고, 둘 사이에는 자식이 없다.

　이후 모택동은 북경도서관에서 사서로 일할 때 은사 양창제(楊昌濟)

소개로 이대쇠(李大釗)를 만나 마르크스주의를 배우기 시작한다. 이때 마음에 두고 있던 은사의 딸 양개혜(楊開慧)와 1920년에 두 번째 결혼을 하고, 본격적으로 공산주의 조직가로 활동한다. 둘 사이에는 아들 3명이 있다.

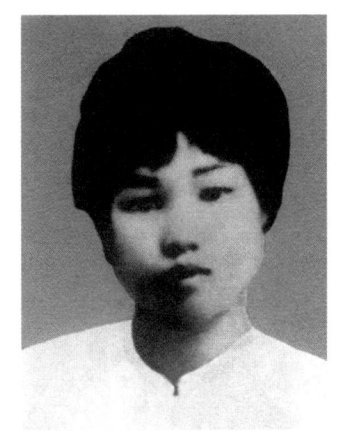
양개혜

추수봉기 실패로 정강산(井岡山)으로 들어간 모택동은 양개혜가 정강산으로 들어오는 것을 한사코 반대하며 이혼을 원하지만, 당이 허락하지 않자 당시 호남 군벌이던 하건(何建)이 양개혜를 사형시킬 때 적극적으로 구명하지 않고 관망하는 자세로 방조한다. 양창제 제자로 모택동과 같이 동문수학한 소자승(蕭子升)은 이때 일을 『모택동과 함께 구걸하다(和毛澤東一起行乞記)』라는 책에서 '모택동이 양개혜를 죽였다'고 증언하고 있다. 1930년, 양개혜가 사형당하기 전 모택동은 이미 정강산 인근 도시 영신(永新)에서 '한 떨기 꽃'이라 불렸고, 또 사격의 달인이었던 17세 소녀 하자진(賀子珍)과 사실상 동거 중이었다. 양개혜가 사형당한 후에 당은 모택동과 하자진의 결혼을 허가한다.

그런데 모택동이 가장 사랑했다고 전해지는 여인 하자진은 1937년에 돌연 공부하기 위해 연안을 떠나 모스크바로 가고, 1948년에 이르러서야 귀국한다. 그 이유는 당시 연안에 있던 미국 기자 스메들리의 통역을 담당하던 오리리(吳莉莉)와 모택동의 염문 때문이었다. 모택동은 양귀비에 필적할 정도로 미모가 뛰어났던 오리리를 마음에 두고 있다가 하자진에게 들통 나버린 것이다.

1 정치인 15

연안에서 모택동과 하자진

모택동과 오리리 사이에 일어난 염문 가운데 재미있는 사실이 하나 전해 온다. 스메들리가 곤히 잠자고 있던 어느 날 밤, 바로 옆 오리리 방에서 시끄러운 소리가 들려 달려가 보니 하자진이 손전등으로 모택동을 비추고 있고 문밖에는 경비병이 서 있었다. 하자진은 소리를 지르며 분이 풀릴 때까지 모택동을 때렸고, 곧이어 벽에 기대서 있던 오리리에게도 다가가 뺨을 때리고 머리카락을 잡아당겼다. 오리리는 머리에서 피가 나자 스메들리 뒤로 몸을 재빨리 숨겼다. 이런 소동은 한참 후에야 끝났고 하자진은 경비병에 이끌려 집으로 돌아갔다.

모택동의 반대와 설득에도 불구하고 하자진은 임신한 몸으로 갓 태어난 딸을 남겨둔 채 연안을 떠났고, 결국 둘은 파경을 맞고 말았다. 하자진은 모두 3남 3녀를 출산했는데 대부분 요절했거나 행방불명이 되었다. 오리리 역시 모택동과의 염문 때문이기도 했지만 미국 중앙정보국(CIA)의 첩자로 의심받고 있었기 때문에 더 이상 연안에 머물지 못하고 떠나야 했다. 이후 그녀는 국민당에 체포되고, 그녀의 구출을 도운 장연전(張硏田)과 결혼한 후 대만에서 여생을 마친다.

모택동은 하자진이 떠난 이듬해인 1938년에 막 연안에 도착한 23살의 이운학(李雲鶴), 즉 강청 (江靑)과 결혼한다. 강청도 이미 화려한 결혼생활 경력이 있는 여인이었다. 현재 정협 주석인 유정성(兪正聲)의 아버지 유계위(兪啓威), 영화 평

문화혁명 주모자로 재판받는 강청

론가이자 배우였던 당납(唐納), 무대 연출가였던 장민(章泯) 등과 결혼했거나 동거했던 경험이 있었다. 강청과 모택동 사이에는 딸 하나가 있다. 그녀는 신중국 건립 후 문화대혁명 4인방 가운데 한 명으로 천하를 주무르지만 1977년에 출당 조치를 당하고, 사형 판결 후 무기징역으로 감형되지만 1991년에 파란만장했던 삶을 자살로 마감한다.

신중국 건립 후 하자진도 고국으로 돌아온다. 떠날 때 다시는 모택동을 보지 않겠다고 다짐했던 대로 합이빈(哈爾濱), 항주, 상해 등지에서 살았다. 1959년에 딱 한 번 모택동과 하자진은 만나는데, 남창에서 휴양 중이던 하자진은 갑자기 여산회의(廬山會議)가 열리는 여산으로 오라는 명령을 받고, 그곳으로 갔더니 모택동이 나타난 것이다. 둘은 20여 년 만에 만나 회포를 풀었다. 그리고 그녀는 1979년에 모택동 사망 3주기에도 참가한다.

이렇게 모택동의 결혼과 삶을 보면 좀 씁쓸하다. 공산주의 이론가이자 혁명가의 삶이 반드시 멋지고 모범적일 수는 없겠지만, 존경받는 이론과 행적에 어울리는 삶을 살았다는 인물로 남아주기를 바라는 것은 지나친 욕심일까. 실제로 그런 혁명가는 세계에 많고, 중국에도 존경

받을 만한 삶을 산 공산주의자는 많다. 그리고 문화혁명을 주도해 중국을 피의 도가니로 몰아넣었던 모택동이지만, 여전히 중국 사회에서 왜 우상으로 남아 있는가도 깊이 새겨야 한다. 또 지금의 중국을 만든 사람은 모택동 개인이 아닌 모든 혁명가의 인내와 노력의 산물이라는 점도 알아야 한다.

중국인에게 영원한 지도자로 남아 있는 모택동, 그래서 그의 고거에는 1년 내내 사람의 발길이 끊이지 않는다. 사진 촬영은 엄격히 금지하고, 또 공안이 늘 감시하고 있지만, 관람은 공짜다. 그들은 이렇게 하는 것이 자신의 우상에 대한 예의라고 생각하는지 모르겠다.

공산주의 이론가
유소기의 불행한 삶

-
-
-

　　모택동의 고향 소산에서 1시간 정도 떨어진 거리에는 유소기(劉少奇)의 고거가 있다. 유명인의 고거에 가면 인물에 대한 정보도 얻을 수 있지만 당시 생활상이나 가옥 구조도 살펴볼 수 있다. 그래서 그들의 삶도 대충 이해할 수 있다. 온후한 공산주의 이론가이자 개혁적 노선을 견지한 선비로 평생을 살았던 유소기는 모택동과 비교하면 결혼생활이 매우 불행했다.

　　유소기 기념관에서 그림으로 이어진 일대기를 보고 있노라면 중국 공산주의 혁명사뿐만 아니라 현대사마저도 살펴볼 수 있어서 시간이 어떻게 가는 줄 모를 정도로 흥미진진하다. 유소기는 1898년에 태어나 혁명가의 길을 걸었고 모택동 노선을 따라 장정(長征)에도 참가했다. 1959년에는 모택동에 이어 국가주석의 자리에 오르지만 문화혁명으로 말미암아 실각하고, 온갖 고초를 겪다가 3년 후인 1969년에 사망한다.

　　유소기는 19세에 결혼했다. 외지에서 혁명 운동에 눈을 뜨고 있을 때 어머니가 아프다는 거짓 소식을 받고는 고향으로 달려가고, 도착하자마자 이미 준비된 시골 처녀 주(周) 씨와 어쩔 수 없는 혼례를 올린다.

유소기 조각상

할 수 없이 밤을 지새우며 '자유'와 '결혼'에 대해 설파했지만 주 씨는 끝내 집으로 돌아가지 않는다. 유소기는 부모의 뜻에 따라 봉건적 삶을 살아야 하는 그녀를 진정으로 동정하고, 그녀는 유소기에게 아들이 하나 생기면 자신이 키우게 해달라는 부탁을 하고, 유소기는 나중에 장남을 그녀에게 보내 이 약속을 지킨다. 신중국 성립 후 생긴 토지 30무 또한 그녀에게 넘겨줘 여생을 편안하게 살도록 했다. 만리장성을 쌓지도 않고 하룻밤을 보냈건만 이것 또한 인연이라며 정성을 다한 유소기의 품성을 잘 보여주는 대목이다.

유소기는 소련에서 유학할 때 공산당에 가입하고, 귀국하고 나서 모택동과 처음으로 만난다. 이때 학생 운동하다가 제적되어 모택동 부부 집에 기거하고 있던 하보정(何葆貞)을 만나 결혼한다. 이후 반려자이자 혁명동지로 살면서 2남 1녀를 낳았다. 두 사람 모두 혁명 와중이라 장남은 고향 집으로 보냈고, 차남과 장녀도 평범한 집에 양육을 맡긴다. 1934년에 하보정은 국민당에 체포돼 남경에서 총살당하고, 신중국 수립 후 유소기는 남경을 찾아 헌화한다.

해남도(海南島) 문창(文昌)현에 있는 작은 어촌에 가면 야자수 마을이 배출한 황후 3명 조각상이 나란히 서 있다. 손문(孫文)의 부인 송경령(宋

慶齡), 장개석(蔣介石)의 부인 송미령(宋美齡), 나머지 한 명은 유소기의 세 번째 부인인 사비(謝飛)이다. 유소기와 사비는 장정 중에 업무 때문에 만난다. 이후 유소기는 성격이 호탕한 사비에게 호감을 느끼고 있었고, 유소기의 우유부단한 성격을 잘 아는 주은래(周恩來)의 부인 등영초(鄧穎超)가 적극적으로 권유하자 둘은 결혼하게 된다. 연안 혁명 근거지에서 유소기

동지이자 부인 하보정

의 비서이자 부인으로 살아가기에는 너무 활달하고 의욕적인 사비는 이혼을 선언하며 떠나고, 둘 사이에는 자식이 없다. 하지만 신중국 성립 후 사비는 늘 유소기의 혁명 업적과 정신에 대해 높이 평가하고 존경했다.

　1942년 안휘성 남부에서 혁명을 수행 중이던 유소기는 일본군에 의해 부모가 잔혹하게 살해당한 후 혁명군에 들어와 간호사로 일하고 있던 16살 왕전(王前)과 또다시 결혼한다. 나이 차이가 많아서 그런지 왕전은 바람기가 많았고, 또 서로 마음도 맞지 않아 이혼으로 결혼생활은 막을 내린다. 둘 사이에는 1남 1녀가 있다. 왕전을 떠나보낸 유소기는 연안에서 홀로 아이들을 키우며 살았다. 그러나 이 결혼으로 말미암아 유소기는 문화혁명 때 엄청난 보복을 받는다. 문화혁명을 주도한 모택동의 부인 강청은 왕전과 공모해 유소기를 곤경에 빠트리는데, 이 둘은 아들과 딸을 압박해 아버지 유소기가 공금을 횡령하는 등 파렴치한 짓을 했다고 밀고하도록 한다. 문화혁명 후 유소기의 아들과 딸은 모두 아버지에게 헌화하는 등 명예회복이 됐지만, 왕전의 아들과 딸은 여전히

해남도 조각상

불명예 상태로 남아 있다.

거듭되는 결혼 실패로 안정을 찾지 못한 채 아이들을 홀로 키우고 있던 유소기를 안타깝게 여기던 주덕(朱德) 부부는 온순하고 착한 왕건(王健)을 소개한다. 하지만 왕건은 결혼하고 나서 며칠 만에 병을 얻고 만다. 유소기는 그녀를 동북 지방 요양소로 보내 치료하도록 했고, 친언니를 보내 돌보도록 했다.

이 때문에 주덕 부부는 항상 미안한 마음을 가지고 있었다. 유소기는 고된 혁명과 불행한 결혼이 이어졌기 때문인지 위장병을 심하게 앓았고, 체중도 급속하게 줄어드는 등 건강 상태가 좋지 않았다. 그래서 주덕 부부는 왕광미(王光美)를 유소기 배필로 만들기 위해 갖은 노력을 기울인다. 해방전쟁이 한창이던 1948년에 당 중앙 근거지 서백파(西柏

坡)에서 유소기는 6번째 결혼을 하게 된다. 왕광미는 1948년에 혁명에 투신한 후 미국 유학을 꿈꾸었지만 유소기와 결혼한 것이다. 어린 시절에는 수학 천재였으며, 원자물리학 분야에서는 최초의 여성 석사였다.

둘은 20년 동안 비교적 안정적인 결혼생활을 했으며 유소기가 문화혁명 당시 고충을 겪을 때도 왕광미는 부인으로서의 역할을 한 치의 망설임도 없이 해나갔다. 이 당시에 유소기를 옹호한 사람은 전국에서 여인 두 명뿐이었다는 말이 있었다. 한 명은 왕광미이고 다른 한 명은 1968년에 유소기의 당적 박탈을 결정하는 자리에서 동의하지 않는다는 뜻으로 거수하지 않은 중앙위원 진소민(陳少敏)이다. 이 일로 왕광미는 12년 형을 선고

유소기의 마지막 부인 왕광미

진소민

받았고, 진소민 역시 4인방으로부터 많은 핍박을 받았다.

유소기는 평생을 지켜온 공산당 당적까지 박탈당하는 수모를 겪었고, 이듬해인 1969년에는 비인간적인 학대를 당하며 감금 생활을 하던 중 병사하고 만다. 그러나 문화혁명이 끝난 1980년에는 명예회복과 함께 등소평 주석이 참가하는 추도대회가 열린다. 왕광미는 복권 후 가난한 어머니를 지원하는 행복공정(幸福工程)을 주창하는 등 사회적으로 매

우 활발하게 활동하다가 2006년에 온 국민의 애도 속에 85세 나이로 영면한다. 유소기와 왕광미는 1남 3녀를 두었으며, 아들 유원(劉源)은 현재 군 장성이다.

유소기는 모택동이 태어난 곳과 아주 가까운 곳에서 태어났고, 모택동과는 혁명동지였다. 모택동이 대약진운동에 실패하자 국가주석 자리에 오를 만큼 당내에서는 최고의 조직 이론가였다. 또 마음씨 좋고 인상 좋은 유 주석이지만 불행한 결혼생활로 인해 불행하게 일생을 보낸다. 비록 문화혁명 역풍으로 말미암아 실각해 삶도 불행하게 마감했지만, 중국 현대사에 큰 발자취를 남긴 인물임은 틀림없다.

모택동은 왜 제갈량보다
더 대단하다고 했을까

-
-
-

　　1970년대 말, 중국 공산당 중앙위원회와 등소평의 전권을 받은 광동성 총책임자 습중훈(習仲勳, 1913~2002)은 주민들의 '홍콩 탈출'이 심각하다는 것을 깨닫는다. 쉴 새 없이 홍콩으로 향하는 차량 행렬과 탈출 실패로 수용소에 갇힌 농민들을 보고는 눈물을 흘린다. 탈출 문제를 해결하는 길은 하루빨리 경제성장을 추진하는 길밖에 없었고, 사회주의 정책에 얽매이지 않고 현실에 맞게 해결하려는 인식, 그것이 바로 습중훈이 고충을 처리하는 방식이었다. 결국, 중국의 '경제특구'가 건설된 것이다.
　　개혁 개방 초기 심천(深圳)은 그야말로 황무지였지만, 지금 홍콩 앞바다를 바라보고 있으면 수출입 하역으로 말미암아 24시간 동안 불이 꺼지지 않고 있다. 지방 정부의 수장으로 파견된 정치 지도자가 '탈출'이라는 현실을 무시하고 계급투쟁만 견지했다면 아마 큰 반발에 직면했을 것이다. 그래서 당 중앙은 좌경에 빠지지 않은 개혁가 습중훈에게 황제의 보검인 '상방보검(尙方寶劍)'을 하사한 것이 옳았다고 자평했다. 그는 습근평(習近平) 현재 국가주석의 아버지이다. 습중훈은 공산당 원로 가운데 가장 존경받는 인물 중 한 명이고, 습근평은 아버지로부터 '피'

와 '품성'은 물론이고 정치적 후광까지 이어받은 것이다.

습중훈은 섬서성 북부 부평(富平)에서 태어났다. 15세에 공산당원이 됐으며, 1934년에는 지역 소비에트 정부 주석이 되었고, 1935년에는 장정(長征)을 주도한 모택동과 처음으로 만난다. 그때 수감 중이던 습중훈은 모택동

습중훈과 두 아들, 모자 쓴 아이가 습근평

이 며칠 만 늦게 연안(延安)에 도착했다면 목숨을 잃었을 것이다. 이후 모택동은 홍군의 든든한 후방 기지 대장이던 22살의 청년 습중훈에게 큰 감명을 받았고, 항일민족통일전선을 훌륭하게 수행한 그에게 친필로 '당의 이익이 최우선'이라는 제자를 써주기도 했다.

이후에도 모택동은 습중훈의 능력을 높이 평가해 4차례에 걸쳐 공개적인 찬사를 보낸다. 1945년 당 중앙은 33살이던 습중훈을 중앙조직부 부부장 겸 서북국(西北局)을 총괄하는 당 서기로 임명하고 이 자리에서 모택동은 '그는 군중으로부터 검증되어 나온 군중 영수'라고 발언한다. 1947년 장개석 군대가 속전속결 전술로 진격해 오자 습중훈은 팽덕회(彭德懷)와 함께 전투에 참가해 승리를 거두는데, 전투병과 장비가 10배나 우수한 국민당 군대를 격퇴함으로써 이 전투는 대첩으로 평가받았다. 토지개혁 정책에서도 좌 편향에 빠지지 않고 업무를 훌륭하게 수행해 당 중앙의 높은 신뢰를 받는다.

신중국 수립 후 1952년, 습중훈의 서북국 업무보고를 받는 자리에서 토지개혁, 통일전선, 민족문제 등에 관한 보고서를 읽던 모택동은 옆에 있던 박희래(薄熙來)의 아버지 박일파(薄一波)에게 습중훈에 대한 평가를 묻는다. 박일파는 망설임 없이 '젊고 유망하다'고 대답했는데, 이 말은 이미 연안 시절에 모택동이 언급했던 말이었다. 모택동도 곧바로 '노화순청(爐火純靑)', 즉 도교에서 도사들이 수련을 통해 극단의 경지에 오른다는 말로 습중훈이 최고라고 표현했다.

모택동이 습중훈을 평가했던 최고의 찬사는 제갈량을 언급하는 대목이다. 신중국은 정부수립 초기 민족문제 때문에 곤란을 겪고 있었다. 서북 지역에는 티베트족, 회족, 위구르족, 몽골족 등이 광범위하게 살고 있었다. 특히, 청해성 앙랍(昂拉) 마을에 있던 장족 지도자 항겸(項謙)은 장개석 국민당의 반공구국군 사단장 담정상(譚程祥) 부대를 규합해 신중국과 대립하고 있었다.

습중훈은 좌파적 경향을 지양하고 민족화합을 통한 인민정부 수립을 견지한다. 국민당 잔당과 소수민족을 구분하면서 지속적인 정치투쟁을 전개하는 방법과 군사작전보다는 직접 당사자를 만나 설득하는 방법을 병행했던 것이다. 결국, 1950년 8월에 항겸은 투항했으며 인민정부에 깊이 뉘우치는 발언까지 한다. 이 사건은 전국 각지에 흩어져 있는 민족문제를 해결하는 데도 큰 영향을 미쳤다.

그러나 앙랍 마을로 돌아간 항겸은 또다시 배신하고, 1951년 9월에 항겸과 정치협상이 결렬되자 대부분은 앙랍을 소탕하자고 결의하지만 습중훈만은 군사동원을 중지하고 인내심을 발휘하자고 호소한다. 1952년 5월, 전투에 패한 항겸이 고립되었을 때도 사람을 보내 진심으로 항복할 것을 권유했다. 8월에 이르러 항겸은 신이나 존경할 만한 인물에게 경의를 표할 때 사용하는 합달(哈達, 경의를 표하는 티베트족 수건)를 습중훈에게 바치며 손을 잡는다. 이를 두고 모택동은 습중훈을 만난 자리에서 칠금맹획(七擒孟獲)에 비유하며 '당신이 제갈량보다 더 대단하다'고 극찬했다.

1952년 가을, 모택동은 정적을 견제하기 위해 지방에 있던 젊은 서기 5명을 북경으로 불러들였다. 서남국(西南局) 등소평(鄧小平), 화동국(華東局) 요수석(饒漱石), 중남국(中南局) 등자회(鄧子恢), 동북국(東北局) 고강(高崗) 등이 서북국 습중훈과 함께 북경으로 왔다. 그 자리에서 습중훈은 당 중앙선전부장이자 정무원(지금의 국무원) 문화교육위원회 부주임이 되었다.

북경의 옛 이름은 북평(北平)이다. 습중훈은 북경에 온 다음 해인 1953년에 태어난 아들에게 근(近) 자를 써서 습근평이라 불렀고, 1956년에 태어난 아들은 원(遠) 자를 써서 습원평(習遠平)이라 불렀다. 또 습중훈은 아이들에게는 항상 다정다감한 아버지였지만 아들은 누나의 낡은 꽃신에 검게 칠한 신을 신어야 할 정도로 소박한 생활을 했다. 이렇게 습근평은 어릴 때부터 아버지의 검소하고 정의롭고 개혁적인 면모를 배우며 자란 것이다.

습중훈은 혁명과 전쟁 속에서 성장했고 약관의 나이에는 신중국의 핵심 간부가 될 정도로 모택동의 찬사를 받는다. 하지만 문화혁명 때는 모택동에 의해 파벌 싸움의 희생양이 되고 만다. 죽을 고비를 넘기며 감금과 감시 속에 살았기 때문에 아들과 딸도 큰 고초를 겪어야만 했다. 당시 9살이던 습근평 역시 하루아침에 온갖 역경 속에서 보내야 했고 오랫동안 아버지를 만나지도 못했다. 그렇지만 습근평은 아버지의 실각이라는 과정 속에서 자신의 정치 인생에서 가장 중요한 자양분을 얻은 것이다.

습중훈은 모택동이 사망하고 사인방(四人幇)도 체포되고 나서야 복권되었다. 1978년에는 광동에서 개혁 개방을 주도했으며, 1981년에는 당 중앙서기처 서기를 맡으며 중앙무대로 복귀했다. 보수파의 공격으로 실각한 호요방(胡耀邦) 당시 총서기를 변론하다가 한직으로 밀려나기도 했지만, 오히려 이 때문에 당 내외에서도 광범위한 찬사를 받았고 역사에서는 더 좋은 평판을 얻었다. 1993년 이후에는 공직 생활에서 완전히 물러났고, 2002년 5월 24일 북경에서 태배(鮐背, 90세)를 앞두고 병사했다.

습중훈에 관한 회고는 지금도 존경으로 일관된다. 그러나 그의 아들이 국가주석이 됐다고 해서 특별히 명성이 더 높아진 것은 아니다. '제갈량보다 더 대단하다'고 격찬했지만 결국 정치적으로 이용했던 국가주석 모택동, 지금은 그 자리를 아들 습근평이 차지하고 있으니 삼국지보다 더 멋진 반전 드라마가 아닐 수 없다.

남창봉기의 두 주역,
주덕과 주은래

-
-
-

　제1차 국공합작의 평화는 1927년에 국민당 내 공산당 지도자를 숙청하고 학살하는, 즉 '청당(淸黨)'을 선언한 장개석에 의해 깨지고 만다. 이 일로 프랑스혁명 때 잔인무도했던 로베스피에르가 중국에 나타났다며 공산주의자들은 경악한다. 그래서 중국 공산당 최초로 조직적 무장투쟁의 횃불이 타올랐는데, 이것이 바로 남창봉기(南昌起義)로 중국 공산당 혁명사의 서막이다.

　무한(武漢), 중경, 남경과 함께 중국 4대 찜통 도시이기도 한 강서성(江西省) 남창은 장강(長江) 지류인 감강(贛江)이 유유히 흐르는 곳이다. 남창봉기 때 근거지였던 주덕의 집 거실에는 조그마한 간이침대 하나가 놓여 있다. 당시 주은래가 잠을 잤던 곳이다. 그리고 탁자와 옷걸이도 놓여 있고, 주덕이 직접 요리했다는 채소도 있고, 마작 패와 옷과 부채 등도 봉기를 기념하는 사진과 함께 전시되어 있다.

　봉기가 있기 며칠 전인 1927년 7월 27일, 주덕은 초조한 마음으로 봉기를 함께 주도할 인물 주은래(周恩來)를 기다리고 있었다. 주은래는 주덕에게 공산당에 입당하라고 권유한 친구이다. 오랜만에 친구를 만

주덕 고거, 주은래 사진이 보인다

난 주덕은 기쁨을 만끽한 다음 현재 남창의 군대상황과 봉기 계획을 보고했으며, 주은래는 치밀한 계획을 듣고 나더니 입을 다물지 못할 만큼 기뻐했다. 여명의 불꽃을 준비한 며칠이었다.

   7월 31일 저녁, 밀고자가 생긴 것을 안 주덕은 주은래에게 즉각 보고하며 거사를 8월 1일 새벽 2시로 앞당긴다. 전투가 시작되자마자 일사불란하게 적들을 무장 해제했고, 4시간 만에 모든 작전은 끝났다. 여명이 떠오를 즈음 3천여 명의 적군을 섬멸했고, 무기 5천여 종, 총알 100만여 발, 대표 수십 문을 노획하는 등 국민당이 장악하고 있던 남창을 완전히 점령한 것이다. 그리고 나서 그날 오전에 송경령, 주은래, 주덕을 비롯해 25명으로 구성된 혁명위원회를 구성하고 봉기선언문을 통과시켜 버렸다. 이것이 주은래와 주덕의 이름이 처음으로 기재된 첫 번째 문서이다.

장개석 군대가 남창으로 진주하자 혁명위원회와 군대는 차례로 철수한 뒤 군대를 지휘해 남하한다. 주은래가 이끄는 주력군은 광동성 해안가 조주(潮州)와 산두(汕頭)로 향하고, 주덕이 지휘하는 부대는 매주(梅州) 근처 삼하파(三河壩)로 향해야 했기 때문에 둘은 헤어져야 했다. 주은래의 주력군은 장개석 군대와 전투에서 대패한 후 뿔뿔이 흩어졌고, 한편 주덕이 이끄는 부대는 강서성과 광동성 등지를 전전하다가 유격전으로 전술을 바꿔 이동한다.

주덕은 군사 2,000여 명을 거느리고 호남성 의장(宜章)현으로 이동해서는 1928년 1월에 다시 한 번 상남봉기(湘南起義)를 거행하고, 1928년 4월에는 부대를 인솔해서 정강산으로 들어간다. 이때 추수봉기 실패로 정강산을 근거지로 활동하고 있던 모택동과 역사적인 만남이 이루어진다. 이를 공산당사에서는 '주덕과 모택동의 합류(朱毛會師)'라고 한다. 남창봉기 때부터 혁명 주력부대를 이끌고 있던 주덕은 곧 공농혁명군(工農革命軍) 제4군단장이 된다.

주덕은 주은래와 함께 혁명을 모의했고 끝까지 군대를 인솔해서는 모택동과 합류한 것이다. 모택동 주석과 주은래 총리, 주덕 총사령관의 인연은 이렇게 시작됐다. 혁명적 열정으로 밤을 지새우던 주덕과 주은래의 남창봉기, 그리고 정강산에서 이론을 투쟁하고 결합한 일은 대단히 의미 있는 사건이었다. 그런 다음 혹독한 장정(長征)이 시작되기 때문이다.

1935년 1월, 장정 한복판에서 중국 공산당사에서 주목할 만한 준의회의(遵義會議)가 열린다. 당내 좌 편향은 혁명에서 가장 우려했던 당 중앙 문제를 치열하게 제기했고, 결국 모택동을 핵심으로 하는 지도체제가 탄생하는 데 합의를 이룬다. 여기서 주덕과 주은래도 모택동을 지지

청량산 토굴집

한다. 그래서 당과 홍군은 역사적인 장정을 거쳐 연안시에서 서북쪽으로 150킬로미터 떨어진 오기(吳旗)진에 도착한다.

연안은 중국 공산당 홍군(紅軍)이 2년간 25,000리를 걸어 도착한 장정의 종착지이다. 당 중앙은 13년 동안 산속 토굴집 요동(窯洞)에 살면서 장개석의 국민당과 투쟁했고, 또 일본제국주의와도 전쟁을 멈추지 않았다. 연안 시내를 가로지르는 연하(延河)는 청량산(淸凉山)의 황토 고원을 빨아들여서 그런지 황하(黃河)만큼 누렇고, 강이 휘감고 흐르는 청량산에는 동굴도 많이 형성돼 있다. 홍군이 그 산속 동굴을 집으로 삼고 기거했던 흔적은 지금도 곳곳에 남아 있다. 일제로부터 해방된 홍군 300만 명은 800만 명이 넘는 국민당과 해방전쟁을 거쳐 신중국 성립에 중추적인 역할을 하고, 주덕은 중국 인민정부 부주석이자 인민해방군 총

1 정치인 33

사령관이라는 중책을 맡는다.

1949년 10월 1일 오후 3시, 남창봉기의 주역 가운데 한 명이자 인민정부 비서장 임백거(林伯渠)의 사회로 진행된 개국대전(開國大典)에서 의용군행진곡(義勇軍進行曲)이 울려 퍼지는 가운데 국가주석 모택동이 천안문 성루에 올라 개국을 선언하자 홍군은 요동치기 시작한다. 오성홍기가 휘날리고, 1949년 9월에 열린 중국인민정치협상회의 제1차 전체회의에 참가한 54개 단체를 상징하는 축포 54발이 터졌고, 화려한 열병식과 군중 행진까지 이어졌다. 대만으로 쫓겨난 장개석의 공군이 폭격할지도 모른다는 우려 속에서 진행된 신중국성립대회는 주덕의 폐막 인사로 무사히 끝났다.

의용군행진곡은 소설가이자 시인인 전한(田漢)이 작사하고 천재적인 음악가 섭이(聶耳)가 작곡한 노래이다. 1933년 전한의 권유로 공산당에 가입한 섭이는 1935년에 항일전선에 뛰어든 여학생의 용감한 투쟁을 그린 영화 〈풍운아녀(風雲兒女)〉의 주제가를 창작한다. 섭이는 사랑했던 여인인 여배우 왕인미(王人美)가 노래하고 자신이 바이올린 연주를 한다는 조건으로 이틀 만에 이 노래를 완성했다. 영화가 공개되자 이 노래는 항일의용군의 애창곡이 되었고 마침내 국가(國歌)가 된 것이다. 불우하고 외로운 천재 섭이는 영화가 상영된 해 일본에서 익사하고 만다.

오성홍기는 평범한 공산당원 증련송(曾聯松)이 설계한 작품이다. 신중국 성립을 앞두고 국기 모집을 시행했는데 응모작 3,000여 개 가운데 38개가 최종적으로 선정되었고, 그중에서 하나가 뽑힌 것이다. 붉은색 바탕에 노란색 큰 별을 중심으로 작은 별 4개가 원을 그리고 있는 모습이다. 가운데 있는 큰 별은 공산당을 상징하고 작은 별 4개는 노동자, 농민, 소자산가, 민족 자본가를 뜻한다. 즉 중국 공산당을 중심으로 모든 계급이 일치단결한다는 의미이다.

이처럼 주덕과 주은래가 지핀 불씨인 남창봉기는 모택동을 만나자 들불처럼 번지기 시작했고, 이후 중화인민공화국이라는 역사에 길이 남을 국가가 탄생한 것이다. 모두가 새로운 중국을 만든 주역이지 조연은 아무도 없었다. 모택동은 국가주석이 되었고, 주은래는 영원한 총리가 되었으며, 주덕은 부주석이 되었다. 또 모택동은 문화혁명 때 중상모략을 당하던 주덕을 끝까지 보호한다.

중국 현대사를 바꾼
최고의 결혼

-
-
-

　북경 천안문 서쪽에는 손중산이 서거했을 때 장례를 치른 곳인 중산공원이 있고, 그 안에는 조문을 받았던 곳인 중산당(中山堂)이 있다. 중산은 바로 중국 혁명에 불을 지핀 손문의 호이다. 이곳 '손중산과 북경' 전시실에는 삼민주의자 손문의 행적과 글, 책 등이 전시되어 있다. 그리고 송경령과 일본에서 찍은 결혼식 사진도 전시되어 있는데, 중국 현대사에서 가장 의미 있는 기념비적 사진이다.

　22살 송경령과 나이 50을 바라보던 손문은 일본에서 1915년에 결혼한다. 중국의 민족지도자, 사상가, 정치가이자 혁명가인 손문과 비서이자 동지이며 당대 최고 갑부 딸인 송경령이 결혼한 것이다. 손문과 송경령의 결혼은 극적인 송씨 집안 이야기를 집대성한 것이라고 할 만큼 역사적인 사건이었다.

　1997년에 개봉한 영화 〈송가황조(宋家皇朝)〉 포스터에는 '한 여인은 돈을 사랑했고, 한 여인은 나라를 사랑했고, 한 여인은 권력을 사랑했다'는 송가 3자매에 대한 이야기가 적혀 있다. 거상과 결혼한 첫째, 국부와 결혼한 둘째, 권력자와 결혼한 셋째, 모두 뛰어난 미모와 지

송씨 3자매   중산당 손문

략으로 남편을 보필했지만, 거꾸로 보면 돈과 나라와 권력을 유지할 목적으로 3자매가 결혼했다는 이야기가 된다.

송경령의 본적은 해남성 문창에 있는 작은 어촌이지만 상해에서 태어났고, 당대 갑부이자 손문 지지자였던 송가수(宋嘉樹, 1864~1918)의 둘째 딸이다. 송가수는 자식들에게 '천하를 먼저 생각하라'고 교육했으며 3남 3녀에게도 남녀평등을 실천한 사람이다.

언니 송애령(宋靄齡, 1890~1973)은 당시 재정 관료이자 중국은행 총재를 지냈으며, 장개석 국민당 정부의 재정을 담당한 자본가이자 공자의 75대손인 공상희(孔祥熙)와 결혼했다. 원래는 송애령이 손문의 비서였는데 결혼 후 여동생 송경령을 비서로 추천했던 것이다. 뛰어난 상인 공상희 또한 손문을 지지했다. 그러나 상인으로 거부가 된 공상희는 장

공상희

개석의 오른팔이 되어 화폐개혁, 국가은행 설립 등 재정 부문에 참여했고 나중에는 횡령과 치부가 드러나기도 했다.

남동생 송자문(宋子文, 1894~1971)은 미국 하버드대학에서 공부했으며 초기에는 손문의 영문담당 비서였다. 장개석의 국민당 정부 때는 재정담당 관료와 중앙은행 총재로 활약했다. 장개석에 이어 두 번째로 중국 공산당 전범자 명단에 올라 있으며, 국민당 당적 삭제 명단에도 공상희에 이어 두 번째로 올라 있는 인물이다. 결국 홍콩을 거쳐 미국 뉴욕으로 달아났다.

여동생 송미령(宋美齡, 1897~2003)은 장개석과 결혼했다. 장개석의 수행비서로 활동했으며 서안사변 때는 사로잡힌 장개석을 구하기 위해 주은래와 담판을 벌이기도 했다. 언니 송경령과 여동생 송미령은 각각 중국 본토와 대만에서 정치적 지도력을 발휘했고, 서로 죽을 때까지 정치적 대립이 심했다. 중국 국가부주석이었던 송경령은 병세가 악화돼 죽음을 앞둔 시점에서도 여동생 송미령의 마지막 접견을 거부했다.

남동생 송자량(宋子良, 1899~1987)은 미국에서 공부한 후 중국국화은행과 건설은행 최고 책임자를 지냈으며, 은행 자금을 투자해 건설, 철도, 전기, 탄광 등 기간산업을 육성하기도 했다. 또 다른 남동생 송자안(宋子安, 1906~1969)은 1928년에 미국 하버드대학을 졸업한 후 중국건설은행에서 근무했으며, 1949년에는 홍콩광주은행 주석이 되기도 했다.

20세기 중국 역사에서 송씨 집안 세 자매는 모두 중국을 이끌어가는 지도자와 결혼했고, 세 형제는 경제통으로 활동했다. 송경령을 제외하고는 모두 장개석의 국민당 정부와 밀착돼 있다.

손문은 고향에 본처와 첩이 있었고, 일본 현지에도 부인이 있었던 유부남이었다. 그런데 손문과 송경령의 결합이 20세기 최고의 결혼으로 꼽히는 이유는, 국부와 결혼하고 공산당을 지지했으며 나중에는 국가부주석 자리에까지 오른 송경령의 당돌한 삶 때문인지도 모른다. 또 당대 명문가의 딸 송경령은 아버지의 반대와 감금에도 불구하고 손문과 전격적으로 결혼했다.

당시 일본의 유명한 법률가가 증인으로 참석한 둘의 결혼식은 1915년 10월 25일 오전에 이루어졌지만 결혼식 서약서에는 26일로 기재되어 있다. 일본인은 원래 짝수 날짜가 길하다고 생각하는 습성 때문에 그렇게 쓴 것 같다. 아직 일본제국주의가 중국을 침탈하기 전이었고, 또 일본에서 오래 살았던 손문은 그런 날짜 따위를 대수롭지 않게 생각했던 것이다.

그리고 서약서에는 송경령의 이름 가운데 령(齡)이 아닌 림(琳)으로 기재되어 있고 송경령 도장도 찍혀 있지 않다. 복잡한 한자 대신 쉽게 쓸 수 있는 말을 썼고, 미국에서 일본으로 돌아올 때 도장을 미처 가져오지 못했기 때문이고, 또 둘이 서약한 내용이 중요했지 형식은 중요하게 생각하지 않았을 것이다. 서약 내용으로는 중국 법률을 위해 혼인 수속을 최대한 빨리 처리하고, 영원히 부부관계를 유지하며 행복을 위해 서로 노력하고, 서약을 어길 경우 법률과 사회적 책임을 다할 것이라는 내용 3개 항이 적혀 있다.

송경령이 사망하기 1년 전인 1980년, 도난당했던 이 결혼 서약서 원본이 발견됐다. 당시 송경령도 기자와 인터뷰를 통해 당시 소회를 털어놓

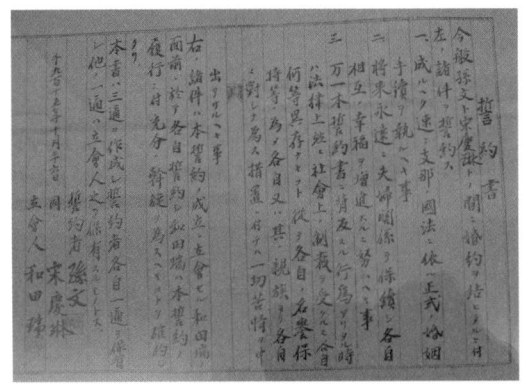
손문과 송경령의 결혼 서약서

으며 진품을 확인했다. 현재 중산당에 있는 서약서는 복제본이며, 원본은 중국역사박물관에서 보관하고 있다.

손문은 1925년에 북경에서 간암으로 서거한다. 손문이 사망할 시점에 이르러서야 국민당 정권은 친러시아 정책을 펴고, 또 공산당과도 협력을 도모한다. 송경령도 비록 10년이라는 짧은 기간 동안 부부의 연을 맺었지만 손문의 유언을 받들어 러시아와 끊임없이 관계를 모색하고 모택동 노선과도 긴밀하게 협력한다.

송경령은 북경 십찰해(什刹海) 호반에서 죽을 때까지 홀로 살았다. 1981년에 사망하자 이 고거는 일반인에게 개방되었는데 손문과 송경령이 남긴 유품이 많이 전시되어 있다. 결혼 후 송경령의 어머니가 손수 만들어 선물한 비단옷 한 벌도 있는데 아름답고 품위 있는 옷이다. 화려한 거부의 딸로 살지 않고 사랑과 명예를 위해 평생을 바친 그녀의 삶이 엿보이는 대목이다. 아직도 공산당과 국민당 정부는 손문의 정통성이 서로 자신에게 있다고 주장하고, 또 그럴 만한 역사적인 근거도 있다. 그러나 13억 중국인은 손문의 정치적 유산은 송경령에게 있다고 믿는다.

안개비연가 같은
72년간의 사랑

-
-
-

　드라마를 좋아하는 사람이라면 2001년 중국과 우리나라에서 각각 방송해 큰 인기를 끌었던 중국 드라마 〈안개비연가〉를 기억할 것이다. 만주사변이 발발하자 동북 군벌이 일가족을 이끌고 상해로 도피한 후 벌어지는 사랑과 갈등을 그린 드라마로 사천성 태생의 대만 여류작가 경요(瓊瑤)의 소설 『연우몽몽(烟雨濛濛)』이 원작이다.

　동북 군벌 아버지와 8번째 부인인 어머니 사이에서 태어난 딸 의평을 중심으로 펼쳐지는, 슬프고 애잔한 가족사를 다룬 드라마이다. 의평 역할을 한 조미(趙薇), 의협심 강하고 다정다감한 신문기자 서환 역할을 한 고거기(古居基), 덤벙대지만 재치 있고 착한 사진기자 두비(杜飛) 역할의 소유붕(蘇有朋), 마음씨 착한 여평 역할의 임심여(林心如) 등이 출연해 열연했다. 관심 있게 본 사람이라면 〈정심심우몽몽(情深深雨濛濛)〉이라는 노래를 무대 위에서 부르는 조미의 슬프면서도 귀여운 모습이 떠오를 것이다.

　이 드라마 초반에 등장하는 동북 군벌 모습을 보면 먼저 떠오르는 인물이 있다. 1936년에 세계를 떠들썩하게 했던 서안사변의 장본인 장학량(張學良)이다. 심양 시내에 있는 장씨수부(張氏帥府)에 가면 청나라 말기부터 중화민국 때까지 동북 군벌이었던 장작림(張作霖, 1875~1928)과 그의 아들 장학량이 살았던 흔적을 볼 수 있다. 청나라가 멸망하고 손문의 공화정이 실패로 돌아가자 중국 전역은 바야흐로 군웅할거 시대로 접어든다. 마적 출신으로 동북 지역을 좌지우지하던 군벌 장작림의 관저이기도 하고 사택이기도 했던 이 옛날 건물을 보면 군웅할거 시대 동북 군벌 힘이 얼마나 컸는가를 잘 보여주고 있다.

용마루와 처마가 가지런하게 놓인 이 건물은 전통양식과 민속적인 풍모가 조화된 건축물로 주목받고 있고, 장작림이 직접 구상하고 건축했다는 유럽풍의 웅장한 건물도 남아 있다. 아주 세심하게 기획된 건출물이라 그런지 실내도 예술품이라는 생각이 들 정도로 아름답다. 방마다 꾸

장학량 고거

며놓은 장식도 위세가 등등했던 군벌의 힘을 과시하기에 충분해 보였다.

장씨수부 바로 옆에는 자그마한 집 한 채가 있는데 장학량과 72년간 사랑을 나눈 조일적(趙一荻)이 기거하던 고거이다. 홍콩에서 태어난 그녀는 한눈에 사람의 시선을 사로잡을 만큼 품위가 있고 아름다웠다. 그녀가 태어난 날 하늘은 마치 비단처럼 빛나는 노을 같았다고 해서 이름을 기하(綺霞)라고도 불렀다. 셋째 딸로 태어난 그녀는 철로국장이던 아버지를 따라 천진으로 이사했고 그곳 무도회에서 장학량과 운명적으로 만난다. 며칠 후 장학량은 그녀에게 편지를 보내 심양으로 부르고 조일적은 달려간다. 정치 격변기에 자신의 딸이 정치 군벌에게 달려가자 아버지는 신문에 부녀의 인연을 끊겠다는 광고를 내기도 했다.

그러나 장씨수부에는 이미 본처 우봉지(于鳳至)가 살고 있었다. 장작림은 우봉지가 봉황의 운명을 타고났다고 칭찬했으며 마지막 황제 부의의 친동생 부걸도 그녀가 타고난 미인이라고 칭찬했을 정도로 아름다웠다. 결국 장학량은 조일적을 위해 별도로 집을 지을 수밖에 없었다.

1928년 만주를 호시탐탐 노리던 일본군의 폭탄테러로 아버지를 잃자 장학량은 동북 지역의 최고 지도자가 되고, 곧 동북만의 군벌 통치를 포기하고 남경 국민당 정부에 합류한다. 1930년, 국민당 정권을 장악하기 위해 파벌 간에 군사력이 충돌한 중원대전(中原大戰)이 일어나고, 이때 고전하던 장개석을 장학량이 돕자 반대 세력은 산산이 부서지고 만다. 이후 장학량은 공산당을 섬멸하라는 장개석의 명령으로 군대를 이끌고 서안으로 간다. 그러나 장학량은 민족주의자라서 반일감정이 아주 강했다. 장개석이 항일투쟁보다는 모택동 부대 공격에 더 집중하는 것을 보자 못마땅하게 생각했던 것이다. 1936년 12월 12일 새벽, 장학량은 양귀비와 당나라 현종이 열애하던 화청지(華淸池) 뒷산, 즉 장개석 공관을 기습해 서안사변을 일으킨다.

공산당과 합작해 먼저 항일투쟁에 나선다는 약속을 하고 풀려난 장개석은 1937년에 돌연 장학량을 구금한다. 장학량은 장개석의 고향인 절강성 봉화시 계구현 설두산(雪竇山)에 유폐되고, 상해에서 친자매처럼 함께 거주하던 우봉지와 조일적은 한 달에 한 번씩 번갈아 가며 설두산으로 가 장학량을 돌본다. 이때 조일적은 아들을 낳았고, 얼마 후 일본군은 장개석의 고향을 침공한다.

장개석은 황산(黃山)으로 장학량의 구금 장소를 이동하고, 다시 호남성 침주(郴州)시 소선령(蘇仙嶺)을 거쳐 원릉(沅陵) 봉황산(鳳凰山) 오지로 옮긴다. 이때 남편을 돌보던 우봉지는 병을 얻는다. 일본군의 상해 함락 후 홍콩에서 안락하게 생활하던 조일적은 1940년 겨울 장학량의 전보를 받고는 어린 아들과 생이별하고 장학량을 돌보기 위해 오지인 귀주로 떠난다. 이때부터 조일적은 장학량 곁을 떠나지 않는다.

귀주 수문(修文)현 양명동(陽明洞)으로 찾아간 조일적은 장학량 보필에 최선을 다한다. 장학량과 조일적은 동재(桐梓)현 천문동(天門洞)에서 생활하던 중 일본이 패망했다는 소식을 들었고, 1946년에 다시 중경(重慶)에 있는 가락산(歌樂山)으로 옮겼다가 그해 10월에 대만으로 압송된다. 장개석은 대만으로 쫓겨나도 장학량에 대한 구금을 멈추지 않는데, 서안사변의 보복치고는 아주 잔인한 방법이었다. 조일적은 변함없이 장학량 곁을 떠나지 않았고 옆에서 지켜보는 이들은 감동하지 않을 수 없었다. 그녀는 아들과 손자를 보기 위해 미국으로 가더라도 3일을 넘기지 않고 돌아왔다.

오랜 구금생활에 지친 장학량은 어느덧 60대 노인이 됐다. 해금을 기다리는 고통과 자유에 대한 의지로 기독교에 귀의하고자 했으나 일부일처라는 교회 규정 때문에 그럴 수도 없었다. 장학량은 고민 끝에 자신과 우봉지 사이에 태어난 딸에게 편지를 썼고, 우봉지는 장학량과 조일적이 얼마나 고통스러운 삶을 살았는지를 누구보다 잘 알고 있었기 때문에 흔쾌히 이혼에 동의한다. 우봉지는 이혼에 동의하는 편지에서 이렇게 썼다.

'둘의 사랑은 정말 순수하고 맑다. 기하(조일적)는 아무런 욕심도 없이 모든 것을 바쳐 사랑했으며, 인격이 높고 절개가 곧다. 당연히 둘은 생사를 함께해야 한다. 두 사람의 결혼을 진심으로 축하한다.'

세상과 격리된 지 28년 만인 1964년에 장학량과 조일적은 정식으로 결혼한다. 장개석은 결혼은 허가했지만 구금은 해제하지 않았고, 1975년에 장개석이 죽어도 여전히 자유는 없었다. 총통을 이어받은 그의 아들 장경국(蔣經國)이 1988년에 죽고 이등휘(李登輝) 정권이 들어설 때까지 기다려야 했다. 1990년에야 비로소 54년 만에 완전한 자유를 얻었다.

1993년에 대만을 떠나 하와이에 정착한 장학량은 50년 전에 떠난 고향 방문을 희망하지만, 2000년에 조일적이 사망하자 10개월 뒤에는 자신도 사망하고 만다. 이후 둘은 합장된다. 장학량은 어린 시절에는 경비행기를 타고 만주벌판을 날아다녔고, 술과 담배는 물론이고 한때는 아편을 했음에도 불구하고 103세라는 장수를 누렸으니 놀라울 따름이다. 세계에서 그 유례가 없을 만큼 장기간 동안 정치 보복을 당했지만 천수를 누린 이유는 조일적과 함께한 세월 때문인지도 모르겠다. 자그마치 72년간의 사랑이다.

사대천왕을 보면
국가주석이 보인다

-
-
-

　사대천왕은 미륵불에게 봉사하고 불교 사원 천왕전을 지키는 수호신을 일컫는 말이다. 즉 동서남북을 수호하는 천신을 뜻하는 말이다. 그런데 요즘은 이 사대천왕을 각 분야에서 떠오르는 인물에 비유하는데, 과연 중국적인 발상이다. 사대천왕에서 죽을 사(死) 자를 연상하면 낯가릴 수도 있겠지만 그 속내를 들여다보면 그렇지는 않다.

　1990년대 초반 홍콩 영화를 주름잡던 배우 유덕화, 장학우, 여명, 곽부성은 사대천왕이라 불렸고, 세계에서 선풍적인 인기를 누리고 있는 중국 화가 4명도 그렇게 불렸다. 또 우리 언론에서도 한류 사대천왕이라는 말을 쓰는 것을 보면 우리도 중국에 중독되어 있다는 느낌을 지울 수가 없다. 그리고 사대천왕은 꼭 4명으로 이루어진 것을 말한다기보다는 어떤 분야에 걸출한 인물이 4명 이상이나 탄생했을 정도로 무언가 특별한 흐름이 나타나고 있을 때 쓰기도 한다.

　중국 정치권에도 사대천왕이라 부를 만한 인물이 있고, 그렇게 부르는 합리적인 이유도 있다. 그것을 설명하려면 먼저 중국 정치와 중국 공산당이 권력을 이양하는 방법을 알아야 한다. 공산당 내 역학 관계는 참으로 역사적이고 복잡하고 미묘하다. 호금도(胡錦濤) 주석과 온가보(溫家寶) 총리 체제에서 습근평(習近平) 주석과 이극강(李克強) 총리 체제로는 이미 공고하게 변했고, 그렇다면 습근평 주석 이후 누가 권좌를 이어받을 것인지에 대해서는 국내외를 막론하고 관심이 클 것이다.

1989년 천안문사태가 일어나자 당시 권력자 등소평은 상해 서기이던 강택민(江澤民)을 중앙 무대로 불러올려 사태를 무마하고, 이로 인해 강택민은 10년 동안 최고 통치자로 군림한다. 당시 등소평은 권좌를 이양하면서 중국 역사에서 찾아볼 수 없는 독특한 권력 이양 방법인 격세지정(隔世指定)을 약속받는데, 즉 세대를 거쳐 다음 권좌를 미리 지정한다는 원칙이다. 등소평은 호금도로 대표되는 공산주의청년단(공청단) 출신이 자연스럽게 권력 중심부에 위치해야 한다는 것을 유언처럼 제시한 것이다. 그래서 호금도는 국가주석이 된 것이다.

공청단의 최고 책임자는 그냥 서기라고 부르지 않고 제1서기라고 부른다. 그러나 호금도는 공청단 제1서기 출신인 이극강을 차기 총서기이자 국가주석으로 내정했으나 격세지정을 내세운 강택민의 상해방과 증경홍(曾慶紅)의 태자당에 밀려 습근평을 낙점하고 만다. 그리고 다시 격세지정의 원칙을 내세우면 공산당 내 다음 권력은 호금도가 지정할 가능성이 높고, 그러면 공청단 출신 인재가 부상할 것은 자명한 사실이다.

공청단은 공산당이 영도하는 선진 청년 정치대중조직으로 공산당 창당만큼이나 오랜 역사를 지니고 있다. 1922년 이후부터는 차세대 정치 지도자를 배양하는 공간으로 자리 잡고 있기 때문에 공청단 출신 지도자는 검증 과정을 거친 다음 점차 요직에 배치된다. 그렇다면 자연스럽게 이극강 이후 공청단 제1서기 출신 4명에게 관심이 집중될 수밖에 없으니, 이들을 살펴보자.

주강

주강(周强)은 이극강에 이어 공청단 제1서기를 역임한 인물이다. 1960년 4월 호북성 황매(黃梅)에서 출생했고, 중경에 있는 서남(西南)정법대학 법률과를 졸업한 법학석사이다. 1976년에 고향 인민공사에서 지식 청년으로 노동했으며 1978년에 입당한 후 대학에 입학한다. 1985년에 사법부 법률정책연구실에서 사회생활을 시작해 1989년에는 사법부 법규사(法規司) 법률법규처에서 부처장과 처장으로 근무했으며, 심천시 사법국 국장 비서를 거쳐 사법부 판공청 부주임을 되고, 그다음에 사법부 법제사 사장(司長)이 된다. 이극강이 제1서기로 있던 1995년에 공청단 중앙서기처 서기가 됐으며, 1998년에는 이극강에 이어 정치 지도자의 출세가도인 제1서기가 된다. 당 선전 이데올로기 부서인 중앙정신문명건설지도위 위원 및 중앙사회치안종합치리위 위원을 거쳤고, 2006년 9월에는 호남성으로 옮겨 성 부서기, 대리 성장, 정식 성장, 성 서기를 역임한다. 2013년부터 현재까지 최고인민법원 법원장 및 서기이자 수석 대법관으로 재임 중이다.

호춘화(胡春華)는 주강에 이어 공청단 제1서기를 역임한 인물이다. 1963년 4월 호북성 오봉(五峰)에서 출생했고, 북경대학 중문과를 졸업했다. 1983년에 입당한 후 공청단 서장(西藏)자치구 조직부 간부를 자원하며 사회생활을 시작해 세상을 놀라게 한 인물이다. 1989년 라싸(拉薩) 소요 사태 때 당시 서기이던 호금도에 의해 발탁돼 소요 진압 지휘부에서 능력을 발휘한다. 공청단 서장자치구 부서기와 서기를 거쳐 라싸 동남부에 있는 산남(山南) 지구에서 마을의 행정공서(行政公署) 책임자로 근무한다. 1997년에 공청단 중앙서기처 서기로 전격 발탁됐으며 전국청년연합회 부주석도 겸임한다. 2001년에 다시 서장으로 내려가 부서기로 근무했으며, 2006년에는 주강에 이어 공청단 중앙서기처 제1서기가 됐다. 하북성 부서기와 성장을 거쳐 2009년에는 40대 나이로 내몽고자치구 서기를 맡아 세상을 또 한 번 놀라게 한다. 2013년부터 광동성 서기로 재임 중이다.

호춘화

육호(陸昊)는 호춘화에 이어 공청단 제1서기를 역임한 인물이다. 1967년 6월 상해에서 출생했으며, 1985년에 입당한 후 학교 추천으로 북경대학에 입학해 국민경제관리

육호

를 전공한 경제학석사이자 문혁 이후 직선제로 뽑힌 첫 번째 학생회 주석이다. 졸업 후 경영 상태가 좋지 않던 방직 공장에서 사회생활을 시작해 공장장 비서, 부공장장, 공장장을 거치는 동안 흑자 경영을 일궈내 2년 연속 우수공장장으로 선정된다. 또 북경시 '10대 걸출 청년'으로도 선정돼 1998년에는 시가 출자한 국유기업 경영진이자 부책임자로 근무한다. 행정 관리에도 역량을 발휘해 중관촌과기원구(中關村科技園區) 관리위원회 부주임을 시작으로 2001년에는 정국급(국장)으로 승진했고,

진의지

중관촌이 있는 해정(海淀)구 부서기도 겸임한다. 2003년에는 35세 나이로 북경시 부시장으로 임명돼 초미의 관심을 끌었고, 공청단 기관지『북경 청년보』등에서는 '육호 현상'을 자세하게 보도해 다시 한 번 주목받는다. 당시 신문에서는 이론과 전문적인 소양, 창의적인 사고와 실천, 그리고 국제적인 감각을 지닌 젊은 인재로 당 지도부의 미래상을 보여준다고 평가했다. 2008년 5월에는 41세 나이로 공청단 제1서기에 임명돼 또다시 세상을 놀라게 했고, 2013년부터 흑룡강성 성장으로 재임 중이다.

현재 공청단 제1서기라는 중책은 육호에 이어 진의지(秦宜智)가 맡고 있다. 1965년 12월에 하남성 신향(新鄉)에서 태어나 우수한 성적으로 청화대학에 입학했고, 공정물리학과와 사회과학 계열인 사상정치교육학과를 졸업했다. 1985년에 입당했으며 졸업 후 국유자산기업인 반강(攀鋼)그룹 기술원으로 사회생활을 시작해 그룹 산하 기업 총책임자에 오르는 등 13년 동안 현장과 경영을 두루 섭렵한 인물이다. 2001년에 사천성 반지화(攀枝花)시 부서기로 발탁돼 정치에 입문했으며 내강(內江)시 서기를 역임했다. 2005년에는 서장자치구 인민정부 주석 비서와 부주석을 거쳐 라싸 서기와 서장자치구 당 상무위원을 역임했다. 2013년 3월에 일약 공청단 제1서기에 올라 주목받고 있다.

이처럼 사대천왕의 공통점은 60년대에 출생한 젊은 세대라는 점이다. 주강, 호춘화, 육호는 25명으로 구성되는 정치국상임위원에 오를 후

보군인 중앙위원 205명 가운데 하나이고, 진의지는 중앙위원후보위원이다. 주강과 호춘화는 정통 관료 출신이고, 육호와 진의지는 현장 경험과 이론을 겸비한 수재이다. 이처럼 공청단 계열은 크게 관료 출신과 현장 출신으로 나뉘고, 이들 수많은 인재는 전국 각지 각 부문으로 흩어져 경험을 쌓고 있다. 향후 중국 지도부가 중국을 이끌어갈 지도자로 어떤 인물을 결정할지 관심이 가는 대목이다.

천왕전의 사대천왕이 각각 동서남북을 맡아 미래 부처인 미륵불을 수호하듯이 중국 정계의 사대천왕은 중국의 미래를 어떻게 만들어 갈지 자못 궁금하다.

중국 선거에는
앵그리버드가 없다

-
-
-

　우리나라에서 대통령 선거나 국회의원 선거를 할 때마다 중국과 비교해보는 버릇이 생겼다. 80년대 6월 항쟁으로 민주화를 쟁취했으나 여전히 나라의 주인은 국민이 아닌 권력욕에 눈먼 일부 정치인이 아니던가. 국민이 주인인 나라를 만드는 방법은 현재 선거라는 헌법적 제도밖에 없으니, 힘없는 개인은 그저 속수무책일 뿐이다. 그렇게 우리 국민은 새로운 변화, 민생과 복지, 조국 통일을 희망하는 마음으로 투표장으로 간다. 우리에게 투표는 '앵그리버드'였던 셈이다.

　그럼 중국 사람도 투표할까? 총선거나 국가주석을 뽑는 선거가 있을까? 중국은 국가를 통치하는 이념과 헌법체제, 정치 시스템이 우리와는 현격하게 다르고 또 독특한 나라이다. 중국도 나름대로 대의(代議)가 존재한다. 13억 인민이 한꺼번에 참가하는 선거는 없지만 단계별로 크고 작은 공개와 비공개 선거는 무수히 많다.

　기층 단위부터 뽑는 인민대표는 성과 자치구, 특별행정구(홍콩, 마카오, 대만), 그리고 해방군 대표를 뽑아 전국적인 인민대표대회를 연다. 제12대 전국인민대표대회(전인대) 대표는 2,978명이니까 우리의 10배인 셈이다. 임기는 5년이고 매년 3월에 북경에 모여 국무원 업무 평가와 향후 계획, 현안에 대한 발안과 표결 등을 처리한다.

전인대는 입법기관으로 헌법 개정과 법률 제정, 국가주석과 부주석 선출, 국무원, 중앙군사위원회, 최고인민법원, 최고인민검찰원 대표를 임명하고, 국가 중대사 계획, 국가 예산, 특별행정구, 전쟁과 평화 등에 관한 문제를 결정하는 기관이다. 전인대 상무위원회는 헌법에 입각해 입법권을 행사하고 국가 중대 과제를 결정하며 국기기관 지도자를 임명하고 국가기관 업무를 감독한다.

또 전인대는 공산당과 8대 민주당파, 공산주의청년단, 전국 총공회(노동조합) 등 직능조직, 소수민족, 홍콩과 마카오 인사와 해외 초청 화교를 포함하는 통일전선조직인 전국인민정치협상회의(정협) 전국위원회 위원도 선출한다. 제12대 전국위원회 위원은 2,237명이다. 대부분 전국조직을 형성하고 있어서 기층부터 선거라는 형식을 빌려서 정협을 구성하며, 정협 주석은 99명의 공산당 출신 중에서 전국위원회 선거를 통해 임명한다.

중국의 모든 조직기구는 공산당 중앙에서 중앙집권적인 전국조직화를 추구하고 관리하기 때문에 선거의 이변은 거의 없다. 사전에 조율하고 선거 형식을 빌려 형식적인 추인만 하기 때문이다. 선거라는 형식을 통해 중국 내부를 깊숙이 살펴보는 것은 그다지 흥미롭지 않지만, 가끔 뜻밖의 돌출적인 상황도 발생하니 재미가 전혀 없지는 않다. 그렇게라도 흥미를 느낀다면 중국에서 선거와 투표가 의미하는 것을 어렴풋하게나마 연상할 수 있다.

7년 전, 길림성 조선족자치주에서 만난 주태호 부현장은 공산당에서 추천한 후보 여섯 명 가운데 다섯 명을 뽑는 선거에서 당선됐다. 중국은 정(正) 한 명과 부(副) 다섯 명을 두는 조직관리가 일반적이고, 부 다섯 명이 일정 부문을 책임지는 제도이다. 그냥 알아서 다섯 명을 상급기관에서 임명하면 될 것을 굳이 한 명을 떨어뜨리는 방식으로 야릇한 선거를 한다. 후보가 100퍼센트 당선되면 경쟁 선거라고 할 수 없으니 다소 웃기는 중국식 선거를 치르는 모양이다. 그러다 보니 간혹 재미있는 사건도 벌어진다.

2002년, 현재 중경시 서기인 손정재(孫政才)가 북경 순의구 서기였고 가경림(賈慶林)이 시 서기였을 때 일이다. 16명이 출마해 15명을 뽑는 시 상무위원 선거에서 16번째 희생양으로 나섰던 손정재가 당선되어 버린 것이다. 뜻밖에도 가경림의 심복을 낙마시키고 당선되어 버려서 이변의 주인공이 된 것이다. 손정재는 이를 계기로 호금도와 온가보 정부의 요직을 거쳤고, 1963년생 동갑내기이자 현재 광동성 서기 호춘화(胡春華)와 함께 차세대 지도자로 부상하고 있다.

대체로 선거는 하기 전에 몇 명 뽑는다는 약속을 하고 치른다. 우리나라도 총선을 통해 비례대표를 포함해 국회의원 300명(1명 늘리는 데도 꽤 시끄러웠다)을 뽑기로 약속하고 선거를 치른다. 중국도 그렇기는 하지만 가끔 이상기후가 감지되기도 하는데, 그 주인공은 바로 현재 국가주석 습근평이다.

중국 공산당의 중앙조직은 중앙위원회 후보위원과 중앙위원, 그리고 정치국 위원과 상무위원이 피라미드 형태로 구성된다. 현재 18차 중국 공산당 중앙위원회는 상무위원 7명, 정치국위원 25명, 중앙위원 205명, 후보위원 171명, 중앙기율검사위원회위원 130명을 두고 있다. 그런데 문제는 이 인원이 당헌·당규에 정해지지 않았다는 점이다.

중국 공산당 중앙위원회 후보위원은 제13차에 110명, 제14차에는 130명을 뽑아 관례대로 1997년 제15차에는 150명을 발표할 것으로 예상했다. 그런데 발표된 명단은 151명이었다. 또 재미있는 것은 당 중앙위원 및 정치국위원은 획순으로 발표하는데 후보위원은 득표수에 따라 순위를 발표한다는 점이다. 그 마지막 151번째가 바로 습근평이었던 것이다.

당시는 공산당 원로 2세의 정치 집단인 태자당 출신에 대한 불만과 경계가 드러났던 선거였다. 꼴찌인 습근평(국무원 부총리 습중훈의 아들)은 물론이고 꼴찌에서 두 번째인 등박방(鄧樸方, 등소평의 아들), 꼴찌에서 네 번째로 현재 국무원 부총리인 유연동(劉延東, 농업부 상무부부장 유서룡의 딸), 꼴찌에서 여섯 번째로 현재 중앙기율감사위원회 서기인 왕기산(王岐山, 정치국 상무위원 요의림의 사위) 등이 간신히 뽑혔던 것이다. 플러스 1명의 행운아, 꼴찌의 반란! 그의 대권은 정말 하늘이 내려준 것인가? 하여간 중국에서는 투표와 관련해 전국적으로 이목을 끄는 경우는 거의 없다. 그래서 안철수 대표가 말한 '앵그리버드'도 없다. 국가주석도 투표와 상관없이 선출된다.

2 ★ 상인

상인의
나라

-
-
-

　호남성 동쪽 상구(商丘)시에는 아주 오래된 고성 하나가 있다. 명나라 때부터 주민이 살았던 이 고성 내에는 화상(華商)의 발원지라는 팻말이 있다. 중국 10대 고성 가운데 하나로 춘추전국시대에는 봉건 제후국 송나라 영토였고, 맹주를 두고 싸우던 송나라 양공 때가 가장 전성기였다. 그보다 훨씬 전에는 상나라 영토였다.

　기원전 1894년, 삼황오제 가운데 하나인 제곡(帝嚳)의 6대손 왕해(王亥)가 바로 이곳에서 태어난다. 왕해는 소와 말을 길들여 우마차를 만들었고, 그 우마차를 이용해 잉여 상품을 다른 마을과 교환하거나 팔아서 막대한 이익을 챙겼다. 그래서 국가는 점점 더 강성해졌기 때문에 다른 나라 사람들은 상나라 사람이 하는 이 특별하고 이상한 행동을 상업이라 불렀다. 그래서 그들은 상인이 되었고 상품을 만들었다. 왕해는 화상의 시조가 되었다.

　상품을 생산하고 팔아서 이익을 보는 것을 상업이라고 한다. 그리고 이 상업이란 말은 상나라 사람이 하던 활동이라는 뜻이니, 중국의 상업은 오래된 정도가 아니라 어마어마한 전통을 가지고 있다. 상나라부터

상업의 발상지 상구 고성

시작된 상업 전통은 명나라와 청나라를 거치며 지역마다 독특한 형태로 발전해 왔고, 상방이라 부르는 지역 상인연합은 각각 지역적, 문화적 특성을 잘 살리는 방향으로 부를 축적해 나갔다. 그 특성을 살펴보는 것이 바로 중국 상인을 이해하는 실마리가 될 것이다.

수도 북경상인은 그야말로 모두 정치가라 할 수 있다. 정책에 민감하고, 또 정치를 보는 혜안을 기반으로 장사하기 때문에 능력이 탁월하며, 성격도 강직하고 의리도 강하다.

상해상인으로는 명나라 학자이자 과학자이고, 서양 문물을 일찍부터 받아들여 기독교 선교사와도 교류한 서광계(徐光啓)가 대표적인 사람이다. 그의 후광은 상해상인이 해외 지향적인 성향을 갖는 데 지대한 영향을 끼쳤다. 개항 이후 상해로 들어온 외지 상인과 치열하게 경쟁했기 때문에 자존심이 아주 강한 것으로 평가된다.

하남상인에 대한 평가는 그다지 좋지 않다. 개봉(開封), 낙양(洛陽) 등 고도가 많아 권위적일 것이라는 선입견과 달리 모방을 잘하고 모험은 하지 않는다. 한단 지방 사람의 걸음걸이를 흉내 내다가는 죽도 밥도 안 된다는 고사성어 한단학보(邯鄲學步)는 하남상인을 잘 표현한 말이다. 중국에서 가짜 상품을 가장 많이 만드는 지방이다.

같은 중원 지방이지만 서안상인은 외부 환경에 좌우되지 않고 배짱도 두둑하다. 게다가 판매현황을 보고 생산하기 때문에 과학적이고, 또 자기 상표를 만든다는 자부심도 대단하고 자신감도 넘치는 상인이다.

산동상인은 상도를 곧 인도라 여겨서 그런지 인맥 관리에 탁월하다. 『장자』에 나오는 고사인 미생(尾生)은 약속을 미련하게 지키다가 죽고 마는데, 인내하는 산동상인의 전형으로 비유되고 있다. 밑바닥부터 고생해 결국 자리를 잡는 흘고(吃苦, 고생을 견디다) 정신이 강하고, 한 입으로 두 가지 가격을 말하지 않는 것으로도 유명하다.

장강을 끼고 있는 무한은 수륙 양면으로 교통이 편리해 당송 이래 사대명진(四大名鎭)으로 꼽혔으며, 근래에 이르러서는 최대의 공업 지대가 되었다. 무한상인은 명예가 생명보다 중요하다고 여기며 새로운 상품을 창조하는 데도 기민하다. 승부에서 지는 것을 싫어하고 지나치게 총명해 다른 지역 상인에게는 기피의 대상이다.

영파(寧波)상인은 진실과 신용을 중시하고 품질을 잘 따지며 기업 관리에도 탁월하다. 사해 어디를 가더라도 돈이 있는 곳이라면 영파상인이 있다고 할 정도로 개척 정신과 모험 정신이 뛰어나다. 영파 역시 남경조약으로 말미암아 일찍 개항했기 때문에 상해의 금융, 상업, 항운, 공업 등을 장악한 사람 대부분은 영파상인이다.

온주(溫州)상인은 중국의 유대인이라 불릴 정도로 뛰어난 장사꾼이다. 외국의 좋은 지혜를 배워 자기 것으로 만들자는 노신(魯迅)의 나래주의(拿來主義)에 가장 잘 부합하는 상인이다. 작은 상품을 모조하는 데는 천부적인 소질이 있어 철면피라 불리고, 하늘도 무섭지 않고 땅도 무섭지 않지만 온주 방언을 배우기는 무섭다고 할 정도로 폐쇄적이다. 자기네끼리 똘똘 뭉치는 경향이 있다.

항주상인은 평소에는 의젓하고 여유가 많아 보이지만 의욕을 보일 때면 남들 못지않게 열정적이다. 애향심이 아주 강해 사업을 시작할 때는 항상 고향 항주를 기반으로 한다. 상인에 대한 전통도 깊어서 천년절상(千年浙商)이라 불린다.

강서상인은 가족 지향적이며, 자금을 변통해 성공하는 재주가 신통하다. 송나라 이후부터 도자기의 고향 경덕진(景德鎭)과 약재의 도시 장수(樟樹)를 중심으로 상방이 형성됐고, 상도덕을 중시하며 장사 규칙을 준수하는 것도 자랑으로 여긴다.

사천상인은 서로 화합해야 재물이 들어온다는 정신을 가지고 있다. 관용을 베풀되 분별을 잘하며, 먼저 나서서 새로운 사업을 공격적으로 벌이기보다는 사업을 안정적으로 유지하는 성격이다. 실리를 잘 따지고 허망한 약속은 하지 않는다.

민남(閩南)상인은 30퍼센트는 하늘의 운명에 맡기고 70퍼센트는 열심히 노력한다는 말처럼 전투적인 성향이 있다. 진취적으로 필사의 노력을 기울여야 이길 수 있다는 신념으로 일하고, 가격 협상에도 달인이다. 닭을 빌려 달걀을 구한다는 차계생단(借鷄生蛋)이라는 말처럼 민남

상인의 장사 수완은 날강도와 같은 면도 있다.

광동상인은 타고난 장사꾼이다. 대범하게 천하를 거론하면서도 실리와 실무 능력이 강하고, 재물신을 섬기는 데도 아주 공을 들인다. 자신의 물건을 자화자찬하며 파는 왕파매과(王婆賣瓜)라는 고사가 광동상인에게 딱 어울리는 말이다.

지금까지 지역별로 상인의 문화를 간략하게 살펴봤다. 여기서 중국의 양대 상방에 속하는 진상(산서상인)과 휘상(안휘상인)에 대해서는 따로 묶어 이야기할 필요가 있어서 뺐고, 다음 장에서 이야기할 것이다. 이렇게 중국 상인은 나름대로 성향이 다 다르다. 오늘날에 꼭 들어맞는 말이 있는가 하면 이제는 어울리지 않는 말도 있다. 또 일부 지역 상인이 중국 상인을 대표하기도 한다. 이제는 우리도 중국 상인을 지역적으로 세분화해서 들여다봐야 한다. 중국 상인의 전통이 오늘날 중국이 성장하는 데 밑거름이 된 것은 사실이고, 그래서 중국 상인에 대해 차분히 생각해볼 필요가 있다.

진상 교치용과
휘상 호설암

-
-
-

중국 상인 문화는 양대 상방인 진상과 휘상으로 대표된다. 산서(山西)상인 그룹 진상(晉商)은 명나라와 청나라에 이르는 500여 년 동안 전국을 주름잡았고, 안휘(安徽)상인 그룹 휘상(徽商) 또한 유구한 역사와 전통을 자랑한다.

태행산(太行山) 서쪽에 있는 산서는 주(周)나라 무왕의 아들 당숙우(唐叔虞)의 분봉 영토였고, 춘추시대에는 그의 아들 섭부(燮父)가 진(晉)나라를 세운 곳이다. 전국시대에 이르러서는 한(韓), 조(趙), 위(魏)로 삼분되고, 춘추전국시대에는 책략가와 제자백가를 많이 배출하기도 했지만 뛰어난 상인도 많았다. 위진남북조시대에는 선비족인 척발씨가 세운 북위(北魏) 땅이기도 했고, 당나라 건국자 이연(李淵)이 군사를 일으킨 곳이기도 하다.

마침내 명나라 주원장 정권이 들어서자 이렇게 역사 깊은 산서 땅에서 진상이 형성되기 시작했고, 청나라 후기에는 상업과 금융의 중심지로 부각된다. 소금과 차를 주력 상품으로 무역해 전국을 주름잡았으며, 어음 관리기관인 표호(票號)와 호위무사 집단인 표국(鏢局)이 성장하기도 했다. 이후 표국은 무협소설에 등장할 정도로 유명해진다. 또 진상은 중국 최초로 주식회사와 은행을 세운 다음, 신용을 지키고 의리를 중시한 후 이익을 취한다는 상인 철학으로 철저하게 무장한다. 하지만 지금은 광산촌이 즐비한 곳이 되어서 그런지 중국에서도 손꼽히는 가난한 성 가운데 하나가 되었다.

평요(平遙) 고성은 옛날 화려했던 영화를 그대로 잘 간직하고 있는 세계문화유산이다. 관아와 유교, 불교, 도교 사원 등이 잘 보존돼 있고, 무엇보다도 가장 중요한 표호가 그대로 보존되어 있다. 평요는 근대 은행이 몰려 있던 곳으로 청나라 중기 이후 100여 년 동안 전국에 있는 돈을 주무르던 곳이다. 1824년에 설립된 중국 최초의 은행으로, 산서은행(山西銀行)으로도 불렸던 일승창(日升昌)을 비롯해 수많은 표호가 몰

산서상인의 요람 평요 고성

려 있었다. 일승창 주인 이대전(李大全)은 염직 공장을 운영해 돈을 벌었고, 나중에는 전국적인 은행 지점을 갖춘 갑부로 성장했다. 그는 일종의 주식회사 형태로 사업을 했는데, 은 30만 냥을 출자해 최대 주주이면서 사장이 되었다.

평요 표호 대부분은 입구에 은행 업무를 보는 창구가 있고 뒤쪽에는 창고와 주거 공간이 있다. 지금은 관광지로 변신해 숙박 장소로 쓰이기 때문에 옛날 번성했던 시대의 가옥 구조와 생활문화를 엿볼 수 있다. 울성장(蔚盛長) 표호에 들어서면 염주를 걸고 앉아 붓을 들고 있는 광서제 조각상이 보인다. 뒷면에는 청나라 말기 무술변법이 실패해 서태후에게 희생된 무술육군자(戊戌六君子) 가운데 한 명인 담사동(譚嗣同)을 비롯해 일본으로 망명한 양계초(梁啓超)와 강유위(康有爲) 사진이 걸려 있다. 1900년에 서구 열강 연합군이 북경을 침공하자 서태후와 광서제는 서안으로 도피하다가 이곳에 투숙했고, 광서제가 묵었던 곳이라 해서 광서객잔이라 부른다.

진상을 대표하는 인물은 교치용(喬致庸)이다. 진상의 건축 문화를 잘 보여주는 교가대원(喬家大院)은 교치용의 집으로 1991년에 장예모(張藝謀) 감독의 영화 〈홍등(大紅燈籠高高掛)〉을 촬영한 장소로도 유명하다. 이후 2006년에 방영된 드라마 〈교가대원〉은 진상 교치용의 상인 정신을 흥미롭게 풀어내 선풍적인 인기를 끌기도 했다. 1900년에 서안으로 도피하던 서태후는 당대 최고의 갑부이던 이 교가대원에 묵었고, 교치용은 곤궁하던 서태후에게 거금을 쾌척한 인연으로 이후 막대한 이익을 얻는다.

안휘성은 춘추전국시대 때 오(吳)·월(越)·초(楚), 세 나라에 속한 땅이었다. 본디는 상나라 후예가 세운 환(皖)나라 땅이었기 때문에 약칭

진상 교치용

휘상 호설암

은 환(皖)이고, 청나라 강희제에 이르러서야 강소(江蘇)와 안휘(安徽)로 분리된다. 안휘는 장강 북쪽 안경(安慶)과 남쪽 휘주(徽州)에서 한 글자씩 따서 지은 이름이다.

휘상의 중심지는 지금의 황산시이고, 당송 시대를 거치고 명나라에 이르러서야 중국 양대 상방으로 성장한다. 휘상은 온화한 성품, 반듯한 행동거지, 그리고 유교적인 상도를 지켰다고 평가받던 상인이다. 그러나 청나라 말기에 이르러서는 관과 결합해 사업 기반을 넓힌다. 당시 정치와 외교적 상황 등을 밀접하게 연계해 사업했기 때문에 정경유착의 선례를 남긴 상인 그룹이다.

청나라 말기, 안휘 출신 관료로 매관매직에 반대하고 주전 대신에 지전을 활용하자고 주장한 왕무음(王茂蔭)이라는 화폐 이론가가 있었다. 그는 한 번도 중국에 간 적이 없는 마르크스의 『자본론』에도 등장한다. 마르크스는 당시 서구 열강에 소개된 중국 자료를 보고 왕무음의 화폐 이론에 관심을 가졌던 것이다.

중국에서는 기원전 상인으로 범려를 최고로 평가하며, 기원후 상인으로는 휘상 호설암(胡雪岩)을 꼽는다. 노신이 '봉건시대의 마지막 위대한 상인'이라 칭송했던 호설암은 청나라 말기 인물이다. 그는 맨손으로 중국 최고의 상인이 된 입지전적인 인물로, 인물이 될 성싶은 관료를 후원해 나중에 큰 도움을 받는 방법으로 성공한다. 호경여당(胡慶餘堂) 약국을 운영해 거부가 된 호설암은 태평천국의 난을 진압하러 가는 좌종당(左宗棠)에게 경제적인 후원을 제공한다. 이를 계기로 좌종당이 정치적으로 성공하자 호설암 또한 청나라 정부의 관직을 얻는다. 또 좌종당이 신강위구르족 봉기를 진압할 때도 신용을 담보로 자금을 지원했기 때문에 호설암의 위세는 천하를 주름잡을 정도였다. 영토 보존에 기여

휘주 고성 패방

한 관상(官商)으로 인식되었기 때문에 엄청난 이권을 보장받은 것은 당연했을 것이다. 관료처럼 붉은 꽃을 꽂은 상인이란 뜻인 홍정상인(紅頂商人)은 바로 호설암을 상징하는 대명사이다.

관상은 관상으로 망한다. 좌종당의 경제적 배경을 철폐하기 위해 정치적 경쟁자 이홍장(李鴻章)은 호설암과 같은 휘상이자 경쟁자이던 성선회(盛宣懷)를 끌어들인다. 성선회는 좌종당이 사망하자 관상의 면모를 더욱 드러내며 호설암 이후 최대의 갑부로 부상한다.

휘주 고성과 평요 고성은 모두 양대 상방을 대표하는 곳으로 지금도 그때 흔적이 잘 보존되어 있다. 당시 문화와 역사는 물론이고 그들의 정신마저 고스란히 남아 있다.

동양의 유대인,
객가

-
-
-

중국과 무역하는 사람이 아니더라도 객가(客家)라는 말은 모두 한두 번씩 들어봤을 것이다. 특히 중국 남방에서 중국인과 친구로 지낼 정도로 가까운 사이가 되었다면 자신을 객가라고 소개하는 사람을 만나봤을 것이다. 우리말로는 손님의 집이란 뜻이지만 중국에서는 객가족이라고 부른다. 그러나 소수민족은 아니다. 객가는 중국 인구의 95퍼센트 이상이나 차지하는 한족 가운데 일파를 말하고, 객가의 후예는 동방의 유대인이라고 불릴 정도로 뛰어난 상인이다. 그렇다고 장사에만 소질이 있는 것은 아니다. 정치, 사회, 문화, 군부 등에서도 뛰어난 업적을 남겼고, 화교 상인 가운데서도 상당수가 바로 객가이다. 그러니 객가의 문화를 알지 못하면 중국의 상인에 대해 알기 어렵다.

객가는 중원으로부터 남방으로 이주한 부족이다. 강서성 감주(贛州) 시내를 가로지르는 감강(贛江) 강변에는 객가 부족의 남방 이주를 기념하는 제단이 있다. 높이 5미터 제단에는 다리가 셋 달린 솥이 동으로 제작되어 있는데, 이것은 객가족이 역사적으로 5차례에 걸쳐 남쪽으로 이주했다는 뜻과 복건성, 광동성, 강서성 3곳에 자리를 잡았다는 뜻을 상

객가 남천기념비

징하고 있다. 강서성 남부에서 형성되어 복건성 서부에서 발전했고 광동성 동부에서 성숙했다는 3단계 발전 과정을 뜻하기도 한다.

객가족은 삼국시대 이후 반란이 일어났을 때나 북방 민족이 중원으로 침입했을 때 대규모 인구가 남쪽으로 도피해 온다. 그리고는 남방 곳곳에서 공동체 생활을 하며 독자적인 문화와 전통을 지키며 살아간다. 낯선 남방으로 이주해 살았으니 당연히 외부의 침입을 경계할 수밖에 없었고, 그래서 독특한 성곽 구조인 토루(土樓)를 쌓아 놓고 공동체 생활을 한 것이다. 우리나라 드라마 〈카인과 아벨〉에 나오는 유창루(裕昌樓)도 원나라 때 건축된 토루이다. 현재 복건성 서남부에만 이런 토루가 15,000개 넘고, 지금은 세계문화유산으로 등재되어 있다.

객가 후예 중에는 우리에게도 낯익은 이름이 꽤 많다. 중국의 최고

유창루

갑부 이가성(李嘉誠)을 비롯해 중국과 동남아 기업인 상당수가 객가인이다. 또 삼민주의자 손문, 중국 공산당 등소평, 주덕 등 정치인은 물론이고, 장국영 등 문화예술인 상당수도 객가라는 이름을 자랑스러워한다. 태평천국의 난을 일으킨 홍수전도 광동 객가에 그 뿌리를 두고 있다. 중국뿐만 아니라 전 세계에 약 5,000만 명 이상이 객가에 뿌리를 두고 있다. 그리고 싱가포르 총리를 역임한 이광요, 대만 총통을 역임한 이등휘, 필리핀 대통령을 지낸 아키노 역시 객가 후예로 알려져 있다. 이처럼 우리가 상상하는 것 이상으로 유명한 객가인은 많다.

객가는 주인이 아닌 손님을 말하고, '손님으로 와서 주인처럼 행세한다'는 비아냥조가 숨어 있는 말이다. 이 말은 본디 토객계투(土客械鬪), 즉 토착민과 이주민이 무기를 들고 싸웠다는 말에서 유래한다. 청나라 함풍제 때인 1854년, 광동 지방에 홍건군(紅巾軍) 폭동이 일어나자 많은 농민은 청나라 군대와 합세해 폭동 진압에 참가한다. 이때 남방으로 이주한 지주 아들도 홍건군에 의해 살해되자 이들도 모병해 청나라 군대와 합세해 난을 진압한다. 이때 이주민 지주는 난을 진압한 공로로 토지를 확보하게 되고, 이를 묵과할 수 없었던 토착민 지주는 외지인이 관을 등에 업고 토지를 약탈하고 있다며 들고일어나 보복을 시작한다. 이로써 '계투'가 시작된 것이다. 토착 지주는 축객을 명분으로 이주민 촌락으로 진입해 재산과 전답 등을 강제로 탈취하고, 이런 폭동은 점점 다른 지역으로도 확산된다. 토착 세력이 지역 간 연대를 도모하자 이에 대응해 이주민 세력도 군대를 동원해 병영을 세우는 등 전쟁에 가까울 정도로 큰 싸움으로 발전한다. 이런 이전투구는 장장 12년 동안이나 지속된다. 이때부터 북방에서 남방으로 이주해 온 세력을 객가라고 불렀다. 즉 원주민과 이전투구를 하는 동안 '객'이란 말이 들어가 객가가 된 것이다.

객가 사람 가운데는 성공한 기업가가 꽤 많다. 그들은 상업에 능수능란해 지역 상권을 장악하는 것은 물론이고 동남아, 홍콩을 비롯해 전 세계로 뻗어 나가 지금은 세계적으로 영향력을 행사하고 있다. 특히 화상(華商)의 주류를 객가가 형성하고 있기 때문에 객상(客商)이라고도 부른다. 그들은 20세기 이후 군벌과 일제 탄압으로 말미암아 중국 본토에서 벗어나 해외로 나간 것이다. 이처럼 중국계 사업가 중에는 객가 출신이 유난히 많다.

중국 포도주 산업의 근대화를 이룬 장필사(張弼士)는 대표적인 객상이다. 1841년 광동에서 태어난 그는 18세에 혈혈단신으로 인도네시아 자카르타로 건너가 쌀가게에서 잡일을 시작해 자수성가한 인물이다. 이후 인도네시아, 말레이시아, 홍콩 등지에서 크게 성공해 남양 최고의 갑부라 불린다. 19세기 말에 중국으로 들어와서는 연대(烟台)에 장유포도주 공장을 설립해 또 대성공을 거둔다. 현재는 객상을 대표하는 10대 기업 가운데 하나이고, 또 세계 10대 포도주로 성장했다.

호문호

1882년 미얀마 양곤에서 중의원을 하는 집에서 태어난 호문호(胡文虎)도 객상이다. 그는 1920년대에 호랑이표 연고로 유명한 만금유(万金油)를 개발해 억만장자가 된 인물이다. 지금은 모조품이나 가짜가 많지만 한때는 만병통치약의 대명사로 알려져 인류의 반 이상이나 사용했다고 할 정도로 많이 판매된 상품이다. 또 그는 항일운동 시기 자금 후원이 가장 많았던 사람으로도 알려져 자선 사업가로도 유명하다.

장필사와 호문호의 상혼을 이어받아 중국과 동남아에서 성공하는 객상은 점차 늘어나고 있다. 그리고 화교 상인의 전형적인 모습은 가난을 밑천 삼아 일가를 이루고, 중국이 어려울 때 힘을 보태는 것이다. 우리는 그저 떠돌아다니며 물건이나 파는 장사꾼으로 알고 있지만, 이처럼 이들은 나라와 가정을 위해 맡은 바 책임을 다하고 있으니 중국에서조차 무시하지 못하는 상인이 되었다. 그래서 중국 상인을 이해하려면 먼저 객가 문화를 알아야 하는 것이다.

작은 어촌이
중국과 세계를 움직인다

-
-
-

    상해는 춘추시대 오나라의 영토였고, 전국시대에는 초(楚)나라 춘신군(春申君) 황헐(黃歇)의 봉토였다. 춘신군 황헐은 진(秦)나라가 전국을 통일할 때까지 전국시대를 주름잡던 제나라 맹상군, 조나라 평원군, 위나라 신릉군과 함께 사군자(四君子)로 이름을 떨치던 공자(公子)였다. 옛날에는 약칭으로 신(申)이라 불렀다. 지금의 상해 약칭은 호(중국어는 沪, 한문은 滬)로 그 유래는 송나라가 건립되기 전에 그저 강물이 바다로 흘러드는 곳이라는 뜻으로 호독(扈瀆)이라 불렸기 때문이다.

    상해는 청나라 말기인 19세기 중엽에 아편전쟁 후 개항한다. 영국과 전쟁에 패한 중국은 남경조약을 맺어 광주, 하문, 복주, 영파를 상해와 함께 외국인에게 문을 연다. 서구 열강은 앞다투어 상해에 영사를 설치했고 관세 혜택을 받는 자유로운 상업 지역으로 탈바꿈한다. 작은 어촌에 불과하던 곳이 일약 산업과 무역의 중심지로 떠오르는 순간이다. 영국이 가장 먼저 조계 지역을 선포했고, 잇따라 프랑스와 미국도 들어오자 중국에서 가장 시끄러운 도시로 변모했다. 기회의 땅은 점차 부와 명예를 위해 경쟁하는 곳으로 변했고 인구는 폭발적으로 늘어났다. 문화와 예술의 중심지가 됐으며 세계의 이목을 집중시키는 정치와 외교의 장소로도 빛나기 시작했다.

상해에서 가장 번화가인, 큰길이라는 뜻으로 대마로(大馬路)라고도 불리는 남경로(南京路)는 외국 열강이 상해의 문을 열고 들어오자 상업 거리로 가장 먼저 번성한 곳이다. 1930년대에는 선시(先施), 영안(永安), 신신(新新), 대신(大新) 같은 현대적인 백화점이 들어서 상업을 주도했기 때문에 상해에서 가장 활발한 지역이 되었다. 지금도 남경로에는 유럽식 건축양식을 띤 오래된 건물이 많고, 또 발 디딜 틈도 없을 만큼 사람들로 북적거린다. 세계인이 활보하는 거리답게 외국인도 많고, 유리창에 비친 건물은 세계에서 성장 속도가 가장 빠른 도시임을 나타내고 있다. 상해 시내를 동서로 가로지르는 연안고가도로는 15킬로미터에 이른다. 동쪽 끝 외탄(外灘)에서 서쪽 끝 홍교국제공항(虹橋國際機場)에 이르는 도로로, 이 고가도로를 달리다 보면 곳곳에서 높이 솟은 빌딩을 감상할 수 있다.

상해를 상징하는 468미터 동방명주(東方明珠)가 바로 보이는 외탄은 중국 경제 수도의 중심지이다. 중국어로 외(外)는 외국이라는 뜻이고 탄(灘)은 강변이라는 뜻이니 외탄은 강변을 따라 영국을 비롯해 서양 열강이 조계를 조성한 곳이라는 말이다. 강 건너 포동(浦東) 지역에도 높은 빌딩이 숲을 이루고 있고, 황포강(黃浦江)을 따라서는 유람선과 화물선이 하루도 쉬지 않고 줄지어 오르내린다. 서구 열강이 열어 놓은 작은 어촌이 불과 1세기 만에 세계적인 도시, 중국을 대표하고 중앙 정치를 좌우하는 도시로 성장하리라고는 누구도 예상하지 못했을 것이다.

1885년에는 영국황실건축사협회 주도로 모리슨양행이라는 건축설계사무소가 설립되어 강변길인 외마로(外馬路)를 서양식 건축 거리로 탈

외탄

바꿈시킨다. 현재 중국은행과 공상은행이 사용하고 있는 건물은 1893년에 지은 일본 요코하마은행이었고, 화평반점(和平飯店)이 있는 사손빌딩(沙遜大廈)은 1872년에 영국 자본이 건축한 건물이다. 지금도 외탄에는 외국계 회사가 업무 공간으로 사용하는 데 전혀 손색없는 건물이 많다. 상해포동발전은행(上海浦東發展銀行)이 있는 외탄 12호 건물은 세계 각국의 유명 회사가 입주해 있다. 영국계 금융회사와 독일계 우유회사를 비롯해 스페인과 노르웨이, 룩셈부르크 상해 영사관 등이 자리 잡고 있다.

사람들이 오가는 외탄광장 한편에는 동상 하나가 조용히 서 있다. 신중국 성립 후 최초의 상해시장이며 외교부장을 역임한 진의(陳毅)를 기념하는 조각상이다. 모택동 이후 경제성장을 기반으로 하는 정치가가 공산당 중앙을 장악하면서부터 정치 무대에 상해방이라는 집단이 등장하기 시작한다. 상해 발전이 곧 중국의 성장을 상징하니, 상해시장은 곧 중앙 무대에서도 인정받은 셈이다. 또 상해는 개혁 개방 정책으로 말미암아 중국의 금융과 3차 산업, 운송의 중심지이자 경제 수도로 발전한다. 해외 지향적이기도 하지만 애향심도 강해 지극히 배타적인 상해 사람은 실용과 실리를 추구하는 경향도 있지만 대단히 이성적인 성향을 지녔다. 그래서 상해 사람은 점차 정치적 요구가 높아졌고, 천안문사태 이후 강택민이 중앙 무대로 진출하자 공산당 내에 비공식적으로 상해방이라는 정치가가 세력화한 것이다. 상해방은 태자당 출신 습근평을 현재 국가주석으로 만드는 데도 힘을 쓴 것이 틀림없다.

서구 열강이 진입한 이후 상해는 자본의 힘으로 성장한 20세기 최고의 모델로 자리 잡고 있다. 현재 사회주의 중국이 자본과 상품의 힘으로 세계 속에 우뚝 설 수 있었던 것은 상해가 있었기 때문이다. 하지만 경제성장이 모든 것에 우선할 수는 없는 법이다. 성장에는 합리적인 분배라는 동전의 양면 같은 정책이 꼭 필요하기 때문이다. 갈수록 빈부 격차가 커지는 중국의 일반 서민은 상해 번화가의 호화로운 모습을 보면서 어떤 생각을 할지가 궁금하다.

재물신은 많으니
재물을 원하면 빌어라

-
-
-

　일반적인 중국 식당에 가면 입구부터 향내가 진동하는데, 중국인은 일과를 시작하기 전에 재물신에게 향을 피우고 영업을 시작하기 때문이다. 중국 사람은 향내가 돈을 버는 데 도움이 된다고 믿지만 중국 식당을 찾는 외국인에게는 좀 거슬리는 냄새일 것이다. 이처럼 중국은 역사가 긴 만큼 재물신도 많고, 지역마다 다른 재신을 섬기기도 한다. 특히 도교와 민간신앙에서 행하는 의식은 같은 동양권인 우리에게도 조금 낯선 모습이다. 역사적 인물이나 위대한 상인을 우상으로 섬기기도 하는데, 참 재미있는 상인 문화라 할 수 있다.

　재신은 문(文)과 무(武)로 구분해 섬긴다. 문 재신은 이궤조(李詭祖), 범려(範蠡), 비간(比干)을 말하고, 무 재신은 조공명(趙公明)과 관우(關羽)를 말한다. 그 밖에 유교 상인의 비조 단목사(端木賜), 안휘상인 관중(管仲), 산서상인 백규(白圭)도 재신의 경지에 오른 인물이다.

　북경에 있는 도교 사원 백운관(白雲觀)에는 재신전(財神殿)이 있다. 가운데에는 비간이 자리 잡고 있으며 좌우로 조공명과 관우가 나란히 앉아 있다. 비간은 기원전 1125년에 태어난 상나라 사람이다. 상나라 주왕(紂王)은 초기에는 호걸이자 총명한 군주였으나 말년에 미인 달기(妲己)와 주지육림(酒池肉林)에 빠져 나라를 돌보지 않는다. 이에 주왕의 숙부이자 문관 비간은 충언을 고하다가 죽음으로써 충심을 증명했는데, 이후 목숨을 걸고 간하는 충신의 본보기가 되었다. 그래서 천하제일인(天下第一仁)으로 추앙받던 비간을 도교 신앙에서는 하늘을 관장하는 천관(天官)의 지위와 함께 재신으로 봉사하고 있다.

조공명은 신화적인 인물로 검은 호랑이를 타고 검은 수염을 휘날리며 금편(金鞭)을 들고 있는 모습이다. 그는 상나라와 주나라의 정권 교체기가 배경이고 도교 신선을 주인공으로 한 신마(神魔)소설『봉신연의(封神演義)』에 등장하는 인물이다. 이 소설은 무왕벌주(武王伐紂)가 주제로 주인공으로는 강태공 강자아(姜子牙)가 등장하고, 두 나라가 싸움을 벌일 때 무왕을 돕는 천교(闡敎)와 주왕을 돕는 절교(截敎)가 등장하고, 조공명은 절교의 제자로 등장한다. 이 소설에서 조공명은 신마 편에 서지만 용맹한 장수였기 때문에 강태공에 의해 신으로 봉해진다. 이처럼 그가 재신이 된 것은 선악 여부를 떠나 강력한 우상을 원하는 민간신앙의 영향이 컸고, 그래서 관우와 더불어 재물을 지켜주는 신으로 둔갑한 것이다.

관우 역시 충의와 절개가 뛰어난 장수라서 민간신앙에서 추앙하는 신이 되었다. 지금은 전국 마을마다 관제묘(關帝廟)가 있다. 또 관우는 관평(關平)과 주창(周倉)을 좌우에 두고 서 있기도 하지만, 도교에서는 재신으로도 자리 잡고 있다. 관우의 고향 운성(運城)은 산서상인 진상에게 재물을 지켜주는 신과 같은 땅이다.

증복상공(增福相公)이라 불리는 이궤조는 위문제(魏文帝) 때 청렴한

관제묘, 백리산수화랑

관제묘, 형주

지방 현령이었다. 위문제는 조조(曹操)의 아들 조비를 말한다. 그 후 이궤조는 민간신앙의 신적 존재로 부각돼 민화에도 자주 등장하고 청나라 말기에는 지폐 주인공으로도 등장한다. 현재 민간에서 자주 보이는 재물신의 가장 전형적인 모습이 바로 이궤조의 형상이다. 금의옥대를 하고, 머리에는 관을 쓰고, 붉은 옷을 걸치고, 긴 수염을 자랑하고 있을 뿐만 아니라 한 손에는 여의(如意), 또 한 손에는 원보(元寶)를 들고 있는 모습이다. 여의는 원래 불교에서 설법할 때 사용하는 기구로 황제 앞에 도열한 신하가 들고 있는 물건으로도 사용되었다. 이때 신하는 황제에게 보고하기 위한 간단한 문구를 이곳에 적어 놓기도 했다. 이는 바로 녹(祿)을 상징하고 그 재료로는 대나무, 옥, 뼈를 사용했다. 원보는 고대 화폐로 말발굽 모양으로 생겼다. 주로 은을 재료로 만들기 때문에 은정(銀錠)이라고도 부른다. 이는 재물 복(福)을 상징한다.

이궤조는 민간신앙에서 인기가 많았고, 또 목판 등에도 자주 사용되다 보니 자연스럽게 재물신의 전형이 되었을 것이다. 그래서 재물신 대부분도 여의와 원보를 양손에 들고 있는 모습이 되었다. 복과 녹과 목숨을 뜻하는 수를 합쳐 도교에서는 삼성신(三星神)이라 부른다. 복신은 아들을 안고 있고, 수신은 소나무, 학, 거북, 복숭아와 함께 등장하고, 반면에 녹신은 여의와 원보를 들고 있다. 그래서 녹을 곧 재물이라 여기는 것이다.

기원전 최고 상인으로 추앙받는 범려 또한 재물신으로 섬긴다. 서시를 끌어들이는 미인계로 패업을 이룬 후 토사구팽을 염려해 상인으로 변신한 인물이다. 나라를 구하는 데도 재주가 있었지만 재물을 모으는 데도 일가견이 있어서 현재는 상성(商聖)으로 추앙받고 있다. 또 범려는 흉년에 쌀값이 폭등하면 비축했던 쌀을 풀어 물가를 관리하는, 즉 평조(平糶)를 실시한 최초의 인물이다. 뛰어난 상인이기도 했지만 재물을 사회를 위해 나누어 주는 미덕도 겸비했으니 자연스럽게 신격화된 것이다.

범려처럼 유교적인 규범을 지닌 상인을 유상(儒商)이라고 부르고, 유상의 비조는 공자의 제자인 단목사이다. 그의 자는 자공(子貢)으로 공자와 생사고락을 함께한 공문십철(孔門十哲) 가운데 한 사람이다. 단목사야말로 뛰어난 화술은 물론이고 이재에도 밝은 장사꾼이었다. 그러다 보니 신용과 성실을 무기로 뛰어난 장사 소질을 발휘하는 유상의 본보기가 되었으며, 재물신의 반열에도 올랐다.

범려가 지금 절강성 땅에 있던 월나라 구천을 도왔기 때문에 절상(浙商)의 우상이 되었고, 단목사가 지금 산동 지방 상인에게 모범을 보여 우상이 된 것처럼 지역마다 숭배하는 재물신은 약간씩 다르다. 안휘 지방에서는 관중(管仲)을 비조로 모시는데 제나라 환공을 도와 부국강병과 토지개혁 및 산업발달을 주도한 재상으로, 관포지교로도 유명한 인물이다. 관중 고향이 안휘 북부에 있는 영상(潁上) 땅이라서 휘

재물신   초재진보 합체자

상이 봉사하듯이 진상이 관우를 섬기는 뜻도 이와 유사하다.

전국시대 백규도 상조(商祖)로 평가되는 재물신이다. 무역의 달인이자 시장 상황을 판단하는 데도 천재적인 재능을 지닌 것으로 유명하다. 이론과 경험을 두루 갖춘 전문 경영인이자 상도를 지킨 백규에 대해서는 사마천이 『사기』에 상술하면서 아무나 배울 수 없는 사상이라고 극찬했다.

중국 사람은 재물에 대한 애착이 강하다. 재물을 관리하고 보호하는 신이 따로 있다고 믿고, 기회가 있을 때마다 향을 피우고 제를 올린다. 또 재물을 관장하는 신이라는 의미로 재신 할아버지, 즉 재신야(財神爺)라 부르고 원보와 여의를 양손에 든 재신 할아버지 모습도 흔히 보인다. 요즘은 여의 대신에 재신도(財神到), 공희발재(恭喜發財), 재운통(財運通), 초재진보(招財進寶) 같은 문구를 노골적으로 드러내기도 한다. 초재진보 4글자를 합체자 하나로 만들어 온 사방에 붙여두기도 한다. 오랜 역사를 간직한 상인 문화, 민간에서 발아한 재물신 등은 중국인이 재물에 대해 얼마나 강한 애착을 보이는가를 잘 말해 주는 대목이다.

와합합과 콜라,
21세기 최고의 상인

-
-
-

    왕력굉(王力宏)은 미국에서 태어나 버클리 음대를 졸업한 수재로 중국 대중음악계에서는 정상급에 속하는 남자 가수이다. 피아노, 기타, 바이올린, 베이스, 드럼 등 악기 다루는 솜씨는 말할 것도 없고 작사와 작곡도 직접 하며, 제작자로서도 뛰어난 재능을 발휘하고 있다. 게다가 그림도 잘 그리고, 감성도 뛰어나고, 생김새도 준수하다. 이제 그를 모르는 13억 중국인은 없다고 해도 과언이 아니다.

    상인 이야기를 하면서 가수를 언급하는 이유는 왕력굉이 중국 최대의 음료회사 와합합(娃哈哈)의 광고 모델이기 때문이다. 와합합 창업주 종경후(宗慶后)는 2012년에 포브스가 선정한 중국 최고 갑부에 오른 인물이다. 2014년에 순위가 조금 내려갔지만 그의 재산은 116억 달러로 세계 100위 안에 든다. 2014년 대한민국 1년 예산 가운데 5퍼센트에 이를 정도로 많은 돈이다. 와합합은 중국 최고이자 세계에서 3~4위를 달리는 음료회사로 항주에 본사를 둔 기업이다. 우리나라 사람에게는 낯설게 들리겠지만 13억 인구의 나라 중국에서는 당연하다는 듯이 그를 음료대왕(飮料大王)이라고 부른다.

종경후

나는 개인적으로 21세기 중국에서 가장 성공한 상인으로 종경후를 꼽고 싶다. 우리나라 이건희처럼 단순히 돈이 많아서가 아니다. 아버지로부터 물려받은 매판자본으로 성공한 삼성과는 시작부터 차원이 다르기 때문이다. 40대에 이르러서 맨손이나 다름없이 창업했을 뿐만 아니라 경제개혁을 위해서는 정부에 서슴없이 쓴소리를 하고, 게다가 민족적 자부심도 대단해 엄청난 금액을 후원하기도 한다.

2012년에 와합합 본사에 연락해 종경후와 인터뷰하고 싶다고 했더니 홍보실에서 곧 회답이 왔다. 회장이 일정을 만들 테니 언제라도 항주를 방문해 달라는 것이었다. 이처럼 우리나라 중국의 다른 기업과 비교하면 권위적이지도 않았다.

종경후는 1945년생이다. 할아버지는 동북 군벌 재정부장이었고, 아버지는 국민당 정부에 몸담았던 사람이다. 해방 후 아버지는 생계 능력을 상실했기 때문에 초등학교 교사이던 어머니 월급으로 가족이 겨우 연명하며 살았다. 그는 중학교 졸업 후 집안의 부담을 덜기 위해 농장과 차밭 등지에서 노동자 생활을 전전했고, 33살이 되는 1987년에는 항주에서 학교가 경영하는 공장에서 판매원으로 근무했다. 이때 인연으로 그가 창업할 때 교사 3명이 자본금을 투자한다.

나이 42살에 음료 공장을 세운 종경후는 중국 경제의 개혁 개방과 맞물려 성장하기 시작한다. 1990년대 중반에는 호북성 삼협(三峽)댐 이주민을 지원하는 사업에 참여하면서부터 전국적으로 사업을 확장하고, 이어서 생수 시장에 뛰어들면서부터는 일약 전국적 기업으로 성장한다. 2011년에는 소매업에 이어 출판사와 합작해 문화산업에도 뛰어드는데, 와합합의 전략적 양대 기조인 국제화와 종목 다양화의 신호탄이었다.

"20여 년 전에는 아이들에게 물질적 영양분을 제공했다면 지금은 정신적 영양분을 제공해야 한다."

이렇게 말한 종경후가 음료를 공급하듯이 문화산업에서도 최고가 될 수 있을지 지켜볼 일이다. 이 새로운 사업은 경영과 업무능력을 인정받고 있는 외동딸 종복리(宗馥莉)가 주도하고 있다. 그녀는 비록 30대에 불과하지만 미국 유학 후 말단부터 시작해 실력을 인정받은 후계자이다. 언론은 '최고 갑부의 딸', '그룹 후계자의 강한 개성' 등으로 그녀를 표현하며 관심을 두고 있다. 생김새는 80후(80后, 1980년대 이후에 출생한 중국 신세대)처럼 곱게 자란 부잣집 말썽꾸러기같이 보이지만 하루에 15시간이나 일하는, 근면하고 성실한 노력파이다. 지금은 경영관리 전문가로도 능력을 발휘하고 있다. 개혁 개방으로 말미암아 지금까지 중국의 민간 기업 1세대는 순조롭게 성장했지만 이제 2세의 경영 능력이 시험대에 오르고 있다.

와합합을 주목하는 이유는 사실 콜라에 있다. 중국 시장도 우리나라처럼 코카콜라와 펩시콜라로 양분되어 있고, 와합

비상콜라

합은 시장점유율이 10퍼센트 정도지만 자부심 하나로 비상콜라(非常可樂)를 생산해 판매하고 있다.

"외국인이 만들 수 있다면 중국인도 반드시 만들 수 있으며, 더 잘 만들 수 있다."

1998년에 이렇게 호언장담하며 비상콜라를 출시했지만 현재 시장에서 반응은 별로 좋지 않다. '중국 민족이 만든 콜라'라고 아무리 홍보해도 생산량은 늘지 않고 있다. 최근에는 한술 더 떠서 러시아의 전통 탄산음료인 크바스도 생산하고 있다. 코카콜라가 '공산국가의 콜라'라는 크바스를 만들어 시장에 진출하자 와합합도 중국판 크바스를 만들어 시판에 나선 것이다.

코카콜라는 세계 탄산음료 시장을 지배하고 있지만 몸에도 좋지 않고 정신 건강에도 몹시 나쁘다. 다만 중독성이라는 무기로 아편처럼 중국을 지배하고 있고 세계를 지배하고 있다고 해도 과언이 아니다. 비상콜라 역시 코카콜라를 넘어서 중국을 평정하고, 또 세계에 진출할 꿈을 가지고 있다. 13억 중국 시장에서 승리한다면 충분히 가능한 일이다. 사실 와합합은 에비앙 생수를 생산하는 프랑스의 세계적인 식품기업 다농과 합작해 성장한 기업이다. 하지만 지금은 다농과 단절하고 독자적으로 성장하는 추세이고, 멀지 않아 세계 시장에서도 엄청난 상표 경쟁력을 발휘할 것으로 예상된다.

와합합은 중국어로 '와하하'로 아이들의 웃음소리를 연상해 지은 상표이다. 세상 사람이 모두 좋아하는 웃음소리를 무기로 삼은 상품으로 우리나라에서도 곧 만나지 않을까 싶다. 얼마 전에는 홍보 담당자가 연락해 한국 시장에도 곧 진출할 계획이라고 밝혔다. 가게에서 와합합 생수를 사서 마실 때마다 왕력굉의 멋진 모습이 보인다. 그리고 나이가 고희(古稀)임에도 불구하고 열정적으로 사업을 확장하는 창업주도 떠오른다. 21세기에 어울리는 중국 최고의 상인이 아닐까.

3 ★ 역사문화

13억 중국인의
대문을 열어보자

-
-
-

    13억 인의 나라, 복잡한 중국을 보려면 먼저 대문을 통과해야 한다. 중국 수도 북경이나 산골 마을 어디를 가더라도 집 대문에는 어김없이 붙어 있는 인물이 있기 때문이다. 바로 문을 지키는 신인데, 당나라 시대 장군인 진경(秦瓊)과 울지공(尉遲恭)이다. 중국 사람은 복을 비는 마음만큼이나 화를 막으려는 마음도 아주 크다. 그래서 대문 초상화에는 일(日)과 월(月)이라는 글자가 명확하게 쓰여 있다. 해와 달을 나누어 24시간 동안 문을 지킨다는 말이다. 그럼 그들은 왜 문을 지키는 신이 됐을까?

    본디 민간신앙에서 전해 오는, 문을 지키는 신이 있었다. 한나라 유학자 왕충이 지은 『논형(論衡)』에는 당시 횡행하던 속설을 거론하면서 신도(神荼)와 울루(鬱壘)를 설명하고 있다. 이들은 귀신이 침범하지 못하도록 문을 지킨 신화적이고 도교적인 인물이다. 유학자인 왕충은 이 책에서 귀신이라는 허황한 믿음을 비판하고, 또 사람들의 그릇된 인식을 바로잡으려는 뜻에서 도교의 상술을 질타한 것이다. 그러나 이 유학자의 바람은 결코 뜻을 이루지 못했다. 21세기에 이르렀건만 아직도 중국에서는 새해 첫날에 한 해 동안 평안을 기원한다는 뜻에서 대문 양쪽에

신도와 울루 초상화를 나란히 걸고 있기 때문이다. 중국 어떤 보험회사에서는 두 신을 소재로 상품을 만들어 팔기도 했다. 언뜻 보면 무지막지한 모습이지만 민간 신앙의 승리라 할 수 있다.

그렇다면 이렇게 신화적인 인물이 아니라 실질적인 인물이 문을 지킬 필요가 있었을까? 당나라 태종 이세민을 호위하던 두 장군은 왜 신도와 울루를 대신해

신도와 울루

문을 지키는 신이자 수문장으로 변신했을까? 중국인은 자기 집 내부를 잘 보여주지 않는다. 문 앞에 조벽(照壁)을 두는 것도 의심이 많고 속내를 드러내기 싫어하는 성향 때문이다. 그래서 문을 지켜주는 누군가가 있어야 안심하고 살 수 있는지도 모르겠다.

진경과 울지공은 이세민과 함께 명나라 시대 소설가 오승은이 지은 『서유기』에도 나란히 등장한다. 『서유기』는 당나라 승려 현장이 불법을 구하러 간다는 내용이기 때문에 불교적 교훈이 담긴 소설이라고 생각하면 천만의 말씀이다. 오승은이 불교를 믿었는지는 모르겠지만, 귀신과 악마가 속출하는 신마소설(神魔小說)이고, 이세민과 함께 등장하는 소설 속 인물도 대부분은 비현실적이다. 소설 총 100회 가운데 10회에 나오는 내용은 대충 이렇다.

천상의 법을 어긴 용왕은 이세민의 꿈에 나타나 살려달라고 애걸하고, 이세민의 부하 장수 위징(魏徵)은 이승과 저승을 오가는 인물로 옥황상제로부터 용왕을 사살하라는 명령을 받는다. 이세민은 용왕의 거듭

된 부탁을 들어주기로 하고 위징이 용왕을 참수하지 못하도록 함께 바둑을 둔다. 그런데 이세민과 함께 바둑을 두던 위징은 조는 듯한 모습으로 위장하고는 혼이 빠져나가 용왕을 참수하고 만다. 이세민은 용왕과의 약속을 어긴 셈이 되었다.

그날 밤, 이세민은 다시 꿈을 꾸는데 궁궐이 떠나가도록 귀신 소리가 난무하더니 용왕이 나타나 약속을 지키지 않았다며 질타한다. 이세민은 공포에 시달리다가 잠에서 깨어나 '귀신이다.'라는 소리를 지르며 혼비백산한다. 이렇게 매일 밤 원한을 갚으려는 용왕의 혼백으로부터 시달리다 보니 몸은 쇠약해질 대로 쇠약해졌다. 이때 진경 장군이 일어나 이세민의 신변을 호위하겠다며 나서고, 절친한 친구 울지공도 나서서 궁궐의 좌측과 우측을 맡게 된 것이다. 이후 용왕의 혼백은 섬광과 번개를 번득이며 지키고 있는 두 장군 때문에 도망가고 만다. 이세민의 병세는 점점 좋아졌지만 매일 두 장군이 문을 지키기는 매우 어려운 일이었다. 그래서 궁중 화가가 장군의 초상화를 그려서 붙였고, 찾아온 용왕 혼백은 여전히 두 장군이 지키고 있는 것으로 알고 다시는 출몰하지 않았다.

『서유기』는 민간에서 떠도는 이야기를 담은 소설이고, 당나라 이세민은 형제를 죽이는 피비린내 끝에 황위를 찬탈한 인물이다. 그래서 이 이야기는 두 장군의 충절을 밑천으로 불안한 민심을 보듬어 보려는 논리일 수 있다. 비록 죄악이 많아 꿈속에서도 고통을 받지만, 결국 민심을 회복하고 바른 정치를 폈다는 메시지를 전하기 위한 것이라는 말이다. 이세민의 악몽조차 막아냈다면 민간의 심리야 뻔하지 않을까? 그래서 두 장군의 초상화를 붙여 두는 것만으로 저마다 밤을 편안하게 보낼 수 있다는 욕구가 지금까지 이어져 온 것이다.

중국 대문에는 또 하나의 재미난 비밀이 있다. 집 대문마다 문당호대(門當戶對)가 표시되어 있다는 사실이다. 대문을 만들 때부터 신분과 지위를 표시하는 건축양식으로, 한자 성어이기도 하다. 즉 사회적 지위와 경제적 상황이 서로 비슷한 두 집이 혼인하기에 가장 잘 어울린다는 뜻으로 해석하면 된다. 굳이 문밖에 표시한 것을 보면 사회경제적 우위를 은근히 자랑하는 것 같고, 또 신분 사회의 속살이 드러나는 대목이라 씁쓸하다.

문당은 대문 앞에 서 있는 한 쌍의 석고(石鼓)를 말한다. 고대 사람은 이 돌로 된 북을 치면 소리가 널리 퍼져 위엄이 생긴다거나 액막이를 한다고 믿었다. 아마 경사가 생겼을 때 유용하게 사용했을 것이다. 또 문당은 신분 사회에 맞게 자연스레 문관과 무관을 나누어 표시했다. 원형이라면 전쟁 때 치는 북을 연상해 무관이고 사각형이면 선비의 연적을 연상해 문관이 사는 집으로 구분했다.

호대는 문 위에 가로로 길게 댄 나무, 즉 문미(門楣) 가운데가 톡 튀

사합원 문당호대

어나오게 박은 것을 말한다. 주로 나무로 만든 조각을 사용하고 2개를 한 쌍으로 한다. 고대에는 호구(戶口)를 말할 때 호(戶)는 한쪽 문을 뜻했다. 양쪽 문, 즉 호 두 개가 모여야 문이 된 것이다. 세월이 흐르면서 호대도 늘어나기 시작했다. 2개는 하급관리, 4개까지는 중급관리를 뜻하는 의미로 변했다. 문 하나에 호대가 2개 또는 4개가 된 것이다. 문이 늘어나면서 호대도 늘어나 나중에는 12개까지 생기게 된다. 12개 정도면 황제의 일가친척 저택이라고 생각하면 된다.

이렇게 문당호대는 사회적 신분을 뜻하는 용어이고, 중국 사람이라면 대체로 문당호대가 무엇을 뜻하는지 알고 있다. 이 재미난 이야기는 옛날 소설에는 일상용어로 사용했고, 요즘도 역사 드라마나 영화는 물론이고 현대 사회를 주제로 한 드라마에도 자주 등장한다. 많이 변형되긴 했지만 여전히 중국 곳곳에 문당호대는 남아 있다는 뜻이다. 중국을 여행할 때 그냥 지나치지 말고 한 번쯤 멈춰 서서 음미해 볼 만한 이야기이다.

문을 열고 들어가지 않으면 13억 중국인의 깊은 역사와 문화, 진정한 속마음을 알 길이 없다. 중국의 문 앞도 모르고서야 어찌 중국을 안다고 말할 수 있겠는가? 그러나 문을 열어 보면 중국을 풀어 가는 재미가 쏠쏠하다.

병마용은
진시황과 무관하다

-
-
-

1998년 6월 25일, 빌 클린턴 전 미국 대통령은 중국 서안을 방문한다. 당시 무역수지 문제 등 북경과 불편한 관계를 해결할 목적으로 방문한 첫 도시는 고도 서안이었다. 외교적 몸짓이었겠지만 병마용을 찾아 일반 관람객이 들어갈 수 없는 진열대까지 내려가 기념사진을 찍었다. 2013년 6월 30일, 박근혜 대통령도 북경 정상회담 후 서안을 찾아가 빌 클린턴 대통령처럼 1호 갱 안에서 병마용을 손짓하고 있는 모습이 보도되었다.

서안은 습근평 주석의 고향(습근평 주석은 북경에서 태어났다)이자 서부 대 개발 계획의 중심지이다. 또 중국을 상징하는 가장 자랑스러운 문화유산 가운데 하나이자 중앙집권적 통일국가를 성립했다는 명분을 한 몸에 안고 있는 도시이다.

그러나 병마용은 전 세계가 진시황이 만들었다고 알고 있지만, 아닐 가능성이 아주 높다. 이런 역사 왜곡을 지시한 장본인은 모택동의 마지막 부인인 강청이다. 그녀는 문화대혁명 막바지에 병마용 주인이 진시황이란 결론을 내렸고, 이 결정을 바꾸지 않은 채 가택연금 상태에 있다가 자살했다. 이후 그 누구도 이 매력적인 '역사 왜곡'을 고치고 싶

않았던 것이다.

중원의 '장안'으로 불리던 옛 도읍지 서안역에서 버스로 1시간 정도 가면 '진시황병마용박물관'이 있다. 입구로 들어서면 1호 갱이 정면에 보이고, 이후 멋지고 장엄한 모습의 병마용 갱이 등장한다. 사진으로라도 보지 않았을 사람이 없을 정도로 유명한 곳이다. 마차병과 보병이 함께 편성된 부대 형태는 다음과 같다. 동쪽을 정면으로 갱 앞쪽 3개 열은 선봉부대이고, 서쪽을 향해 서 있는 것은 후방부대이다. 좌우 양 끝에 있는 1개 열은 남쪽과 북쪽을 향해 있다. 가운데 있는 무사와 마차가 바로 주력부대이다.

이곳은 1974년 3월에 농부가 밭을 갈다가 우연히 발견되었는데, 2000년의 허물을 벗고 세상에 나온 순간이었다. 당시 문화대혁명을 주도하던 강청은 이 병마용이 필요했기 때문에 고증도 거치지 않은 채 바로 '진시황의 병마용'이라고 선전했던 것이다. 이렇게 병마용이 세계 역사에서 왜곡되었다고 주장하는 사람은 서안이 고향이고 평범한 건축기술사인 진경원(陳景元)이다.

당시는 정국이 몹시 혼란한 시점이었다. 그러나 진경원은 자신의 고향에서 병마용이 발견됐다는 소식을 듣고 즉시 달려가 병마용 실상을 파악하고는 직감적으로 이상함을 느꼈다. 중앙집권통치의 정당성을 부각하기 위해 정치적으로 이 병마용을 이용하고 있다고 생각한 진경원은 평생을 바쳐 연구하기 시작한다. 그렇게 해서 '병마용은 진시황과 무관하다'는 결론이 나왔다. 그러나 진경원이 하나씩 근거를 찾아 연구결과를 발표했지만 무시당하기 일쑤였고, 30년의 세월이 흐른 뒤에야 병마용 연구에 평생을 바친 그의 노력이 점점 알려지기 시작한 것이다.

병마용 1호 갱

 2005년 12월에는 중국 관영언론인 신화사를 비롯해 언론 대부분이 이 주장을 보도해 큰 파문이 일기도 했다. 2006년에도 잡지 『중국과학탐험』에 '병마용 주인은 근본적으로 진시황이 아니다'는 논문을 발표하는 등 자신의 입장을 거듭 발표했다. 그는 병마용은 진시황의 고조모이자 진소왕의 어머니인 진선태후(秦宣太后)가 주인이라고 주장한다. 즉 진시황이 아닌 진소왕이 병마용을 만들었고, 고향인 초나라로 돌아가고 싶어 하는 어머니를 위해 만들었다는 것이다.

 그는 또 『사기』를 근거로 해서 진시황의 무덤은 현재 병마용 위치와 무관하다는 걸 증명했고, 진선태후는 현재 '병마용'이 있는 자리와 거의 일치하는 자리에 안장됐다는 기록을 제시했다. 서태후처럼 막강한 권력으로 섭정한 진선태후는 원래 초나라 사람이었다. 순장을 달갑게 생각

진경원, 병마용 진상

하지 않았던 진소왕은 어머니의 임종이 가까워지자 실제 사람 모양을 그대로 빚어 순용(殉俑)했고, 또 전리품을 가득 실은 마차를 만들어서는 자신의 생모가 평생 돌아가고자 했던 '초나라'로 귀향하는 모습을 상징적으로 담았던 것이다.

개관 이래 4,000만 명 이상이 다녀간 곳이며, 세계문화유산으로도 손색없는 곳임은 틀림없다. 병마용 이곳저곳을 자세히 보고 있으면 기원전에 어떻게 이렇게 아름다운 모양을 빚었을까 하는 감탄이 절로 나온다. 또 병마용은 그 생김새와 동작이 아주 다양하다. 사람 얼굴이 서로 다른 것처럼 서로 다른 표정과 다른 자세로 서 있고, 대부분은 군복을 입었지만 갑옷을 입은 것도 있고 그렇지 않은 것도 있다. 자연스럽게 손을 차렷 자세로 서 있기도 하지만 손을 살짝 들고 있는 것도 있고, 머리 모양도 여러 가지이고 마차 크기도 차이가 있다.

진경원의 주장에 따르면 진시황은 통일 후 군복을 모두 흑색으로 통일했다. 병마용 옷을 보면 전체적으로는 붉은빛이 돌고, 빛이 다소 바래긴 했지만 녹색이 감도는 전투복 상의에 자주색이 군데군데 드러나는 바지 차림이다. 병마용이 2000년이란 세월 동안 땅속에 있으면서도 고유의 자기 색깔을 유지한 것을 보면 놀랍기만 하다. 진경원의 주장대로 흙으로 빚은 병마용을 순용했으니 순장될 사람이 오랜 세월 동안 하늘에서 보은하고 있는 것은 아닐까.

병마용은 1호 갱 외에도 2호, 3호가 개방돼 있다. 그리고 아직도 많은 병마용이 발굴 중이다. 얼마나 많이 묻혀 있는지는 아무도 모른다. 진시황이 전국을 통일하기 100여 년 전, 아무리 통일의 밑거름을 쌓았다고 하더라도 이토록 방대한 병마용을 만들었다는 것은 기적이자 의문이다. 또 아직도 중국 역사학계에서는 이곳이 '진시황의 병마용'이라는 것을 결코 수정하고 싶지 않은 모양이다.

병마용 3호 갱은 오목할 요(凹) 자 형태 무덤에서 말 네 필, 마차 한 대, 도용 68개만 발굴됐다. 520평방미터로 자그마한 갱이다. 약간 어두워서 무덤 곳곳을 세심하게 살펴보기는 어려웠지만, 목이 잘리고 형체가 부서진 채로 남아 있어서 정리하고 정돈한 것보다 더 극적으로 보였다.

2호 갱은 규모가 6,000평방미터에 달하고, 병마용 1,300여 개, 마차 80량을 비롯해 수많은 청동 병기가 출토된 곳이다. 규모도 굉장히 크고 넓지만 병마용을 있던 그대로 전시하고 있어서 떨어진 목이 나뒹굴기도 하고 부스러기도 그냥 방치한 듯이 쌓여 있다.

무릎쏴 자세의 궤사용(跪射俑), 서서쏴 자세의 입사용(立射俑), 말을 끌고 있는 안마기병용(鞍馬騎兵俑), 중무장한 군리용(軍吏俑)을 비롯해 군사용(軍士俑), 장군용(將軍俑), 포용(袍俑), 개갑용(鎧甲俑), 어수용(御手俑) 등 다양한 병사용이 발굴됐다. 그야말로 전쟁에 참가한 병사의 다양한 모습을 예술적 감성으로 승화한 것이라 할 수 있다. 자세나 동작이 흙으로 구워 만들었다고 하기에는 너무나 자연스럽고, 사람의 자세와 동작을 본떠 만든 감각도 아주 놀라웠다.

갱 3곳을 모두 보고 나면 한 편의 영화를 본 듯해서 영화 〈진용〉보다 100배는 더 재미있다. 그리고 진경원의 말처럼 병마용이 2000년 만에 우리에게 되살아났듯이 시간이 지나면 역사의 진실도 꼭 밝혀지리라 본다. 병마용을 방문할 때마다 평생 진실을 밝히려고 노력한 진경원에게 존경심이 들고, 이렇게 아름답고 훌륭한 병마용을 남긴 진소왕의 인간적이고 효성스러운 마음이 전해지는 듯해서 가슴이 뭉클해진다.

'진시황병마용박물관' 전시실에는 클린턴이 방문했을 때 찍은 사진이 걸려 있다. 나도 지금까지 3번이나 병마용을 찾았으니 다시 한 번 더 가면 아마도 내 사진이 클린턴 옆자리를 차지할지도 모르겠다. 그리고 클린턴 같은 정치인은 철석같이 진시황과 병마용을 하나로 봤을 것이다. 양국관계가 중요했지 역사에는 관심이 없기 때문에 그럴 것인데, 이제 우리는 알고 가자.

박근혜 대통령은 습근평 주석과 정상회담할 때 『논어』를 인용해 '이전에는 누군가를 대할 때 말만 듣고 믿었지만 이제는 말을 듣고 그 행실까지 살핀다'고 했다. 우리도 이제 병마용에 덧칠한 그 '행실'을 꼭 알고 가자.

이 아름다운 하늘을 두고
달라이라마는 어디로 갔을까

-
-
-

　중국에서 서장자치구라 부르는 티베트는 1950년에 중국이 점령하고부터 독립을 위해 봉기가 끊이지 않는 곳이다. 기원전에는 강족 등 원주민이 살고 있었지만 인도 왕자가 부족국가를 통일했고, 서기 7세기에 이르러서는 손챈감포(松贊干布)가 강력한 통일 국가인 토번을 세우기도 했다. 당나라와 송나라 때는 대등한 우호 관계를 유지하면서 사천과 청해(青海), 감숙, 운남(雲南)을 아우르는 방대한 영토를 경영하기도 했다.

　13세기에 이르러서는 중국을 경영한 원나라에 복속되었고, 이를 근거로 중국 사람은 '13세기 이래 중국 땅'이라고 주장하고 있다. 티베트 고원을 무대로 살아온 티베트 민족은 청나라 강희제 시대에 이르러서 장족(藏族)이라 불리게 된다. 티베트 민족은 지속적으로 독립 국가를 지향했지만 1950년 10월에 중국 정부군이 티베트를 침공하고, 1951년 5월에는 17개 조항에 이르는 협정이 강제적으로 체결되면서 중국의 소수민족 자치구로 전락하고 만다.

　중국의 변강(邊疆)정책 중 하나인 서남공정(西南工程)은 서장자치구, 운남성, 광서장족자치구에 있는 소수민족의 이탈을 방지하고, 또 영토를 확장하기 위해 역사와 문화를 한족 중심으로 고착하는 게 목적이다. 티베트 독립은 세계 외교사에서도 굉장히 민감한 문제이고, 중국 정부도 대단히 강경하게 대응하는 문제이다. 그래서 자신의 역사와 문화를 지키며 자주적으로 살아가려는 티베트 민족에게는 여전히 미래가 불투명할 수밖에 없다.

티베트로 들어가려면 외국인은 중국 정부로부터 허가서를 받아야 한다. 티베트 독립을 지지하는 외국인이 자주 시위하기 때문인데, 티베트와 관련된 외교적 마찰이 일어날 것 같으면 바로 입경이 불허된다. 여행 목적 이외에는 허가하지 않는다는 취지이고, 여행사를 통해 허가받아야 한다.

티베트의 수부인 라싸(拉薩)는 중국 여느 도시와 비교해도 낯설다는 인상은 없지만 전통복장을 입은 티베트 사람을 하나둘 만나다 보면 뭔가 특별한 느낌이 생기기 시작한다. 티베트 문자가 적힌 간판, 라마승이 입는 옷, 길 양옆으로 보이는 선명한 색깔의 창문 등은 볼수록 눈부신 파란 하늘처럼 색다른 호감이 간다.

거리를 걷다 보면 북경로(北京路)라는 길이 나온다. 중국 도시에 있는 거리 이름은 전국에 있는 도시 이름을 따서 짓는 경우가 많은데, 이곳 라싸에까지 북경이라는 거리 이름이 붙어 있는 걸 보니 다소 화가 나기도 한다. 북경로 부근은 세계 배낭족이 즐겨 찾는 구시가지로 게스트 하우스가 많기 때문이다.

거리에서는 오체투지를 하면서 당당하게 구걸하는 사람을 볼 수 있다. 길을 걸어가는 사람 사이에서 아주 자연스럽게 온몸을 엎드렸다가 일어서면서 손을 내밀면 사람들이 돈을 건넨다. 마니륜(摩尼輪)을 돌리며 걸어가는 할머니도 유독 많은데 티베트 사람이 늘 손에 들고 다니는 이 마니륜 안에는 라마교 경전이 들어 있다. 중국어로는 전경통(轉經筒)이라 부른다.

라싸 시내에서 가장 높은 곳은 포탈라궁이다. 파란 하늘을 뒤로하고 능선을 따라 건축된 이 거대한 궁전은 볼수록 신기하다. 어느 위치에서 보더라도 장엄한 궁전의 위상이 그대로 전달된다. 저렇게 높은 산에 저다지도 웅장한 궁전을 지었다니, 정말 대단한 일이다. 7세기의 패자 손챈감포가 외침을 방비할 목적으로 641년에 건축했다는 설도 있고, 당나라 문성공주를 영접하기 위해 지었다는 설도 있다.

포탈라궁은 역대 달라이라마가 거주하며 종교와 정치를 펼치던 곳이다. 중국이 티베트를 장악한 후 1961년에 전국중점문물로 지정되었다. 현재는 세계문화유산으로 등재돼 있으며, 세계에서 가장 높은 지대에 있는 고대 궁전이다. 주 건물 높이는 110미터에 이르며, 길이는 동서로 360미터, 남북으로는 200미터에 이른다. 999칸이던 초기 건물 흔적은 이미 사라져 버렸고 지금 궁전은 청나라 시대에 중건한 것이다. 중국은 1985년에 고대문물 보호를 위해 사상 최대 규모로 자금을 투자해 대규모 공사를 했고, 1989년에 다시 한 번 더 공사해 지금의 모습으로 자리를 잡았다. 눈부시게 파란 하늘이 있는 티베트, 10세기 이후 정교 합일의 지도자가 살던 궁전! 이곳은 하루에 입장하는 인원이 제한되고 궁전 내에서는 사진을 단 한 장도 찍지 못한다.

10세기 이후 티베트 불교는 여러 교파로 나뉘어서 황교, 홍교, 백교, 화교, 흑교 등으로 분리되고, 15세기에는 종교 개혁가인 쫑카파가 등장해 황교가 주도권을 잡는다. 최대 교파인 게룩파 라마승이 쓰는 모자 색깔이 황색이라서 황교파 또는 황모파라고도 부른다. 게룩파 지도자 달라이라마는 지금 어디로 갔을까?

달라이라마는 1959년에 라싸를 떠나 인도 북부에 있는 다람살라에 망명정부를 세우고, 그곳을 소라싸(小拉薩)라고 부른다. 달라이라마를 비롯해 다람살라로 망명한 티베트 사람은 어찌 이 하늘이 그립지 않을까, 참으로 안타까운 일이다.

티베트 사람은 수천 킬로미터나 떨어진 곳에서도 오체투지로 출발해 최종 목적지이자 저항 정신의 상징이기도 한 조캉사원에 도착한다. 본당인 조캉전 이름을 따서 일반적으로 조캉사원이라 부르고, 조캉사원 앞 바코르 광장은 티베트 사람들에게 종교 순례지이자 독립운동 광장과 같은 곳이다. 순례자는 사원을 중심에 놓고 시계 방향으로 도는 의식을 치르면서 부처님께 기원하는 것이다.

포탈라궁과 같은 시기인 서기 7세기에 지은 조캉사원에는 당나라 문성공주가 티베트로 시집올 때 가져온 석가모니 불상이 있다. 2층으로 올라가면 멀리 포탈라궁이 보이고, 파란 하늘과 하얀 구름 아래에 있는 바코르 광장과 순례자의 길도 한눈에 들어온다. 관광객도 사원을 중심으로 도는 순례자의 길을 따라 걸어야 하고, 티베트 사람들은 늘 이곳에 나와 종교의식을 치르듯이 오체투지를 하며 순례자의 길을 따라 돈다. 세 걸음 걷고 한 번 절하고 가는데, 온몸을 땅바닥에 최대한 밀착시켜 절을 하고, 양손에는 상처가 생기지 않도록 나무판자를 낀다. 엎드릴 때마다 나무와 바닥이 닿는 소리가 들린다.

이곳에서 삼보일배로 오체투지를 하는 사람은 평소에는 담담한 모습이지만 독립을 요구하는 시위를 할 때는 눈물을 쏟아낸다. 묵묵히 사람들의 행렬을 보고 있으면 말로 표현하기 어려운 침묵과 불처럼 솟는

조캉사원 앞에서 오체투지를 하는 사람들

심장 소리가 느껴진다.

라싸에서 포탈라궁과 조캉사원을 보고 있으면 하늘처럼 맑은 티베트 사람과 교감하는 느낌이 든다. 그리고 티베트 어디를 가더라도 파란 하늘이 보이기 때문에 전 세계에서 유일하게 우울증이 없는 곳이다. 비록 달라이라마는 이곳에 없지만 그들은 수천 년이나 이어져 온 전통을 유지하면서 가난하지만 행복하게 살아가고 있다. 또 중국 정부에 의해 엄청나게 많은 문화유산이 파괴되어 안타까운 마음이 크겠지만, 자신의 문화에 대한 자부심 하나로 살아가고 있다.

티베트에 가면 고도 때문에 고산반응에 시달린다. 심장 박동이 세지고 두통을 동반한 몸살 같은 증세가 나타난다. 이 고산반응은 고통을 통해 자연의 위대함을 깨닫게 하고, 삶과 윤회, 환생에 대한 '정신'을 깨닫게 한다. 그리고 티베트 민족의 오랜 전통과 문화 앞에서는 엄숙한 존경을 표하게 되고, 이 푸른 하늘을 두고 떠날 수밖에 없었던 지도자의 운명을 한 번 더 생각하게 된다.

서민과 함께 울고 웃던
위대한 스타, 팔대괴!

-
-
-

　북경에는 기이한 인물이 참 많다. 이들은 괴물, 괴짜, 기인으로 불리고, 괴상하다는 뜻인 '괴(怪)' 자가 붙어서 하나의 캐릭터로 굳어진 인물이다. 이들에 관해 이야기하려면 명나라 때로 거슬러 올라가야 한다. 상업적인 시장이 생기기 시작한 그때, 당연히 곡예, 무술, 잡기 같은 기예를 팔던 사람도 여기저기서 나타나기 시작한다. 이들은 시장에서 서민들과 마음을 나누고 정을 나누며 자신의 장기를 뽐내며 살았던 것이다. 이렇게 괴물 수백 명이 등장했고, 어떤 이는 인기스타가 되었고, 인기가 떨어진 이는 사라졌고, 스타 기질이 유지되면 대를 이어 스타가 되기도 했다. 그리고 그 당시에는 요즘처럼 팬들의 투표로 걸러지는 '위대한 탄생' 같은 방식은 아니었지만, 나름대로 인기를 가늠하는 잣대가 있어서 모든 스타가 사라지고 인기스타 8명만이 남게 되었다. 오늘날에는 이들을 팔대괴(八大怪)라고 부른다.
　중국 사람이 팔(8)이라는 숫자를 좋아하는 것은 전통이자 습관이다. 인물, 물건, 경치에도 자주 갖다 붙이는 숫자이기 때문이다. 『주역』의 기본 도형인 '팔괘(八卦)', 도교의 '팔선(八仙)', 당송 시대의 문장가 '당송팔대가(唐宋八大家)', 북경의 명승지 '연경팔경(燕京八景)', 청나라 군대인 '팔기(八旗)', 청나라 말기 북경에 있던 비단 가게 이름인 '팔대상(八大祥)' 등 팔이라는 숫자가 아주 많이 등장한다.

북경 천안문광장 남쪽 천교(天橋)에 있는, 중국 서민의 예술 정신을 담고 있는, 팔대괴도 팔이라는 숫자를 시작으로 역사에 등장한다. 청나라 중기에 이르면서부터는 이런 전문적인 기예를 보유한 괴물이 수도 없이 등장하는데, 그중에서 8명만이 특히 인기가 많아 살아남은 것이다. 천교는 '육교'나 '구름다리'를 말하는 일반명사이기도 하지만 북경에 있는 지명이기도 하다. 천안문 남쪽이자 천단공원 서북쪽에 있는 지명이다.

청나라가 집권하자 명나라 시대 길거리 기인은 고궁 남쪽으로 밀려나기 시작한다. 지방 상인이 늘어 붐비다 보니 자연스레 남쪽에도 시장과 찻집, 술집, 여관 등이 생겨났다. 그래서 무예와 이야기, 노래가 넘쳐나는 서민문화 중심지로 성장하기 시작한 것이다. 그래서 팔대괴는 이곳에서 활약했고, 수백 년이 지난 지금도 서민의 정서를 달래주던 팔대괴의 숨결이 이곳에서는 살아 있다.

궁불파

천교광장에는 기이하게 생긴 조각상 8개가 나란히 서 있다. 조각상에는 그 이름과 함께 그의 기예에 대한 설명도 적혀 있다. 얼핏 보면 별 대수롭지 않은 모습 같지만, 표정과 동작을 잘 살펴보면 서민문화의 치열한 흔적을 만날 수 있다.

궁불파(窮不怕)는 왼손에는 대나무 죽판(竹板)을 들고 있고 오른손으로는 땅바닥에 글자를 쓰고 있는 모습이다. 중국 만담인 상성(相聲)의 비조로 본명은 주소문(朱紹文, 1829~1904)이다. 혼자 하는 만담가로도 유명할 뿐만 아니라 노래를 잘하기로도 유명하다. 공연 때는 죽판 한 쌍을 부딪치며 박자를 맞추는데, 위쪽 죽판에는 '아주 많은 글이 있으니 궁핍을 두려워 말라'는 글이 쓰여 있고, 아래쪽 죽판에는 '다섯 수레에 이르는 책의 역사가 가난을 멈추게 하리라'는 글이 쓰여 있다. 궁불파는 '가난을 두려워 말라'는 뜻에서 유래한 이름이다. 모래를 바닥에 뿌리고 공연을 시작하는데 스스로 창작한 만담은 소탈하면서도 아름답기로 유명하다.

왕소변(王小辮)은 커다란 깃발을 왼손에 들고 있는 모습이다. 고대 의장대가 깃발을 마음대로 날리듯이 깃발 곡예를 하는 중번(中幡)의 고수로, 기예 솜씨는 깃발을 머리에서 어깨, 팔로 자유자재로 옮길 정도라고 한다. 장대는 3장(약 10미터) 높이로 무게가 수십 근에 이르는 대나무로 만들고, 위에는 오색찬란한 둥근 우산이 있고, 끝에는 동으로 만든 방울이 달려 있다. 절묘한 기예를 뽐내다가 마지막에 이르러서는 이빨로 깃발을 받아내는 그 솜씨는 천하일품이라고 전한다. 20세기 초반 인물로 자세한 내력은 전해지지 않지만, 힘이 장사이고 키는 크지 않고 얼굴이 둥글며 머리는 크고 몇 가닥 없는 머리카락은 변발이었다.

왕소변

심삼

그의 이름이 소변인 까닭은 변발 때문은 아닌지.

심삼(沈三)은 왼발을 들고 양손을 펼친, 엉거주춤한 모습으로 서 있다. 북경 출신으로 가난한 회족 집안에서 자랐으며 어릴 때는 씨름을 배웠다. 키가 크고 몸집이 웅장하지만, 기공을 배워서 공중제비를 아주 민첩하게 했다고 전한다. 가슴에 있는 벽돌을 철추로 내려쳐 깨거나 벽돌을 발로 차는 기예의 대가였다. 1945년에 사망했다는 기록이 있는데, 러시아 장사와 대결에서 승리해 민족의 존엄을 수호했다는 언론 보도도 있다. 당연히 그때 명성은 하늘을 찔렀다.

정사자(程傻子)는 사발을 이마에 쌓아 놓고 균형을 잡기 위해 허리를 뒤로 눕힌 모습이다. 본명은 정복선(程福先)이며 중국 서커스의 고향인 하북성 오교(吳橋) 사람이다. 크고 작은 사발을 이마에 열세 개나 올리는 정완(頂碗)의 고수였고, 사발을 이마에 올린 후에도 허리를 구부리거나 발을 구르는 등 신기한 동작을 잘해서 사람들에게 큰 인기를 얻었다. 흑곰을 조련하는 능력도 있어서 정구웅(程狗熊)이라고도 불렸다.

정사자

흑곰은 두 손을 오므려 인사하거나 땅바닥에 이마를 조아리거나 똑바로 서서 걷기도 했다. 또 둥근 고리를 넘기도 하고 공 위에 서서 공을 구르기도 하고 공중제비를 넘기도 하고 사람과 씨름하기도 했다.

상사자(常傻子)는 왼손에 돌을 들고 오른손으로 깰 듯한 모습으로 서 있다. 거위 알만큼이나 큰 돌을 깨는 기예인 잡석두(砸石頭)의 고수로, 탕탕 소리를 내며 진짜 돌임을 증명한 다음 기합을 넣어 손바닥, 심지어 손가락으로 돌을 쪼갠다. 공연 후에는 관중들에게 자신이 직접 만들어 먹어 힘이 세졌다는 백보증력환(百補增力丸)을 팔기도 했다. 관중들은 약효에 대해서는 별로 믿지 않았지만 바닥에 동전을 던지곤 했던 모양이다. 의사를 데리고 다니면서 기예

상사자

새활려

를 부리는 전형적인 약장사 행색이다. 본명조차 알려지지 않았고 표정은 무서운 괴물로 알려져 있다.

새활려(賽活驢)는 탁자에 오르는 당나귀를 타고 부채를 흔드는 모습으로 조각돼 있다. 본명은 관덕준(關德俊)이다. 옷과 대나무로 당나귀처럼 변장해 익살스러운 재주를 부리는, 즉 투근(鬪哏) 서커스의 대가였

대금아

다. 두 다리는 당나귀 뒷발, 두 손은 앞발이 되어 연기하는데, 자기 부인을 태우고 꽃을 뿌리기도 하고 뒷발을 치거나 앞발을 감추기도 한다. 탁자 3개를 엇갈리게 세워 놓고는 산을 넘어가는 묘기를 부리는 등 손과 발을 자유자재로 쓰며 당나귀처럼 기교도 부린다. 이런 재주를 당나귀 춤이라는 뜻으로 모려무(毛驢舞)라고도 불렀는데, 마치 '살아 있는 당나귀'와 똑같았다고 전한다.

대금아(大金牙)는 구멍 뚫린 나무상자 옆에 서서 웃는 모습이다. 본명은 초금지(焦金池, 1891~1943)이고 하북성 출신이다. 천막처럼 꾸민 상자에서 괴상한 동물 그림을 보여주며 재미있는 이야기를 해주는 성붕(腥棚)의 대가였다. 거울 8개를 앞에 두고는 도구를 이용해 공연하는 연극이고, 노래도 부르고 북도 치는 이 공연을 랍대편(拉大片)이라고도 부르는데, 바로 '요지경'이라는 뜻이다. 키도 작고 눈도 작으나 입은 컸는데, 웃을 때마다 금니 2개가 드러나서 붙여진 별명이다.

조마자(曹麻子)는 커다랗고 둥근 방망이 2개를 들고 노래하는 모습이다. 본명은 조덕전(曹德全)으로 20세기 초 사람이고 북경 외곽에 있는 농촌 출신이다. 머리는 크고 고양이 같은 얼굴에는 드문드문 주근깨(麻子)가 있다. 1킬로그램이 넘는 소뼈 2개를 방망이 삼아 두드리며 말을 주고받기도 하고 곡조에 맞춰 노래를 부르기도 한다. 동으로 만든 구슬을 방망이에 매달아 소리를 내는 수래보(數來寶) 기예의 원조이다. 제자가 음운을 띄우면 양손으로 방망이를 치면서 대답하거나 노래한다.

조마자

오늘날에도 중국 서커스에는 팔대괴의 흔적이 남아 있고 중국인의 마음에도 남아 있다. 천교광장에는 비록 8명만이 조각되어 있지만 팔대괴는 거리 공연을 했던 수많은 괴물을 상징한다. 광장 홍보판에도 적혀 있듯이 '기층문화의 창조자'로 살다 간 괴물 수백 명의 기예를 다 포함하고 있는 것이다. 극장이나 차관, 또는 식당에서도 만날 수 있고, 지금도 춘절(春節) 같은 명절 때는 거리나 시장에서 볼 수 있다.

천교 주변에서도 팔대괴 공연을 많이 했다. 불과 5년 전만 하더라도 광장 건너편에 있는 천교서커스극장에서 공연했다. 특히 천교락차원(天橋樂茶園)에서는 차를 마시며 팔대괴 공연을 감상할 수 있었다. 지금은 공연 무대가 없어졌지만 여전히 팔대괴 흔적은 북경 곳곳에 역사로 남아 있다. 팔대괴 흔적을 보려면 선남박물관(宣南博物館)으로 가면 된다. 천교에서 서북쪽으로 4킬로미터 정도 떨어진 거리에 있으니 비교적 가깝다. 이 박물관은 원래 불교 사원인 장춘사(長椿寺)였다. 명나라 만력제(萬曆帝)가 1592년에 어머니의 장수를 기원하며 건축한 후 '장춘(長椿)'이라는 편액을 하사한 절이다. 수도에 있는 최고 사찰이라서 경사수찰(京師首刹)이라고도 불리던 이 불교 사원이 문화박물관으로 탈바꿈한 것이다.

고궁 외성 서남쪽에는 선무문(宣武門)이 있고, 그 남쪽을 선남(宣南)이라 부른다. 그리고 대책란(大柵欄) 상업문화, 유리창(琉璃廠) 사인문화(士人文化), 팔대괴 서민문화, 이를 모두 묶어서 선남문화(宣南文化)라고 부른다. 본당 전시실 한쪽 벽면에는 팔대괴의 역사를 전시하고 있는데, 캐리커처도 그려져 있고 조각상도 전시돼 있다. 솔직히 말해 그림만 봐도 신기하고 괴팍스럽다.

북경 공묘(孔廟)에 있던 박물관이 2006년에 최첨단 시설을 갖추고 다시 개장한 수도박물관에 가도 팔대괴 흔적을 볼 수 있다. 한나절을 봐도 아깝지 않을 박물관이며, 사전에 전화나 인터넷으로 예약하면 무료로 관람할 수 있다. 북경 사람의 생로병사에 관해 전시한 풍물전시관에 가면 서민과 동고동락했던 팔대괴를 만날 수 있다.

서민과 함께 울고 웃던 거리 스타 팔대괴! 그때의 시장 바닥 정취나 서민의 환호를 직접 볼 수는 없지만, 캐리커처나 조각상으로 남아 여전히 서민의 고단한 마음을 달래고 있다. 중국인의 눈과 마음을 즐겁게 해주던 괴물 스타, '위대한 탄생'이라 아니할 수 없다.

사설 도서관이
국가 도서관의 모범이었다

-
-
-

　절강성 동쪽 도시 영파에는 중국에서 가장 오래된 사설 도서관인 천일각(天一閣)이 있다. 절강성은 춘추전국시대 때 오나라와 월나라가 영토 분쟁을 하던 곳이며, 삼국시대에는 손권이 장악하고 있던 곳이다. 명나라 시대에 이르러 현재와 같은 경계가 만들어졌으며 청나라 강희제 때 비로소 절강성이라 불리게 된다. 절강은 신안강(新安江)과 전당강(錢塘江)을 비롯해 수많은 강이 굽이굽이 흘러가는 지리적 특성이 빚어낸 이름이다.

　남국서성(南國書城)이라고도 불리는, 동양에서 가장 오래된 사설 도서관인 천일각에 도착해 안으로 들어가면 가로세로 5미터 장방형 마당에 명나라 병부우시랑(兵部右侍郞)을 역임한 범흠(範欽, 1506~1585)의 조각상이 반갑게 맞이한다. 그는 학문을 좋아하고 책을 수집하는 것을 즐겨 책이 있는 곳이라면 어느 곳도 마다치 않고 두루 찾아다닌 사람이다.

　푸른 나무는 조각상을 보필하듯이 안으로 기울어져 있고, 책 모양 돌에는 그의 생애가 기록돼 있다. 벽에는 말 8마리가 계곡과 산에서 뛰어노는 '계산일마도(溪山逸馬圖)'가 새겨져 있다. 범흠은 그동안 모은 책을 보관하기 위해 1566년에 6년의 공사 끝에 이 도서관을 건축했다. 범

천일각 장서루

흠이 책을 읽던 동명초당(東明草堂) 안에는 책장마다 책이 꽂혀 있고 걸상도 가지런히 놓여 있다. 맞은편 벽에는 전설 속 영물인 용과 기린을 섞은 듯한 동물이 각인돼 있는데, 용이라고 하기에는 묵직하고 기린이라고 하기에는 날렵해 보인다.

초당 옆에는 범흠의 후예가 대대로 살아오던 고거가 있다. 도서관과 살림 공간을 분리한 것은 그만큼 책을 중요하게 생각했기 때문이다. 그리고 대대로 장서를 잘 관리하라는 범흠의 유언에 따라 진정으로 책을 아낄 줄 아는 후손에게만 그 임무를 맡겼다. 범흠에게는 두 아들이 있었다. 전 재산과 도서관에 있는 장서 가운데 하나를 선택하라는 요구에 장남은 도서관을 맡았고, 차남은 전 재산을 물려받고 집을 나갔다. 후손들도 범흠의 유지를 따라 재산 대신 오로지 책을 사랑하는 아들에게만 도서관을 물려주고 있다.

세월이 흘러 천일각이 유명해졌지만 외부인에게는 도서관을 일절 개방하지 않았다. 책을 아주 좋아하는 한 아가씨가 천일각 때문에 범씨 집안으로 시집갔으나 외부인뿐만 아니라 여자에게도 도서관 문을 열어주지 않아 평생 실망하며 살았다는 우스갯소리도 있다. 또 범흠 저택이 사마제(司馬第)인 것은 사후에 사마 벼슬인 병부상서(兵部尙書)로 추증됐기 때문이다.

　도서관이 만들어진 후 외부에 한 번도 공개하지 않았던 범씨 후손은 청나라 초기에 사상가이자 학자인 황종희(黃宗羲)에게만은 장서를 개방했다. 이를 계기로 전국적으로 유명해졌고, 건륭제는 중국 문헌 총서인 『사고전서(四庫全書)』를 편찬한 후 천일각 구조와 똑같이 국가 도서관을 만들어 보관했다.

　『사고전서』를 만든 건륭제는 화재 등으로 인해 손실될 것을 우려해 국가 도서관 7곳에 복사본을 또 만들어 각각 보관하게 한다. 이후 세월이 흐르자 각 『사고전서』는 서로 다른 운명을 맞이하게 된다. 고궁에 있던 문연각(文淵閣)본은 민국 성립 후 일제 침탈로 말미암아 상해, 중경으로 옮겨가고, 공산당이 정권을 잡았을 때는 장개석 정부가 대만으로 도피하면서 가져가 현재 대만국립고궁박물관에 보관돼 있다. 대만에서 발간하는 『사고전서』는 모두 이 문연각본인 셈이다. 심양(沈陽) 고궁에 있던 문소각(文溯閣)본은 민국 초기에 북경으로 옮겨졌다가 10년 만에 다시 심양으로 돌아가고, 한국전쟁 때 압록강 전선이 형성되자 다시 흑룡강성으로 옮겨진다. 1952년에는 수해를 염려해 다시 북경으로 옮겨졌다가 곧 고향으로 되돌아가고, 1966년 중소분쟁 때 감숙성도서관으로 옮겨져 지금도 그곳에 보관돼 있다.

　원명원에 있던 문원각(文源閣)본은 함풍제 때인 1860년에 화재로 훼손되는 불행을 겪었고, 그 잔본은 프랑스가 가져가 퐁텐블로 궁에 보관하고 있다. 옛 지명이 열하인 승덕 피서산장에 있던 문진각(文津閣)본은 민국 초기 북경으로 옮겨져 현재 국가 도서관에 보관돼 있다.

　강소성 진강(鎭江)에 있던 금산사 문종각(文宗閣)본과 양주(揚州) 대관당에 있던 문회각(文匯閣)본은 모두 함풍제 때인 1853년에 화재로 훼손됐다. 아편전쟁 등으로 말미암아 심적 고통이 컸고 말년에는 병약하기까지 했던 함풍제, 즉 서태후 남편이기도 한 함풍제 때『사고전서』의 수난이 동시에 몰려왔으니, 역사의 모순이기도 하다. 항주 성인사에 있던 문란각(文瀾閣)본도 역시 함풍제 때인 1861년에 전쟁으로 훼손됐다. 광서제가 중건했지만 일부 판본만이 절강성도서관에 보관돼 있다.『사고전서』의 운명은 참으로 역사와 긴밀하게 연관되어 있다.

천일각은 2층 형태이지만 숨어 있는 암층이 더 있어서 실제로는 3층 구조이다. 이곳에 지금은 장서가 없다. 하지만 고궁이나 피서산장에 갈 때마다『사고전서』가 보관되어 있던 건물을 찾아가 그 책의 향기가 은은히 피어오르는 느낌을 만끽하고 나면 온 세상을 얻은 듯한 기분이 든다.

천일각 뒷마당 정원에는 연못이 하나 있다. 장서각을 지하에 만들어 외부의 침입을 막고, 또 화재가 났을 때 책을 지키고자 했던 의지가 엿보이는 곳이다. '천일(天一)'은『역경』에 나오는 '천일생수(天一生水)'에서 따온 말이다. '우주는 물로부터 생겨났다'는 의미를 담고 있는데, 범흠은 화재로부터 책을 보호하는 것이 가장 중요하다고 생각했던 것이다. 불에 타서 없어지지만 않는다면 누가 가지고 있든지 간에 남아 있게 마련이라는 뜻이다. 화재나 전쟁으로 인해 불타고 있는『사고전서』를 바라보던 지식인이 얼마나 애통해했을지 상상이 가는 대목이다.

천일각은 건륭제의 인정을 받아 '가문의 영광'이 됐지만 신해혁명 이후 상인과 결탁한 도둑에 의해 불명예를 안기도 한다. 상해 책방 주인들이 대도 설계위(薛繼渭)에게 도서목록을 적어주며 책을 훔쳐오라고 했던 것이다. 그는 천일각에 몰래 잠입해 낮에는 죽은 듯이 잠만 자고 밤이 되면 촛불을 켜 놓고 목록에 있는 책을 수색했다. 배가 고프면 대추로 허기를 채우면서 거의 반달 동안이나 책을 훔쳤던 것이다.

이렇게 훔친 책은 무려 6만 권이나 되고 책 도둑은 결국 9년 형을 선고받은 후 옥사한다. 돈에 광분한 상인과 단순 무식한 도둑이 결탁해 이런 일을 저지르고 말았으니, 참 한심한 일이 아닐 수 없다. 중국 정부가 거액을 들여 책을 회수한 후 상해 동방도서관에 보관했으나 또 일본군이 침입해 잿더미로 변하고 말았으니, 참으로 이해할 수 없는 일이다.

세상 만물이 물로부터 태어났으니 책 역시 그렇고, 그렇다면 천일각은 도서관 이름으로 정말 제격이라 할 수 있다. 비록 도둑과 제국주의자에게 책을 잃어버렸지만 책이 간직한 정신마저 훔쳐가지는 못했을 것이다. 오랜 역사를 간직한 천일각은 책에 대해 다시 생각해보게 하는 소중한 장소이다.

고궁 후원인 어화원(御花園)에 가면 아담한 천일문(天一門)이 있다. 천일각은 자주 가기 어렵지만 북경에 있는 고궁은 가까이 있어서 1년에 서너 번은 간다. 이 천일문에 갈 때마다 한참이나 서서 범흠과 『사고전서』, 그리고 『사고전서』의 운명에 대해 조용히 생각하곤 한다.

미와 추의 변증법,
변검

-
-
-

　변검(變臉)을 경극(京劇)이라고 생각하는 사람이 의외로 많다. 그러나 변검은 경극과는 관련이 없다. 변검이 무대에 선보인 것은 청나라 건륭제 시대이고, 사천성 시골 마을에서 새해맞이 축제로 시작한 것이 그 기원이다. 시간이 지나 20세기에 이르러서는 기술이 세련되기 시작했고, 그래서 천극(川劇)을 대표하는 공연 목록에 오른 것이다. 경극 역시 건륭제 시대 때 안휘성 지방 민속극이 북경으로 전해지면서 널리 유행한 것이다. 지금은 마치 중국을 대표하는 북경 오페라라고 불리지만, 각 지방을 대표하는 무대극 가운데 하나에 불과하다.
　즉, 천극은 사천성 지방에서 생긴 무대극이고, 변검은 천극 가운데 가장 인상적인 공연이다. 변할 변(變)에 뺨 검(臉). 변검은 텔레비전이나 영화, 드라마에 자주 등장하기 때문에 우리나라에서도 알고 있는 사람이 아주 많을 것이다. 북경에서는 노사(老舍)차관이나 식사하면서 공연하는 고급 식당마다 단골로 공연하고 있다. 춘절 같은 명절에는 묘회(廟會)가 열리는 곳에서 공짜로 공연하기도 한다.
　변검을 배운 이가 워낙 많아지긴 했지만 정통 공연을 보려면 역시 사천성으로 가야 한다. 가서 보면 그 격이 확실히 다르다는 것을 알 수 있다. 성도(成都) 시내에 있는 촉풍아운(蜀風雅韻)극장에서 1년 내내 공연하기 때문에 언제라도 마음만 내키면 볼 수 있다. 이곳은 매일 손님이 수천 명이나 들어가는데, 특히 외국인에게서 터져 나오는 환호성은 끊이지 않는다.

이곳이 유명한 이유는 여러 가지가 있겠지만 우선 등장하는 배우가 아주 많다. 다른 곳에서는 기껏해야 한 명이 연기한다. 또 무대의상에서부터 음악, 세련된 동작과 다양한 기술 등을 선보이는데, 그야말로 원조 맛이 나는 공연이다. 처음에는 깃발을 든 사람이 분위기를 한껏 고조시킨 후 가면 쓴 사람이 등장하고, 토화(吐火)와 함께 공연하는 게 진품이다. 외국인을 위한 무대에는 체인징 페이시스(Changing Faces)와 스피팅

변검, 노사차관

3 역사문화

파이어스(Spitting Fires)라고 영어로 쓰여 있는 경우도 있다.

공연을 보면 순식간에 얼굴, 즉 표정이 바뀐다. 아마도 변면(變面)이라 하지 않고 변검이라고 하는 이유는 얼굴 자체가 바뀌는 것이 아니라 얼굴에 쓴 가면이 바뀌기 때문이다. 즉 표정이 변한다는 뜻이다. 표정이 변하게 하는 무기는 열 가지 이상이나 되는, 즉 홍(紅), 록(綠), 람(藍), 황(黃), 흑(黑), 백(白), 자(紫), 화(花)로 변하는 검보(臉譜)가 있기 때문이다. 부채로 얼굴을 가렸다가 펼치면 그때마다 표정이 하나씩 바뀌고, 또 갑자기 관중에게 다가가 코앞에서 표정을 확 바꾸니, 환호를 지를 수밖에 없는 것이다.

리듬에 맞춰 바뀔 듯 말 듯하며 약간 뜸을 들이기도 하고, 쩌렁쩌렁 울리도록 빠르게 둥둥 소리를 내며 긴장감을 고조시키기도 한다. 그러다가 어느 순간에 확 바뀌는데, 그 과정은 보면 볼수록 절묘하다. 흥분을 최고조로 끌어올리는 연기력도 일품이다. 이런 감동은 단순히 '변했다'는 사실보다는 농축된 연기, 고도의 훈련, 창조적 예술이라는 가치에 더 공감하기 때문이다. 연속적으로 얼굴이 팍 팍 팍, 떵 떵 떵 바뀌면 감탄이 절로 나오고, 배트맨처럼 얼굴을 반만 가린 배우가 마지막에 가면을 벗으면 배우의 진짜 얼굴이 나타나 또 박수가 쏟아져 나온다.

어느 평론가는 변검 가면을 '미와 추의 모순이 통일'되어 있다고 평한 적이 있다. 굉장히 어려운 말이지만 그만큼 변검이 보여주는 예술적 감동이 크다는 뜻으로 생각하면 된다. 그리고 변검을 볼 때는 얼굴만 보지 말고 부채나 옷과 같은 분장도 봐야 한다. 손을 비롯해 걸음걸이와 앞뒤로 도는 동작도 유심히 봐야 한다. 그래도 도대체 가면을 몸속 어디에 숨겨 두는지 아무리 눈을 똑바로 뜨고 감시해도 소용없는 일이다.

경극, 이원극장

　변검 기술을 전수하는 데는 매우 엄격한 규정이 있다. '남자에게 전수하되 여자에게는 전수하지 않고, 내부 사람에게 전수하되 외부 사람에게는 전수하지 않으며, 장자에게 전수하되 서자에게는 전수하지 않는다'는 규정이다. 1995년에 오천명(吳天明) 감독이 만든 영화 〈변검〉 줄거리도 후계자를 구하기 위해 남자아이를 손자로 맞이하지만 알고 보니 여자아이라서 발생한 이야기를 담고 있다. 지금은 이 원칙이 많이 바뀌어서 변검을 시연하는 여자 배우도 있고, 또 한국 사람이 시연한다고 홍보하기도 한다.
　영화 〈변검〉은 1920년대 사천성 지방을 배경으로 배 위에서 살아가는 변검왕의 애환을 잘 드러낸 영화이다. 1930년생으로 환갑이 넘은 나이에 주연 배우로 열연한 주욱(朱旭)은 평소에도 가면을 꼼꼼하게 잘 감취둔다. 그런데 몸 어느 부위에 숨기는지에 대해서는 영화에서도 전혀 드러나지 않는다. 당시 중국뿐만 아니라 일본국제영화제, 터키 및 러시아영화제 등에서 감독상이나 주연상을 받은 영화이니만큼 관심 있는 사람이 보면 흥미로울 것이다. 중국어와 영어 자막이 있어 알아볼 수 있고, 자막을 포기하더라도 변검 장면을 보는 것만으로도 아깝지 않을 것이다.

중국 텔레비전에서도 가끔 변검 기예를 보여준다. 인터뷰를 통해 기술을 알려고 해보지만 아무리 텔레비전이라도 공개하지 않는 게 그 세계의 불문율이다. 또 알고 보면 싱거울 수도 있는 절기(絶技)이니만큼 영원히 모르는 게 더 좋으리라.

세상에서
가장 작은 사당

-
-
-

　복건(福建)성 장주(漳州)시내를 남북으로 가르는 신화로(新華路)에는 '문창(文昌)'이라는 팻말이 붙은 누각이 하나 있다. 도시 한복판에 이렇게 웅장한 누각과 성문이 자리 잡고 있는 것을 보면 이곳이 중앙정부가 관리하는 국가역사문화도시로 선정된 이유를 대충 가늠할 수 있다. 중국은 1982년부터 국가역사문화도시를 선정해 발표하고 있다. 현재는 약 123곳을 지정해 관리하고 있고, 이곳 장주는 1986년에 제2차로 선정됐다.

　우리나라에서 꽤 먼 도시인 장주는 하문(廈門), 천주(泉州)와 함께 민남(閩南) 지방이라 불린다. 춘추전국시대부터 복건성 사람을 민이라 불렀고, 뱀 토템 사상을 지닌 남방 야만족이라고 비하한 것이 그 유래이다. 특히 민남 지방은 방언이 아주 강하고 역사나 문화도 중국 여느 지방과 아주 다르다. 이렇게 독특한 역사와 문화가 있는 도시이기도 하지만 기네스북에 오를 정도로 아주 작은 사당이 있는 야릇한 도시이기도 하다.

　시내로 들어서면 그다지 높지 않은 패방이 작은 골목을 꽉 채우고 있고, 그 패방에는 멋진 글씨로 도관고금(道冠古今)과 덕배천지(德配天地)

같은 글이 적혀 있다. 거리를 두루 돌아다니다 보면 마치 패방 전시장에 온 것 같고, 그 문양은 돌로 만든 것이라고 하기에는 너무나도 정교했다. 그중에는 명나라 때인 1605년에 만들어진 상서탐화(尚書探花) 패방도 보이는데, 한눈에 봐도 진품이었다. 앞뒤로 상서와 탐화가 각인된 패방이고 글자 아래 돌에는 한자도 쓰여 있지만 고관대작이나 선비들이 행렬하는 모습을 아주 정밀하게 조각해 놓았다. 탐화 위쪽에는 사영(思榮)이라는 글자를 용이 둘러싸고 있다. 높이 11미터, 너비 8미터로 이 돌 패방은 꽤 공을 들인 작품이다.

돌 패방 바로 옆에는 사당 간판이 보인다. 그 간판을 따라가다 보면 좁은 골목 민가에 가람묘(伽藍廟)라는 작은 사당이 자리하고 있다. 장주의 가옥 구조를 죽간착(竹竿厝)이라 부르는데, 집은 모두 대나무처럼 쭉 뻗은 2층 구조로 이루어져 있고 좁은 계단을 따라 올라가야 방으로 들어갈 수 있기 때문이다. 계단으로 올라가 인기척을 내니 문이 열리는 것을 보면 사당은 누구에게나 개방돼 있는 듯했고, 문틈으로 고양이 한 마리만 웬 손님이냐는 듯이 쳐다보고 있었다.

가람묘 넓이는 3제곱미터로 아주 작다. 언제 누가 세운 것인지는 알려지지 않았지만 아마 수백 년은 됐을 것이다. 이 사당은 신비 속에 감춰져 있다가 최근 역사 거리를 만들기 위해 공사하던 중 발견됐다. 기네스 기록을 조사해봤더니 세계에서 가장 작은 사당이 6제곱미터라고 나와 있고, 그러면 이곳이 세계에서 가장 작은 사당이라고 생각했던 것이다. 사당 입구 골목에도 '세계에서 가장 작다'는 팻말이 있다.

계단을 오르면 왼쪽에 사당이 있고 오른쪽에는 아주머니 혼자 사는 방과 부엌이 있다. 사당 안은 정말로 좁아서 가로로 팔을 펼치면 벽이

닿을 정도이고, 세로는 기껏해야 두세 걸음 거리였다. 문 입구 벽에는 가람 불상이 앉아 있다. 가람은 중국에서 생성된 개념으로 사찰을 수호하는 관리자이자 신을 뜻한다. 당나라 이후에 융성한 불교 사찰을 지키는 신으로 가람신이나 가람왕이라 칭한다.

가람 불상은 임금이 쓰는 모자를 쓰고, 수염이 길고, 도포 자락은 온몸을 덮은 모습이다. 벽에는 복을 염원하는 물건, 즉 접복(接福)이라 적힌 장신구가 걸려 있는데 서민이 사는 집에 있는 것과 대동소이하다. 그리고 이 가람이 주는 느낌은 신이라기보다는 인간적인 면모를 보여주고 있다. 불상도 지나치게 인자하거나 과장된 얼굴이 아니라서 이곳을 찾는 신도는 이 친근한 가람 앞에서 솔직하고도 마음 편하게 복을 빌어도 좋을 듯하다.

장주 시내를 흐르는 구룡강(九龍江)으로 가면 동서로 흐르는 강을 바라보고 있는 위진각(威鎭閣)이 있다. 위진각은 일명 팔괘루(八卦樓)라고도 불린다. 52미터에 이르는 3층 누각 안에는 장방형의 암석이 8각형으로 자세를 잡고 있고, 음양 8괘도 새겨져 있다. 그리고 이 누각 바로 옆에는 아주 독특한 사당이 하나 있다. 검붉은 벽에 '제천궁마조묘(齊天宮媽祖廟)'라고 적혀 있는데, 지붕 위에 조각된 문양을 보고는 걸음을 딱 멈추고 말았다. 떠오르는 태양을 양옆에서 바라보고 있는 용 두 마리, 좌우로 또 다른 용 두 마리가 서로 다른 자세로 날아오를 듯이 서 있는 것이었다. 금빛 비늘, 붉은 머리와 꼬리, 초록빛 뿔을 가진 용이다. 원색적인 색감으로 이다지도 영롱한 상징물을 만들 수 있을까. 다른 용 한 쌍은 초록색 비늘이고, 아래로는 노인 아홉 명과 장수, 그리고 여인 같은 사람이 말, 사자, 호랑이, 코끼리, 산양 등을 타고 있는 모습도 보인다.

제천궁마조묘

　사당 지붕은 꿈에서나 만나볼 만한 풍경이다. 도대체 누구의 사당이기에 이런 지붕이 탄생한 것일까. 바로 천상성모(天上聖母)라고 불리고 천후(天后)라고도 불리는 마조(媽祖) 사당이다. 중국 곳곳에 있는 수많은 천후궁(天后宮) 주인공은 바로 마조이다. 전설처럼 등장하는 마조는 실제 역사 인물인 임묵(林默, 960~987)으로 바다의 신으로 알려져 있다. 복건성 지방에서는 선원이나 어부, 상인에게는 신적인 존재이고, 그들은 그녀가 승천해 바다를 오가는 자신의 안전을 지켜준다고 믿는다.

　그녀는 송나라 때 복건성 명문 귀족 집안에서 1남 6녀 가운데 막내로 태어났고, 글을 배워 사리에 밝고 매사에 능통했다. 16세에는 신령스런 아가씨이자 용왕 딸로 불렸고, 28세에는 사람들에게 기적과 예언을 남기고 승천했다. 그래서 바다의 액운을 관리하며 사람들을 보호하는 신이 됐다는 것이다.

복건성 남부 지방에서 유래된 이 민간신앙은 대만에도 광범위하게 퍼져 있다. 대북 동북쪽 해안 도시 기륭(基隆)에도 산 위에 거대한 신궁을 건립할 정도로 이 민간신앙의 뿌리는 깊다. 바다를 끼고 있는 중국 곳곳에도 마조 사당이 있는데, 청도(靑島), 천진(天津), 산해관(山海關) 등지에서도 볼 수 있다.

마조묘 입구로 가면 정문에 '자호장대(慈護漳台)'라는 금빛 편액이 눈길을 끈다. 편액 주위도 멋진 장식으로 꾸며져 있는데, 대만 기륭시 마조 사당에서 선물로 보낸 것이다. 기륭시 사람의 선조는 다 이곳 장주에서 건너간 사람들이라고 하니, 신앙의 뿌리가 이렇게 깊은 것도 당연하다.

사당 안 한가운데에는 천후마조가 마치 용왕이나 황제처럼 서 있다. 왕관을 쓴 채 해와 달을 주무르고 있는 듯한 신의 모습이다. 붉은빛과 금빛이 휘황찬란해 눈이 다 붉어질 정도이다. 기둥마다 용이 휘감고 있

마조

고 벽에는 등에 깃발을 꽂은 장수가 눈을 부릅뜨고 있다.

바로 옆에도 금빛 찬란하게 치장한 조각상이 있다. 자세히 보니 본두공이다. 그의 이름은 백본두로 명나라 때 세계 바다를 주름잡던 해상왕 정화(鄭和) 부대의 부하였다. 항해 중에 필리핀에서 현지인과 결혼해 살았던 최초의 필리핀 화교이다.

바로 옆 5층 쌍탑 옆은 십자가가 보이는 예배당이다. 하기야 어느 종교라도 사람 사는 동네에 들어오지 말라는 법은 없지만 전통 민간신앙 사당 옆에 자리 잡고 있으니 굉장히 낯설어 보인다. 그리고 보니 팔괘루와 마조묘, 예배당이 한꺼번에 시야에 들어오니 꽤 낯선 풍경이 된다.

공자로 중국을
판단할 수 없다

-
-
-

　2011년 11월, 북경 천안문광장에 공자 조각상이 등장했다. 약 2500년 전 학자가 사회주의국가를 상징하는 광장에 등장하자 단박에 사람들의 시선을 끌었다. 하지만 여론이 좋지 않아서 그런지 얼마 지나지 않아 다시 국립박물관으로 들어가고 말았다. 공자는 아직도 중국 사람에게 반드시, 그리고 '유일한' 존경의 대상은 아니다. 중국 정부는 개혁 개방 이후 부익부 빈익빈, 사회적 불평등으로 인한 불만 등을 잠재우기 위한 수단으로 충성과 효행을 우선시하는 유교적인 덕목을 들고 나왔으나 그다지 환영받지 못하고 있음을 증명하고 있다. 유교는 물론이고 도교와 불교 모두 역사적으로 보면 관이 주도한 종교였다.
　문화혁명 시기에는 척결 대상이던 공자였지만 현대 중국 지도자에게는 매력적인 인물임이 틀림없다. 역대 왕조도 유교를 나라의 발전과 통치에 적극적으로 활용했기 때문에 지금도 중국 어디를 가더라도 공자 사당과 흔적은 남아 있다. 공묘, 문묘, 부자묘는 모두 공자를 봉사하는 사당이다. 수도 북경에도 공자의 향기는 서려 있는데, 공묘와 국자감은 가장 유교적인 분위기가 나는 곳이다. 원·명·청, 이 세 왕조의 최고 교

국자감 벽옹

　육기관인 국자감(國子監)은 공자 사당인 공묘와 담을 사이에 두고 있다.
　국자감은 1961년에 국무원이 공표한 전국문물보호문화재이다. 호남성 장사(長沙)에도 천년학부인 악록서원이 있지만, 국자감은 1306년 이래로 최고학부의 명성을 간직하고 있는 곳이다. 대문을 지나면 아름다운 유리패방(琉璃牌坊)이 보인다. 청나라 건륭제 때인 1783년에 만든 것으로 기풍이 아름답기로는 패방 중에서 최고인 것이다. 기둥 넷, 문 셋, 누각 일곱, 이렇게 3문 4주 7누 패방은 황제가 방문하는 '황제패방'이라는 뜻과 동의어이다. 찬란하고 유려한 자태로, 나라의 인재를 양성하는 교육기관에 대한 황제의 소망을 잘 담아내고 있다. 건륭제는 한족 융화 정책을 통치 이념으로 삼았기 때문에 유교 사상을 존중했고, 거기에 따라 건물도 많이 세웠다. 친필로 편액 '환고교택(圜橋敎澤)'과 '학해절관(學

국자감 유리패방

海節觀)'을 앞뒤로 나란히 새겨 놓았는데, 황제의 은혜로 학문에 정진하라는 의미이니 황제패방과 잘 어울리는 말이다.

국자감 본당은 벽옹(辟雍)이다. 황제가 방문해 학생들에게 유학을 강의하던 학궁이다. 해자가 빙 둘러 있기 때문에 다리를 건너야 들어가게 되어 있다. 벽옹 안에는 황제의 자태에 어울리는 모조품 장식이 있다. 황제 집무실인 태화전이나 침궁인 건청궁과 모양은 비슷하다. 청나라 시대에는 황제를 상징하는 색깔이나 벽돌, 창문, 장식 등은 유교 학당이나 공자와 관련된 건축물에만 사용할 수 있었다.

벽옹이 건설되기 전에는 이윤당(彛倫堂)이 학궁 역할을 했다. 벽옹과 이윤당 사이에 공자의 행교상(行敎像)이 서 있고, 이 행교상은 당나라 시대에 이름을 떨친 화가 오도자(吳道子)가 그린 그림이다. 공자 사당마다

국자감 공자

조각상은 물론이고 복제된 화상도 꽤 많다. 모두 공자의 의젓한 몸짓과 풍성한 사상의 혼까지 담아낸 걸작이라 할 만하다. 국자감 좌우 건물에는 과거제도와 관련된 박물관이 꾸며져 있다. 신라인 최치원이 18세에 진사에 급제해 강소(江蘇) 한 현(縣)에서 근무했다는 기록도 있다.

천안문광장에 있던 공자가 다시 박물관 안으로 들어간 것은 당연하다. 사람들은 공자만 유독 모택동 초상화와 광장에 나란히 있는 것을 동의하지 않은 것이다. 중국 정부는 전 세계에 중국 문화의 뿌리를 심으려고 공자학원을 열고 있다. 중국어와 중국 문화 전파를 위해 인지도가 높은 공자를 모시는 것도 한편으로는 이해가 된다. 2004년 서울에 처음 문을 연 이래로 세계 120여 개국, 1,000곳이 넘는 공자학원이 뿌리를 내리고 있다. 공자의 세계화는 중국 정부의 뜻이기는 하지만, 통치이념으로서의 유교는 사회주의국가 인민의 마음을 사로잡기 어려워 보인다.

공자가 사람들 마음에 자연스럽게 스며들기 위해서는 중국 정부가 민주주의, 경제문제, 민족문제 등 이런 장벽을 슬기롭게 해결해야 가능해 보인다. 국자감과 공묘를 갈 때마다 공자의 나라 중국이 생각보다 복잡한 문제를 안고 있다는 생각을 지울 수 없다.

공방을 가야
공예의 진미를 맛본다

-
-
-

북경 천단공원 부근에는 경성백공방(京城百工坊)이라는, 잘 알려지지 않은 민속 공예 백화점이 있다. 말 그대로 예술가나 공예가가 작품을 만들어 판매하는 곳이다. 공예품 시장은 이미 만들어진 제품을 파는 곳에 불과하지만 이곳은 공예품을 제작하는 모습을 공개하니 맛이 색다르다.

빨간 문 위에 대롱대롱 걸린 조롱박은 인두를 이용해 그림을 그리는 탕호로(燙葫蘆)이다. 지진다는 뜻인 낙화(烙畵)의 일종이고 화회호로(火繪葫蘆)라고도 한다. 명나라 말기에 화회 공예가 처음 생겼을 때는 대나무 제품이나 부채, 가구에 그림을 그렸다. 인두를 불에 살짝 달궈 물건에 보기 좋게 흠을 내던 습관에서 생겨난 것인데, 이후 조롱박(葫蘆) 발음이 복록(福祿)과 비슷해 민간에서 크게 유행한 경우이다. 땀을 뻘뻘 흘리며 뽀뽀를 하거나 담배를 피우는 모습처럼 오목 볼록한 모양을 절묘하게 이용한 작품이고, 모택동 같은 유

탕호로

명 인물 작품도 즐비하다.

　종이 오리기 공예인 전지(翦紙)는 2000년의 역사를 지니고 있다. 금이나 옥, 대나무나 상아 같은 소재를 이용해 빈 공간을 만드는 투조(透雕) 기법으로, 누공(鏤空) 공예의 하나다. 『사기』에도 관련 기록이 있지만 유물로 발견된 것은 서기 5세기경 신강위구르자치구 투루판(吐魯番) 아스타나 고분에서 발견된 단화(團花) 형식이 최초이다. 단화는 종이를 몇 겹 접어서 대칭되는 모양을 만드는 방식으로, 지금도 꽃이나 동물, 인물 등을 자유자재로 만들어 창문에 붙이거나 초롱이나 벽에 장식품으로 사용한다.

　코담배가 중국에 들어온 것은 명나라 시대다. 코담배 병인 비연호(鼻烟壺) 안에 그림을 그려 넣기 시작하면서부터 생긴 내화호(內畵壺)도 독특한 민간 공예로 유명하다. 코담배 애호가가 어느 날 갑자기 담배가 떨어져 병 안에 있는 찌꺼기를 긁어내다 보니 얇은 금이 새겨졌다. 이것에 착안해 병 안에 그림을 그리기 시작한 것이 그 유래이다. 실제로 붓처럼 얇고 송곳처럼 가는 세필을 병 속에 집어넣고 새기며, 병은 수정, 마노, 비취 등을 소재로 한다. 미세한 쇳가루를 흔들어 안쪽 면을 반투명하게 만든 후 거꾸로 새기는 것이 공예 기술이고, 색을 입히면 훌륭한 장식품으로도 손색없을 정도이다.

　손으로 인물, 동물 등을 빚어내는 공예인 면인(面人)과 니인(泥人)도 놓칠 수 없다. 둘 다 조소 공예이지만 면인은 찹쌀로, 니인은 점토로 빚는다. 면인은 면소(面塑)라고도 부르며 한나라 때부터 이미 민간에 알려지기 시작했다. 찹쌀을 주원료로 하지만 꿀과 파라핀을 섞어 접착한 다음 색깔을 입힌다. 사람을 형상으로 만드는 데도 시간이 오래 걸리지 않

는다. 간단하게 만들 수 있어서 관광지에
서는 즉석 공예품으로 인기 있는 품목이
다. 찹쌀을 작대기에 꽂아 몸체를 만든 다
음 손으로 형상을 빚고 색깔을 입히면 되는
데, 아기자기한 캐릭터를 금방 만들어낸다.

점토 공예도 역사적으로 오래됐지만 니
인 공예는 청나라 말기 채색점토 공예가인
장명산(張明山)이 처음으로 만들기 시작한
것이다. 천진 출신인 장명산은 '니인장' 공

니인

방을 차린 후 1915년 파나마 만국박람회에서 '편직여공(編織女工)'이란
작품으로 1등 상을 받아 더욱 유명해졌다. 서태후 칠순잔치 때는 역사
인물과 자연을 주제로 작품 8점을 만들어 바치기도 했다. 이후 민간에
알려져 누구나 좋은 점토를 구해서 만들면 되는 유명한 공예가 됐다.

자수 공예인 모수(毛繡)도 만날 수 있다. 원나라 때 유행하던 몽골족
찰합이(察哈爾)의 전통 공예로 동물의 가는 털로 자수를 놓는 공예이다.
찰합이는 20세기 초까지 행정구역으로 존재했으나 지금은 북경 북부 장
가구(張家口)와 내몽고자치구에 흡수됐다.

이곳 공방에서만 볼 수 있는 재미난 공예가 하나 더 있다. 매미 허물
로 만들고 모후(毛猴)라 부르는 공예로 청나라 말기 남경인당(南慶仁堂)
이라는 약방에서 처음 만든 것이다. 중의사가 약재로 쓰던 것을 이용해
동물을 만들었는데 그 모습이 털 난 원숭이 같다고 해서 붙은 이름이다.
팔다리와 머리는 주로 매미 허물을 이용하고 몸의 마디는 가을에 피는
자목련 꽃봉오리를 사용한다. 몸 표면은 동물이나 식물의 솜털을 사용

해 만든다. 이것은 크기가 너무 작아 대부분 유리 속에 넣어둔다. 혼례나 생일잔치 같은 전통생활을 표현한 것이 가장 많고, 가마 끄는 장면, 먹는 장면, 가무를 즐기는 장면도 흥미롭고, 탁구, 철봉, 역도 등을 하는 장면도 흥미롭다. 원숭이가 된 매미는 볼수록 정겹다.

그 밖에도 동으로 만든 병에 구리로 무늬를 넣은 다음 법랑을 발라 구운 경태람(景泰藍)도 있고, 명·청나라 때 궁중에서 유행하던 자수로 비단에 수놓는 경수(京繡)도 있다. 금칠(金漆)이나 화사(花絲)로 만든 양감(鑲嵌) 공예품, 옥, 상아, 유리, 마노를 재료로 만든 조각 공예품도 있다. 그야말로 북경 최고의 공방이라 할 만하다.

민간 공예품을 한곳에 모아놓은 이곳 외에도 북경 곳곳에는 숨어 있는 공방이 많다. 그중에서도 단연 흥미로운 공예는 종인(鬃人)이다. 2008년 북경올림픽이 한창이던 때 십찰해 근처에 있는 자택을 방문해 백대성(白大成) 선생을 만났고, 이후 몇 번 더 찾아가 봤는데 볼수록 기분 좋은 공예품이다.

종인 복장은 대부분 경극과 비슷하다. 점토로 머리와 받침대를 만들고 수숫대나 참깨 대궁으로 몸통을 만든 후 종이나 비단으로 옷을 입히는 공예이다. 거실이자 작업실에는 경극박물관을 방불하듯이 사방에 삼국지, 수호지, 서유기, 백사전 등의 주인공이 전시돼 있다. 유비, 관우, 장비는 물론이고 여포, 조조 등도 한눈에 알아볼 정도로 정교하고 특징이 살아 있다.

종인은 반중희(盤中戲)라고도 부른다. 서유기 주인공인 손오공을 쟁반 위에 올려놓고 나무 작대기로 쟁반을 두드리면 종인이 빙빙 돌기 시작한다. 두드리는 소리는 경극에서 사용하는 전통 악기 소리와 비슷하고, 신기하게도 손오공이 몸을 곧추세운 채 돌아가는 것이다. 쟁반에서 춤춘다는 뜻인 반중희를 구현하는 공예이다.

백대성 선생은 1939년생으로 만주족이다. 젊은 시절에 병을 앓으면서 자신의 취미인 그림과 서예를 즐기다

백대성 선생

가 우연히 배우게 되었다고 말한다. 그리고 종인은 2007년에 북경 무형문화유산으로 지정됐는데 백대성 선생이 유일한 보유자이다. 경극이 청나라 건륭제 때 북경에 소개된 이후 도광제에 이르러 본격적으로 유행하기 시작했듯이 종인도 이와 비슷한 시기에 등장했다.

종인은 다른 예술가와 달리 외부에 작업실이나 예술품을 파는 가게가 없다. 많은 예술가가 생계를 위해 문화거리에 가게를 두는 데 비해 종인은 특별한 주문이 있을 경우를 빼고는 상품으로 만들지 않는다. 북경올림픽 당시 올림픽 마스코트를 종인으로 제작해 달라는 부탁을 받고 제작한 정도이다.

중국만큼 공예품이 많은 나라는 없다. 전국 어디를 가더라도 비슷한 공예품이 있다. 하지만 비슷비슷해 보이고 조잡하다는 선입견을 버리고 자세히 보면 꽤 근사한 공예품이 숨어 있다.

마지막 황제의
마지막

-
-
-

　청나라는 여진족인 금나라의 역사와 전통을 계승한 나라이다. 몽골족과 명나라가 쇠락한 틈을 타 태조 천명제, 즉 누르하치는 후금(1616)을 세웠고, 태종 숭덕제 때는 다시 대청(1636)을 건국한다. 명나라 멸망 후에는 이자성의 난을 기회로 세조 순치제는 오삼계와 연합해 산해관을 넘어 북경에 진입(1644)한 다음 복명 세력을 축출하고 나라를 안정시킨다. 청나라 4대 황제 강희제는 명나라 공신이 주도한 삼번의 난을 평정하고, 남방에 있던 정성공 자손이 대만으로 귀순하자 명실상부한 통일국가를 수립한다.

　옹정제(5대)와 건륭제(6대)로 이어지는 기간에는 역대 최대의 영토를 확보하는데, 네르친스크 조약으로 러시아의 남하를 막고, 조선과는 백두산정계비를 세우고, 몽골족 오이라트 부족의 후예인 준가르제국, 티베트, 튀르크계인 위구르족 등을 제압해 국경을 확정한다. 이후 한족 동화정책이 성공해 평화가 유지되지만, 건륭제 말기부터 권력형 부패가 심해져 점점 쇠락의 조짐을 보이고, 가경제(7대)에 이르러서는 이슬람교와 묘족의 반란, 이단 불교인 백련교와 천리교의 난으로 세력은 점점 약화된다.

도광제(8대)는 국가 재정을 바로잡으려고 애썼지만 지속적인 농민반란과 아편전쟁 같은 서구열강의 침입으로 말미암아 속수무책일 수밖에 없었다. 남방의 쌀 유통을 위해 운하를 정비하려고 했지만 이것 역시 실패했고, 급기야 반청농민반란인 태평천국의 난을 불러오고 말았다.

함풍제(9대)는 태평천국의 난으로 시달리고, 또 서구열강과도 불평등조약을 수도 없이 맺다가 1860년 영·프 연합군이 진격하자 승덕으로 도주한 후 사망한다. 함풍제와 서태후 사이에서 태어난 동치제(10대)는 서구열강의 문물을 받아들이는 운동으로 중흥을 도모하지만 역시 요절하고 만다. 광서제(11대)는 서태후의 실권에 맞서 무술변법으로 개혁을 추구하지만 실패하고, 1900년에는 의화단 사건으로 말미암아 서태후와 함께 서안으로 도피한다. 그 후 북경으로 돌아오지만 유폐된 후 1908년

심양 북릉에 있는 청나라 황태극

에 하루 간격으로 서태후와 함께 사망한다. '마지막 황제' 선통제(12대)는 3살에 즉위해 아버지 순친왕이 섭정하지만 신해혁명(1911)이 일어난 1912년 2월에 퇴위당하고 만다.

이것이 청나라 268년 동안 일어난 개괄적인 황제들의 역사이고, 이들 황제는 모두 황릉에 묻혀 사라지고 말았다. 이렇게 청나라를 세운 만주족은 지금 인구 1,000만의 소수민족에 불과하지만, 만주벌판을 달리며 대륙을 호령하던 기마민족의 기상은 역사 속에 당당하게 남아 있다.

청나라 황릉은 크게 관외삼릉(關外三陵), 청동릉, 청서릉으로 나누어져 있다. 심양과 그 부근에는 누르하치, 2대 황제인 태종 황태극(皇太極), 누르하치의 조상 6대조를 봉사하는 능이 있는데, 이를 관외삼릉 또는 옛 지명을 따서 성경삼릉(盛京三陵)이라고 한다.

순치제는 북경으로 천도한 후 고궁에서 동쪽으로 125킬로미터 떨어진 지점인 준화시(遵化市) 마란곡(馬蘭谷)에 황실 능원을 조성해 자신이 묻히고, 다음 황제인 강희제도 자연스레 이곳에 묻힌다. 그런데 옹정제는 돌연히 무덤에 사용되는 한백옥 생산지와 가까운 곳, 즉 고궁에서 서남쪽으로 135킬로미터 떨어진 지점인 이주(易州) 영녕산(永寧山)에 새로이 황실 능원을 조성한다. 황제는 붕어하기 전에 미리 능을 조성하기는 하지만, 일부에서는 이 일을 황위를 찬탈한 옹정제가 사후 아버지 강희제가 두려워서 영녕산 능원을 조성했다고 한다. 그러나 역사적 근거는 없다. 강희제를 존경한 손자 건륭제는 부자가 한곳에 능을 조성하지 않는다는 원칙을 세우고는 교차로 능을 만든다. 그래서 청동릉과 청서릉으로 나누어지게 된다.

청동릉(淸東陵)은 순치제, 강희제, 건륭제, 함풍제, 동치제와 황후 및 비빈을 모신 능이다. 원칙에 따르면 동치제는 서릉에 있어야 하나 서태후의 강권으로 말미암아 함풍제에 이어 동릉에 묻혔고, 서태후 역시 남편과 아들과 함께 동릉에 묻힌다.

청서릉(淸西陵)은 옹정제, 가경제, 도광제, 광서제와 황후 및 비빈이 있는 능이다. 도광제는 순서에 의하면 동릉에 있어야 하나 먼저 죽은 황후 능묘에서 지하수가 나오자 불길하다면서 서릉으로 이장하고 자신도 이곳에 묻힌다. 그리고 서태후와 동치제가 동릉에 묻히자 원칙에 따라 광서제가 서릉에 묻힌 것이다.

그러면 마지막 황제는 도대체 어디에 묻혔을까? 광서제의 이복동생은 순친왕이고, 순친왕 아들이자 마지막 황제인 선통제 부의(溥儀)는 영화로 제작될 정도로 기구한 운명의 주인공이다. 황궁에서 쫓겨난 다음 군벌 시기에 잠시 복벽하지만 다시 퇴위당하고, 나중에는 청나라를 복벽하고자 하는 염원으로 일본 제국주의자 앞잡이가 되어 만주국 황제로 등장한다. 만주국 건물 가운데 '집희(緝熙)'라는 두 글자를 직접 쓰기도 했는데, 이는 강희제를 본보기로 삼는다는 뜻이다.

신해혁명으로 청나라가 망하자 황궁을 떠났다가 다시 복벽해 자금성에 잠시 거주하던 부의는 완용(婉容)을 황후로, 문수(文繡)를 황비로 동시에 맞아들인다. 이 둘은 모두 만주족이다. 완용은 질투가 심해 문수를 시기했고, 문수는 자금성을 나와 생활이 곤란해지자 역사적인 이혼 소송을 제기하기도 한다.

아편중독에 빠진 부의는 일본군 위병과 불륜을 저지른 황후 완용을 못마땅하게 생각하고, 부적절한 관계로 태어난 완용의 아이를 화로에 던져 생매장하기도 한다. 이렇게 마지막 황제와 마지막 황후의 결혼

부의 자서전 '내가 가장 사랑했던 옥령'

생활은 지독하게도 악연이었지만 이혼도 하지 못할 관계였다. 부의는 후사가 없자 일제 강요로 일본 공주와 결혼할 것이 두려워 만주족 귀족 출신인 담옥령(譚玉齡)을 측실로 맞아들인다. 그러자 일제는 황실 결혼 정책의 일환으로 부의 동생을 일본 천황가의 친척과 결혼시키는 데 성공한다. 담옥령은 솔직하고 순수한 성격이라서 부의의 호감을 사지만 돌연 병사하고, 부의는 자서전이자 반성문인 『내 인생의 전반부』라는 책에서 '가장 사랑했던 옥령'이라고 토로한다.

일제는 다시 일본 혈통 여자를 부의와 결혼시키려고 하지만 그는 한족 평민 출신인 이옥금(李玉琴)을 새로운 부인으로 맞아들인다. 일본 관동군이 붕괴할 때는 봉기군을 피해 이옥금과 함께 도망치기도 하고, 이옥금은 전범으로 체포된 부의가 여순감옥에 있을 때도 찾아가 보살피고 서신 왕래도 자주 한다. 이때 마지막 황후 완용 역시 중국 공산당에 체포된 후 아편중독 악화와 영양실조로 사망한다.

그리고 나서 부의는 1959년에 유소기 주석에 의해 특사로 석방돼 평민이 되고, 석방 1년 전에 이옥금은 이혼 의사를 밝힌다. 부의는 북경식물원 정원사로 살던 당시 주은래 총리 배려로 항주 출신인 한족 간호사

위만황국박물관에 있는 부의와 일본군

이숙현(李淑賢)과 결혼한다. 문화혁명 초기에는 홍위병에게 고초를 겪기도 했지만, 결국 1967년에 암으로 파란만장한 삶을 마감한다. 이렇게 부의는 3살에 황제가 되었지만 자금성을 '살아서' 떠난 유일한 황제가 되었다. 사망 후 유해는 북경 인근 팔보산 혁명공동묘지에 안치됐다가 1995년에 청서릉 부근 사설 묘원인 화용능원(華龍陵園)으로 이장된다.

　평민으로 살던 부의는 5년여 동안 다정하고 평범한 결혼생활을 한다. 길림성 장춘에 가면 위만황궁박물관이 있다. '황제에서 평민으로'라는 전시관에는 부의의 평생 자료와 사진이 전시되어 있다. 사진 속 부의는 근엄하지만, 오직 마지막 부인과 함께한 사진에서만 환한 미소를 짓고 있다. 박물관을 나오면서 마지막 사랑이 진정한 사랑이 아니었을까 하는 생각이 들었다.

월마트도 부러워한
비단 장수

-
-
-

중국 거리를 걷다 보면 중화노자호(中華老字號)라는 간판이 자주 보이는데, 대대로 전통을 이어오는 가게(China Time-honored Brand)라는 뜻이다. 2013년에 종신형을 선고받은 박희래(薄熙來)가 상무부장으로 재임할 당시 노자호(老字號) 선포식에 나와 연설하던 장면이 떠오른다. 그럼 얼마나 오래전부터 운영해야 이런 간판을 얻을까? 인정규범(認定規範) 시행령에 따르면 1956년 이전에 창업했으면 신청 자격이 있다.

실제로는 역사가 100년 이상이나 되는 가게가 수두룩하다. 북경에만 100여 개 있고 전국적으로는 500여 개에 이른다. 가게에 대한 역사만 정리해도 책 몇 권 분량이 되지 않을까 싶다. 가게가 거기서 거기라고 생각하면 대수롭지 않겠지만 중국 문화를 관심 있게 보는 사람이라면 장사의 나라 중국의 엄청난 내공을 들여다볼 수 있다.

북경의 전문대가(前門大街)는 570년의 역사를 자랑하는 거리이다. 명나라와 함께 시작됐고 청나라를 거치면서 상업적인 거리로 명성을 떨치던 곳이다. 천안문광장 남쪽 정양문(正陽門) 바로 앞에 있고 북경올림픽을 위해 옛 모습을 지워서 그런지 너무 산뜻해졌다는 아쉬움도 있다.

북경에서 가장 유명한 오리고기 요리인 고압(烤鴨)을 전문적으로 판매하는 식당 전취덕(全聚德)은 대표적인 노자호이다. 하북 사람 양전인(楊全仁)이

친필을 하사하는 건륭제

청나라 동치 3년 1864년에 개업한 식당이다. 본디는 '덕으로 모든 사람을 모은다(以德聚全)'는 덕취전이라는 가게로 건과를 팔았던 곳이다. 양전인이 이 덕취전을 인수한 후 고압 식당을 열었고 풍수 전문가의 조언으로 이름도 전취덕으로 바꿨다. 자신의 이름 전(全) 자는 앞으로 보내고 사람을 모으는 대신에 덕을 모은다(以全聚德)는 뜻으로 바뀐 것이다. 이름이 좋았던지 지금은 북경 최고의 음식 기업으로 성장했다.

전취덕 바로 옆에는 이름이 좋은 또 하나의 식당 도일처(都一處)가 있다. 만두 일종인 소맥(燒麥)를 파는 가게로 건륭 3년 1738년에 개업했다. 건륭제가 식당 앞을 지나다가 백성들이 줄을 서서 기다리는 것을 보고는 자신도 줄을 서서 기다렸고, 맛을 보고 나서는 입이 닳도록 칭찬한 다음 친필 편액을 하사한 곳이다. '세상에서 하나 뿐이다'는 뜻이니 오랫동안 성업할 만하다. 소맥은 맛도 좋지만 만두 윗부분이 꽃이 핀 형상이라 보기에도 좋다.

도일처의 소맥

도일처 건너편은 대책란(大柵欄)으

로 통하는 좁은 골목이다. 대책란은 원래 중국어로 다자란으로 발음해야 하지만 현지 사람은 다스랄(大石欄兒)로 발음하고 있다. 이렇게 부르는 이유는 알 길이 없다. 이곳은 명나라 영락제 시대인 1420년 이후 가장 유명한 상업 거리가 되었다. 전체 길이는 275미터이고 노자호 8개가 성업 중이다. 취급하는 품목도 모두 다르니 가게의 역사와 음식을 둘러보는 재미가 쏠쏠하다.

대책란 입구에 들어서면 먼저 조각상 두 개가 손님을 맞이한다. 한 사람은 모자를 들고 있고 한 사람은 앉아서 신발을 수선하는 모습이다. 가경 22년 1817년에 개업한 모자 가게 마취원(馬聚源)과 함풍 8년 1858년에 개업한 신발 가게 보영재(步瀛齋)를 뜻하는 조각상이다. 두 가게 모두 황실 귀족을 위한 제품을 만들었는데, 나중에는 두 가게가 한 장소에서 영업하자 더 번성해 오늘날에 이르렀다. 모자와 신발 모두 고객이 같으니 이해가 된다.

역시 고관들의 신발을 만들었던 내연승(內聯升)은 함풍 3년 1853년에 개업한 가게이다. 가게 이름 가운데 내(內) 자는 궁궐 안을 뜻하며 연승(聯升)은 '연이어 승진한다'는 뜻이다. 현판 글자는 사상가이자 문학가이며 공산주의자였던 곽말약(郭沫若)이 직접 쓴 것이다.

맹자의 69대 후손 맹락천(孟洛川)은 광서 19년 1893년에 비단 가게 서부상(瑞蚨祥)을 연다. 그리고는 파랑강충이가 돈에 피를 묻히면 반드시 되돌아온다는, 『회남자(淮南子)』에 나오는 '청부환전(靑蚨還錢)'을 상호에 써넣었다. 돈을 많이 벌고 싶다는 상인의 마음을 담아 써 붙인 것인데, 최고의 말이 아닌가 싶다. 미국의 세계적인 유통기업 월마트 창업자인 샘 월튼이 자서전에서 '동양의 작은 가게로부터 창업 동기를 얻었

원세개와 서태후

다.'라고 해서 서부상의 이름을 드높이기도 했다. 해방 이후 천안문광장에서 열린 신중국 선포식 때도 오성홍기는 서부상의 비단으로 만들었을 정도로 유명하다. 지금도 알록달록한 비단옷을 파는데 상상하던 가격보다 훨씬 비싸다.

강희 8년 1669년에 문을 연 동인당(同仁堂)은 우황청심환으로 잘 알려진 약국이다. 창업자 악현양(樂顯揚)은 황실 태의원에서 문서 출납을 담당하던 하급관리로 근무했기 때문에 각종 비방을 수집할 수 있었다. 정부 관료가 업무 중에 획득한 정보를 이용해 사업한 경우이니 처벌이 마땅하나, 사라질 제약 기술을 민간에 보급해 널리 알렸으니 사면 이유도 마땅할 것이다.

광서 34년 1908년에 만든 찻집 장일원(張一元)은 지금도 옛날 방식대로 차를 판다. 종이에 한약을 싸서 파는 방식으로 차를 팔고 있다. 창업

폭두풍

자 장창익(張昌翼)은 시골에서 올라와 차 가게에서 3년 동안 배운 후 독립한 사람이다.

함풍 8년 1858년에 천진에서 처음 문을 연 만두 가게 구불리(狗不理)도 있다. 창업자 고귀우(高貴友)의 아명은 '개새끼'라는 뜻인 구자(狗子)이고, 우리나라 할머니가 손자에게 '우리 강아지 새끼'라고 하듯이 중국 사람에게도 친근한 호칭이다. 그런 그가 만두 만드는 방법을 배워 창업했는데, 손님이 너무 많아 제대로 봉사하지 못하자 사람들은 '개가 사람을 무시한다'는 뜻으로 구불리라 불렀고, 그것이 가게 이름으로 굳어진 경우이다. 정치가 원세개(袁世凱)는 만두를 좋아하는 서태후에게 이 가게 만두를 바쳤는데, 서태후는 맛이 아주 좋아 '그 어떤 음식도 구불리 맛에는 미치지 못한다'며 극찬하기도 했다. 콧수염을 기른 원세개가 서태후 옆에서 만두를 들고 있는 조각상도 대책란 거리를 풍요롭게 하고 있다.

광서 31년 1905년에 개관해서 중국 최초의 영화 정군산(定軍山)을 상영한 대관루(大觀樓)도 이곳에 있다. 영화제작자 겸 감독 임경태(任慶泰)는 일본 유학 중 영화에 심취한 사람이다. 당시 중국에서 가장 유명한 경극을 촬영해 이곳 대관루에서 상영한 중국 영화의 아버지이다. 대책란에 조각상을 세워 그를 기리고 있다.

강희 2년 1663년에 개업한 장소천(張小泉)도 있다. 옷 만들고 종이 오리는 데 쓰는 가위를 파는 곳으로 항주에서 창업한 가게이다. 절강성 서남부 용천(龍泉)에서 나는 강철로 가위를 만들어 명품 반열에 올랐고, 건륭제 때는 황실 진상 공물로 사용됐으며, 1915년에는 파나마 만국박람회에 출품해 2등 상을 받았다.

대책란 거리에는 역사가 100년 이상 되는 가게와 황실에 진상하는 명품도 있지만, 서민의 삶이 녹아 있는 요리도 많다. 바로 폭두풍(爆肚馮)이 대표적인 서민 음식점으로 골목 한쪽 구석에서 역사와 전통을 자랑하며 영업하고 있다. '폭두'는 소와 양의 내장을 재료로 만든 요리로 청나라 말기부터 대중적으로 인기를 끌었다. 양고기는 주로 서역에서 온 이슬람교도가 즐겨 먹은 음식이다. 광서제 때 회족 풍씨가 만든 가게로 간판에 이슬람교의 상징인 청진(淸眞)이라는 두 글자와 백년노점(百年老店)이란 표시가 되어 있다. 4대를 이어 내려오고 있는 유명한 가게이다.

그리고 로자화소(鹵煮火燒)는 토속 음식이긴 하지만 청나라 말기 광서제 때는 궁중에서도 만들어 먹던 음식이다. 큰 통에 두부, 창자, 허파, 비계, 속살 등을 넣고 삶은 다음 내용물을 꺼내 칼로 잘게 썰어 국물과 함께 먹는다. 내용물 대부분은 돼지고기 내장이고 연갈색 빛깔이 도는 국물은 토속적인 냄새가 난다. 북경 사람은 모르는 이가 없을 정도로 유명한 요리로 길거리 음식으로 잘 알려져 있다.

북경에서 가장 오래된 상업 거리를 둘러보다 보면 대를 이어 장사하는 중국 사람의 긴 호흡을 느낄 수 있다. 우리나라도 하나 마나 한 '한식 세계화' 같은 사업보다는 전통을 계승하고 있는 가게를 조사하고 발굴해 경쟁력 있는 상점으로 키울 필요가 있다. 물론 그 속에 담긴 역사와 문화를 예쁜 이야기로 담아야 하겠지만 말이다.

고대사를 왜곡한
금면왕조

-
-
-

사천성 성도에서 버스를 타고 동북쪽으로 1시간쯤 가면 작은 도시인 광한(廣漢)시가 나온다. 광한은 『사기』에 따르면 토지가 비옥한 땅이라는 뜻인 천부지국(天府之國)에 속하는 땅이다. 그리고 이곳에는 역사적으로 매우 중요한 유적지인 삼성퇴(三星堆)가 있다. 작은 마을에 불과했던 이곳이 이제는 엄청난 유물이 탄생한 유적지로 변한 것이다.

이곳은 1930년대에 처음으로 세상에 알려졌고, 1980년대부터 본격적으로 발굴을 시작하자 엄청난 유물이 쏟아져 나왔고, 그 기원은 거의 5000년 전인 상나라 시대까지 거슬러 올라간다. 삼성퇴박물관에는 청동기 시대 것으로 추정되는 유물이 잔뜩 전시돼 있는데, 그냥 많은 게 아니라 수준과 내용이 새롭고 독창적이라 새로운 문명이라고까지 평가된다. 그러나 이곳에서 출토된 유물은 4대 문명 발상지 가운데 하나인 황하 문명의 교집합에는 전혀 들어가지 않으니, 중국학자도 많이 당황했을 것이다. 그래서 옛 촉나라 문명에 포함해서 고촉(古蜀)문명이라고 부른다.

12제곱킬로미터에 이르는 이 지역의 성벽, 묘지 등에서 출토된 멋진 유물을 보면 청동기, 석기, 금장식, 도자기 등 내용물이 다양한데, 신석기, 청동기를 거쳐 무려 1500여 년을 존속한 문명으로 보인다. 부리부리한 눈매에 금으로 만든 가면을 쓴 상대금면조동인두상(商戴金面罩銅人頭像)은 상당히 이국적이고 인상적이다. 이 외에도 다양한 모양과 크기를 가진 가면이 많은데 도저히 한족의 모습이라고는 보기 어려운 것이다. 4미터에 이르는 청동신수(靑銅神樹)를 보고 있으면, 고대에 이렇게 높은 청동기 유물을 만들었다면 강력한 부족국가였음이 틀림없겠다는 생각이 든다.

양손 동작이 아주 멋진 청동입인상(靑銅立人像)도 보이고, 금으로 만든 가

청동입인상

면도 많고, 금으로 만든 가면을 쓴 사람 얼굴도 독특하다. 새 다리를 사람 모습으로 만든 것도 있고, 청동으로 만든 새도 있고, 태양을 숭배한 흔적이 엿보이는 청동 바퀴도 있다. 보면 볼수록 참으로 예술적인 옥기와 석기, 품격 있는 청동 검, 도자기에다 상아, 조개, 금을 장식한 유물 등 헤아릴 수 없이 많다. 게다가 크고 작은 사람 머리 동상은 물론이고 동으로 만든 새나 사슴 등 동물까지 그야말로 이전에는 본 적이 없던 새로운 문명이었다.

학계가 문명을 확정하는 데도 뒤죽박죽이다. 심지어는 외계인이 와서 만든 문명일지도 모른다는 주장도 있으니, 정말 풀리지 않는 수수께

끼인 모양이다. 그리고 이 유물은 5000년 전에 형성된 문명으로, 기존 중국 문명과는 비슷한 점이 거의 없다. 더구나 청동기 어디에도 문자는 한 글자도 남아 있지 않으니 정말 불가사의가 아닐 수 없다.

출토된 사람 모습은 코가 높고 눈이 깊으며 안구는 돌출되어 있다. 넓은 입과 큰 귀는 중국인과 전혀 닮지 않은 외국인 형상이라서 중국학자 가운데는 다른 대륙에서 온 잡종문명일 거라고 주장하는 이도 있다. 게다가 이 문명은 약 1500년간 존속했던 것으로 판단되고 있으니 갑자기 역사에서 사라진 이유도 수수께끼이다. 이 지방 북쪽에는 강 두 개가 도시 가운데를 흐르고 있어서 홍수에 인해 사라졌다는 가설, 유적지에서 발견된 도구가 불탄 흔적이 있어서 전쟁으로 인해 멸망했다는 가설, 별다른 증거는 없지만 다른 곳으로 천도했을 것이라는 가설도 있다.

출토된 청동기 가운데 생활용품이 전혀 없다는 것도 이상한 점이다. 청동 조각상이나 금장 등은 마야문명이나 이집트문명과 아주 비슷해서 종교 성지가 아니었을까 하는 추측도 있다. 5,000여 개에 이르는 바닷조개는 인도양에서 온 것으로 판명됐는데, 성지 순례를 온 사람이 가져온 것으로 추측된다. 상아 60여 개는 외래에서 온 것인지 이곳에 있던 것인지를 놓고 아직도 논란이 되고 있다. 세계 최초로 금장(金杖)도 발견되었는데, 크기 142센티미터 금장에 새겨진 물고기와 화살촉 같은 도안이 문자인지 아닌지에 대해서도 논란거리이다. 부호인 것은 사실이나 의미를 전달하는 언어는 아니라는 것이다. 정말 이해할 수 없는 유물이다.

이곳이 세상에 알려진 지는 80여 년이나 지났고, 또 여러 차례에 걸친 대규모 발굴이 진행되었지만, 여전히 그 비밀은 오리무중이다. 최근에는 중국 학계가 삼성퇴에 관한 세미나를 자주 열고 있어서 관련 보고서도 많이 출간되고 있다. 삼국지를 연상하는 '고촉문명'이라는, 어쩐지 어설퍼 보이는 보고서 대신에 진상이 제대로 알려졌으면 좋겠다.

그런데 묘하게도 삼성퇴 유물과 연상되는 것이 하나 있다. 바로 최근 북경에서 한국 사람에게 선풍적인 인기를 끌고 있는 공연 〈금면왕조〉이다. 화교성그룹이 2억 원(한화로 약 350억 원)을 투자해 제작한 대형 무대극 〈금면왕조〉는 무대 위에서 홍수가 쏟아지는 장면으로도 유명한 공연이다. 금면여왕과 남면왕의 전쟁을 시작으로 해서 남녀의 사랑 이야기, 하늘이 심판하는 홍수와 제천(祭天) 이야기 등으로 나누어진 8막 무대극으로, '이는 중국 이야기이다. 먼 옛날의 낭만적인 신화이고, 역사의 기억 속에서 주어온 파편이다.'라고 그 개요를 설명하고 있다. 금으로 만든 가면이 나오고 청동신수도 등장하며 금장 역시 중요한 도구로 등장

금면왕조

한다. 마치 마야문명을 연상하게 하는 춤도 펼쳐지고 있어서 그야말로 삼성퇴 판박이라고 의심하지 않을 수 없는 공연이다.

1985년에 설립된 국무원 산하 대형 국유기업인 화교성그룹이 이 공연을 기획한 의도는 분명하다. 중국 영토 안에 있는 고대 문명의 흔적을 '머나먼 기억의 저편'에서 끌어내 '중국 이야기'로 묶으려는 것이다. 그리고 이 공연이 이윤을 추구한 것이라면 그것도 대성공이다. 북경에 가면 반드시 보아야 할 공연이 바로 〈금면왕조〉라며 우리나라의 한 여행사는 입장권을 연간 단위로 구매해 저렴하게 뿌리고 있다. 그래서 지금은 북경 여행의 필수 과정이 되었다.

또 어떤 이는 〈금면왕조〉를 장예모 감독이 만들었다고 착각하기도 한다. 북경올림픽 총감독을 연상해서 그런 것인데, 영업이익을 위해 누군가 일부러 퍼트린 소문인지도 모른다. 역사 왜곡을 충분히 하고도 남을 장예모이긴 하지만, 이 무대극과는 무관하다.

삼성퇴는 역사 속에서 아직 분명한 자리를 잡지 못하고 있지만 중원 지역에서는 도무지 보기 어려운 명품 문명이다. 그리고 꼭 고증된 역사만을 문화상품으로 만들 필요는 없겠지만, 그렇다고 삼성퇴라는 진귀한 보물이자 인류의 소중한 유산을 족보 없이 마구 회자하는 것도 바른 자세는 아닐 것이다.

중국 학생을
위한 변명

-
-
-

　북경올림픽 성화 봉송이 한창이던 2008년 4월, 티베트 문제로 세계가 떠들썩했고, 우리나라에서는 유학 온 중국 학생이 올림픽공원과 강남역, 시청광장 등에서 시위해 꽤 시끄러웠다. 진중권 교수는 '중국은 위대하다? 웃기고 자빠졌다!'라는 칼럼을 써서 그들을 비난했다. 진 교수에 대한 선입견을 다 접고, 여러 번 읽고 또 읽고는 참으로 답답했다. 진 교수는 중국 유학생의 폭력적인 시위를 보고 답답해서 그렇게 썼을지 모르겠지만 말투나 관점은 지독히 권위적이면서도 겁나게 썼다는 생각을 지울 수 없었다.

　중국을, 또는 '중화'를 하나의 거대한 '전체'로 놓고 말하는 태도는 조금 유치했다. 즉 중국 유학생의 성화 봉송 집회와 시위(폭력 포함)를 '중화 애국 폭력'으로 싸잡아 이야기한 점은 너무 지나치다는 생각이다. 나는 중국 유학생이 중국 정부의 '애국 애족적'인 여론에 동원된 '희생양'에 가깝다고 생각한다. 물론 어느 나라 열혈청년이라도 쉽게 폭력으로 치달을 수 있으며, 자신의 국가적, 민족적 행사에 자긍심을 느끼는 것 또한 당연할 것이다.

그들이 광분하는 핵심 주제인 '티베트'는 중국을 이해하는 매우 중요한 문제이다. 나는 티베트 민족의 독립 또는 자주 의지는 정당하다고 생각하고, 중국 정부가 변함없이 놓치고 싶지 않은 소수민족 정책 연장선에서 보면 독립을 허용해 주고 싶은 생각이 전혀 없다는 것도 이해가 간다. 그러나 이 이해는 현실적인 것이지 꼭 정당성을 뜻하는 말은 아니다. 미국, 러시아, 영국 등 힘센 나라 어디를 보더라도 자신의 영토에서 '자주'를 깃발로 원심력을 행사한다면 흔쾌히 동의하며 '독립문'을 열어주는 나라는 없다.

다만, 2008년 티베트 문제는 다소 달랐다. 늘 매년, 항상 긴장 속에서 자주독립 시위를 하던 중에 올림픽이라는 큰 무대를 만나자 세계인의 주목을 받고 싶은 티베트 민족의 욕구가 훨씬 더 커졌던 것이다. 이를 용납하기 어려웠던 중국 정부(또는 서장자치주)는 더욱 강력한 차단(외부세계, 즉 미국 같은 서양 강대국으로부터)을 위해 '총칼'을 사용했다는 것이 많은 사람이 알고 있는 사건의 실상이다.

이런 예민한 문제이기 때문에 한국으로 유학 온 학생도 중국에서 벌어지고 있는 '러브 차이나 운동(서양 불매운동 등)'을 강 건너 불구경하듯 바라보고만 있을 수 없었던 것이다. 또 성화 봉송 서울 행사에 대한 우리 정부의 인식과 대처 방안 또한 수준 이하였기 때문에 사건이 촉발된 면도 있다. 진 교수가 이야기한 '애국적 광란'을 야기한 것은, 엄밀하게 보면 한국과 중국 두 정부의 합작품이다.

그리고 일부 시민단체가 '북한 납북자 문제'와 '티베트 문제'를 함께 묶어 인권을 거론하면서 세계적인 스포츠 행사를 '범세계적'인 올림픽 보이콧과 결합하려 한 점도 있다. 그래서 북경올림픽에 대한 '애국'이 한창피 끓는 젊은 학생들한테는, 진 교수가 말했듯이 '균형추라는 게 존재하지 않는' 행동으로 드러났던 것이다.

진 교수가 이번

서울시청 앞 중국 유학생

사태를 '성룡'의 '취권'에 빗대 조롱한 것이야 그렇다 치더라도, '세계의 모든 인민, 세계의 모든 민족이 평등하다고 가르치고', 또 '세계의 모든 피억업자를 위해 투쟁해야 한다고 가르치는' 공산주의자를 중국 학생들과 비유(또는 연상)한 것은 정말 황당한 일이다. 일요일 오후 늦게 서울시청 앞에서 만난 중국 유학생의 입장은, '티베트는 오래전부터 우리 땅'이라는 생각이 아주 지배적으로 보였다. 학교 교육으로부터 형성된 의식이니만큼 그렇게 생각하고 행동하는 것은 어찌 보면 당연하다.

그렇지만 13억이나 되는 중국인 모두 다 그렇다고 보지는 않는다. 실제로 중국인 모두 다 그렇지도 않고, 또 모두 다 그렇지 않은 것도 아니다. 이것이 일반적인 사회, 복잡한 현대사회의 모습이다. 중국에서 오래 거주하거나 중국 사람과 인간관계를 지닌 사람이라면 진 교수가 '중화 애국 폭력'이라는 말로 폄하한 것은 중국에 대한 이해가 전혀 없어서 나온 표현이란 걸 알고 한심해할 것이다. '10억 명이 넘는 인구와 수많은 소수민족을 거느린 제국'이라는 말만으로는 중국을 이해할 수 없다. 나는 중국으로 깊이 들어가 느끼고 분석하는 사람으로서 이런 감정적인 말투야말로 우리와 중국, 게다가 북한까지 관련된 복합적인 관계를 푸는 데 전혀 도움이 되지 않는다고 생각한다.

중국에도 치열한 문제의식으로 자신의 정부에 대해 나름대로 비판적인 친구도 많고, 나라와 민족의 미래를 위해 건전하게 사고하는 친구도 많다. 물론 그들도 어느 순간에는 이성을 잃고 폭력적이 될 수 있다. 하지만 이번 사태를 '그릇된 애국심의 똥으로 가득 찬 그 머릿속 한구석에나마 창피함을 느끼는 부분은 남아 있을까?'라는 식으로 유치하게 기고할 일은 아니다.

티베트는 언제부터 중국 땅인가? 이 문제는 중국의 소수민족 관계사를 중국 역사만큼이나 방대하게 공부해야 이해할 수 있다. 지금 이것을 우리가 논의할 필요는 없겠지만 중국 학생에게는 분명히 소중한 문제인 것이다.

진 교수는 이어 '완장 차고 시뻘건 깃발 휘날리던 문화혁명 시대의 홍위병'을 떠올린다고 썼는데, 지나친 발상이자 독설이다. 중국 사람도 문화혁명의 폐해를 반성하고 있고, 당시 홍위병은 모택동이 주도한 일부 정파를 대변했다는 사실이 만천하에 드러나 있다. 그러나 이것을 전체 이미지로 인식하고 그 잣대를 지금 한국에 있는 중국 유학생, 또는 중국 학생 전체에게 댄다면 참으로 거친 인식이라고밖에 할 말이 없다. 진 교수 글처럼 '너희들은 왜 홍위병처럼 행동하는가.'라고 묻는다면 참으로 어이없어할지도 모르는 일이다.

우리는 대한민국 사람이다. 우리는 미국을 비롯해 세계 각국 사람이나 정부의 '주관'에 빠지지 말고 '객관적인 균형추'를 가지고 있어야 한다. 세계에서 '중국'을 빼고 싶다는 주장도 있지만, 이것도 옳지 못하다. 또 '중국은 위대하지도 강하지도 않다'고 하지만 그 어느 나라가 다른 나라보다 더 위대하고 더 강하다고 할 수 있겠는가. 경제 수치나 정치제도 등으로 계산할 수도 있겠지만, 이 모든 것을 다 묶어서 하나로 대(大)와 강(强)을 말한다면, 소(小)와 약(弱)을 찾아내야 하는 부담도 있다.

이제 중국 학생과 우리 학생은 세계 곳곳에서 경쟁하는 친구이자 선의의 적이 될 것이다. 나는 우리 학생이 비즈니스 외에도 역사와 문화까지 이해의 폭을 넓혀 중국 학생과 동등한 입장에서 서로 상생하면 좋겠다는 바람이다. 그리고 진 교수 말처럼 모두 '중화 애국 폭력'의 전사라면 우리 학생에게도 전사가 되라고 말할 것인가? 세계 젊은이에게 자국의 보편적인 역사와 문화로부터 생성된 떳떳하고 건전한 마음을 지닌 채 세계 곳곳에서 뜻을 펼치는 것이 바람직하다고 조언하는 게 더 낫지 않을까.

중국 학생 가운데서도 창의적이고 민주적인 생각을 하는 학생은 상당히 많다. 자꾸 비아냥대는 말투로 비하한다면 서로 피곤할 뿐이다. 블로그에 올라온 글이나 댓글을 보면 두 나라 문제를 놓고 욕하는 우리 네티즌도 많아 보이고 중국 네티즌도 많아 보인다. 나는 중국 역사와 문화를 전달하려는 사람이기 때문에 그런 사람을 보면 참으로 안타깝고 답답하다. 문제를 해결하는 방법은, 시간이 걸릴지언정, 우리나라 사람이나 중국 사람, 아니 이 지구에서 살아가는 사람 모두가 이런 상식에 대해서 만큼은 하나의 합의를 이루고, 그 약속을 잘 지키자며 서로 손을 잡았으면 좋겠다. 허망한 욕심보다는 악수하는 용기가 지금은 더 필요하기 때문이다.

중국이 치우를 가르칠 때
우리는 편향과 싸우고 있다

-
-
-

요즘 우리나라의 역사 교과서 편향 문제 때문에 온 나라가 시끄럽다. 교과서 채택 여부를 놓고도 말이 많다. 좌우로 역사 교과서를 나누는 것도 역사라고 한다면 대수롭지 않게 여길 수 있지만, 역사 교육의 중요성은, 역사는 우리 민족이 걸어온 수많은 경험과 창의력의 산물이니만큼 당연히 미래와도 연결되기 때문이다.

역사에 대한 기억이 가물가물할 것이다. 그래도 과거를 조금만 되새겨 보면, 선사시대와 단군조선이라는 우리나라 최초의 국가가 떠오를 것이다. 즉 우리는 인류의 기원, 구석기, 신석기, 청동기, 철기시대로 이어지는 문명의 발전 과정을 배웠지만, 애써 기억하지 않는 한 이런 역사는 기억 한쪽에서 잠자고 있을 것이 분명하다는 말이다. 상황이 이러하니 가장 가까운 나라이고, 또 역사를 교집합하고 있는 중국 역사 교육과 견주어 보면 불안하고 안타까운 마음을 금할 수 없다.

중국 중학생은 1학년 때부터 역사를 배우고, 교과서는 제1단원 『중화문명의 기원(中華文明的起源)』(人民教育出版社, 2006년)으로 시작된다. 교과서 내용은 제1과 조국 영토의 고대 주민(祖國境內的遠古居民), 제2과 원시적

농경 생활(原始的農耕生活), 제3과 화하의 조상(華夏之祖)으로 구성되어 있다.

화하(華夏)는 중국 인구 13억 가운데 95퍼센트 이상을 차지하고 있는 한족(漢族)을 일컫는 말이다. 기원전 5000년경, 대홍수로 황하가 범람한 후 하남 일대에서는 화족이, 섬서(陝西) 북쪽에서는 하족이 생성하고 발전했는데, 이 두 부족을 합친 이름이 한족이다. 그래서 중원 지방 부족을 통칭하는 말이었다가 지속적인 민족 통합 과정을 거치면서 포괄적인 개념의 한족으로 탈바꿈한 것이다. 중화라는 말도 민족 이기적인 중국을 상징하는 말이다.

교과서 제3과 '화하의 조상' 편에는 사람들이 황제(黃帝) 능묘에 모여 참배하는 모습이 등장한다. 놀랍게도 신화적 인물에 가까운 황제를 예로 들면서 '고도 서안(西安)과 혁명 성지인 연안(延安) 사이에는 화하족의 조상인 황제 능묘가 있다'고 설명하고 있다. 또 '매년 청명절에는 많은 민중과 해외 백성이 경배하고 경앙하는 마음을 나타낸다'고 설명하며 '1937년 항일혁명 시기에는 모택동과 주덕이 능묘에 사람을 파견해 제황제문(祭黃帝文)을 쓰고 존경의 뜻을 표시했다'는 언급도 하고 있다. 이처럼 중국 공산당이 황제를 조상 중의 조상으로 인정하고 있다는 기록을 보면, 현재 중국 정부가 무엇을 목표로 하고 있는지 분명하게 알 수 있다. 게다가 역사 교과서를 자세하게 공부하면 왜 많은 사람이 황제를 존경하는지에 대해서도 이해하게 될 것이라는 교육 목표까지 제시하고 있다.

바로 다음에 등장하는 내용은 '염황과 치우의 전쟁(炎黃戰蚩尤)' 편이다. 좀 더 내용을 살펴보자.

'지금으로부터 4~5천 년 전, 황하와 장강 유역에는 수많은 촌락이

중국 역사 교과서

형성되어 있었다. 부족 간에도 수많은 전쟁이 벌어지고 있었는데, 염제와 황제가 연합해 동방의 강력한 부족, 청동 병기로 무장하고 용맹이상(勇猛異常)한 치우 부족을 탁록(涿鹿)에서 격퇴했다. 이때부터 염제와 황제는 부족 연맹을 결성했고, 오랜 시간이 흐른 후에는 화하족이 된 것이다.'

촌락 또는 부족은 원시사회의 씨족공동체를 의미한다. '용맹이상'은 용맹해서 이상하다는 뜻이 아니라 용맹하기가 예사롭지 않다는 뜻이다. 중요한 점은 중국이 동이족(東夷族)이라고 부르는 치우를 물리치는 과정에서 화하족이 성립됐으며, 치우를 비롯한 동이족을 화하족으로 복속시켰다는 뉘앙스를 풍긴다는 사실이다.

이어서 '황제 헌원(軒轅)이 지남거(指南車)를 발명해 치우의 난을 평정'했다는 손중산(孫中山)의 제문을 담고 있다. 손중산은 바로 손문으로 중국의 국부로 추앙받고 있는 인물이 아니던가? 수레바퀴의 성능이 어떻고 또 얼마나 좋은지는 알지 못하지만, 비바람이 몰아치는 가운데서도 이 지남거가 방향을 가르쳐줘서 치우를 물리쳤다는, 이렇게 신화적인 내용조차 버젓이 교과서에 수록돼 있다. 그리고 수많은 무기를 발명한 황제는 중화 문명을 최초로 만든 조상이라는 뜻에서 '인문초조(人文初祖)'로 정의하고 있다.

중국 역사 교과서가 언제부터 황제와 치우를 등장시켰는지는 중요하지 않다. 동북공정 같은 중국 변강정책은 동서남북은 물론이고 바다에 이르기까지 모두 아우르는 정책이니만큼 자연스럽게 교과서에 실렸을 것이다. 한족의 조상인 황제의 고향이 중원 지방이라는 중국 교과서 입장은 지금까지 불변이다.

그런데 곧 중국 교과서가 개편된다. 1996년 이후 중국 정부는 고고학, 역사학, 문헌학, 고문자학, 지리학, 천문학 등 모든 과목에서 역사공정을 시작했다. 하상주단대공정(夏商周斷代工程)이라 불리는 이 계획은 대대적인 유적 발굴과 연구를 거쳐 하나라, 상나라, 주나라에 이르는 기원전 역사를 복원해 연대를 확정하는 국책사업이다. 이어서 2003년부터는 현재 중국 영토를 기준으로 중국 문명의 기원을 확정하는 사업인 중화문명탐원공정(中華文明探源工程)을 진행하고 있다. 또 2005년부터는 국사수정공정(國史修訂工程)을 통해 중화서국(中華書局)이 1958년부터 20여 년에 걸쳐 편찬한 『24사(二十四史)』와 『청사고(淸史稿)』를 수정해 다시 출간하고 있다.

우리가 4대 문명 가운데 하나라고 배운 황하 문명보다 천 년 이상이나 앞선 요하 문명이 세계의 주목을 받은 지는 이미 오래된 일이다. 내몽고 동남부 도시 적봉(赤峰)에 가면 천하제일용(天下第一龍), 또는 화하제일촌(華夏第一村)이라 불리는 곳이 있다. 홍산(紅山)문화는 이곳 적봉을 중심으로 발견된 원시시대 문화를 일컫는

중화제일용

말인데, 이곳에서 고도로 발달한 옥기와 토기, 석기 등이 무더기로 발견된 것이다. 고대국가의 형태를 잘 보여주는 이 홍산문화는 한반도로 이어지는 문명과 연관되어 있을 가능성이 대단히 높다. 중국 학계에서는 한족과 연관성이 없다는 의견을 내놓고 있지만 중국 정부는 아랑곳하지 않고 있다. 용의 형상이 아니라는 이견이 있음에도 불구하고 황제를 상징하는 용이라고 확정하고 '중화제일용'이라 명명한 것이다. 또 현재 중국 영토에 속한다는 이유 하나만으로 박물관마다 홍산문화를 중화 문명의 기원이라고 표시해 놓고 있다. 그래서 요하 문명의 시작인 소하서 문화를 필두로 해서 사해문화, 흥륭와문화, 홍산문화, 하가점문화를 포괄하는 거대 문명이 이미 '중화'로 넘어간 상태이다.

2012년 5월에 흥륭구(興隆溝) 유적지에서는 5300년의 역사를 간직한 파편 65개가 발견된다. 흙으로 빚은 이 파편을 조각조각 이어 붙이니 가부좌를 튼 남자 모양이 되었고, 중국은 이를 최초로 발견된 남신상이라고 언급했다. 현재 이 남신상은 중국 조상으로 승격되고 있다. 아마도 황제 탄생지가 중원에서 요하로 옮겨갈 것이고, 이런 일은 역사공정의 매개가 될 전망이다. 중국사회과학원 고고연구소 소장 왕외(王巍)가 언급했듯이, '중화문명탐원공정 가운데 가장 중요한 최신 자료로, 5000년 중화 문명의 아주 중요한 증거'가 될 것이 확실하다. 황제 탄생지가 고조선, 즉 우리 선조들이 말달리던 들판으로 바뀌는 순간이다.

문제는 우리 역사 교과서이다. 언제까지 거시적 역사 연구를 소홀히 할 것인가? 아직도 일제 잔재를 철폐하지 못한 채 정치적 성향만 붙잡고 편을 갈라 싸워야 할 때인가? 좌 편향이니 우 편향이니 하는 논쟁으로 시간만 낭비할 것인가?

중국 교과서는 단원마다 '역사 찾기'라는 토론 과제가 있다. 각 단원에서 가장 재미있는 내용을 골라 서로 발표하고 토론하는 항목인데, 중국 교실에서 황제와 염제, 치우를 힘차게 연설하는 중국 아이의 모습이 떠오른다. 물론 우리나라 교실에서도 역사 문제와 관련해서 토론할 것이지만, 걱정이 앞서는 것은 어쩔 수 없는 사실이다. 10년 전, 중국어를 배울 때 박사 과정에 다니던 중국 친구가 이런 말을 내게 한 적이 있다.

"너희 나라 국기에 왜 태극이 있는 거지? 그래서 한국은 중국에 종속됐던 나라야!"

당시 나는 서툰 중국어로 이렇게 항변하며 싸웠다.

"누가 만든 게 뭐가 그리 중요하냐? 우리 것이 된 지 오래고, 우리가 사용하는 우리 것이야!"

나중에 우리 아이들이 크면 중국 아이들과 만나 우리말이나 중국말, 혹은 영어로 민족의 기원에 대해 대화할 것이다. 과연 그때는 우리 아이들이 문명의 기원에 대해 당당하게 이야기할 수 있을까? 나는 걱정이 앞선다. 중국 아이들은 이렇게 말할 게 분명하기 때문이다.

"우리는 교과서에서 배우고 토론했어. 너희는 무슨 근거로 그렇게 말하는 거지?"

4 ★ 대중문화

희망
공정

-
-
-

중국에는 동북공정만 있는 게 아니라 '희망공정'도 있다. 사실 '공정(工程)'이란 말은 계획이라는 뜻인데 나쁜 의도라는 선입견이 있는 듯하다. 그래서 이번에는 중국의 한 사진작가가 보여준 작은 실천이 희망공정(希望工程)의 불꽃을 살린 이야기를 하려고 한다.

2005년 가을, 북경 망경(望京) 부근 대산자(大山子) 798 예술구에서 해해룡(解海龍)의 사진전을 처음으로 보았다. 〈커다란 눈망울의 소녀(大眼睛的小姑娘)〉라는 제목의 사진을 보는 순간, 짜릿했다. 따뜻한 마음이 아니라면 똑바로 볼 수 없을 정도로 진한 감동을 주는 작품이었다. 해해룡은 이 사진으로 중국 곳곳에 사랑의 마음을 불러일으킨 장본인이다. 1992년에 해해룡이 발표한 이 사진은 중국 국내는 물론이고 해외에서도 많은 사람의 마음을 움직였다. 그래서 그는 희망공정을 뜻하는 사람이 되었다. '학교에 가고 싶어요.'라는 메시지와 함께 희망공정의 상징이 된 것이다. 해해룡은 왜 '소녀의 눈'을 카메라에 담은 것일까?

북경 숭문구문화관의 평범한 간부이던 그는 1991년에 희망공정의 자원봉사자가 된다. 1989년부터 중국청소년발전기금회가 시작한 빈곤퇴치사업이자 경제적 혜택이 전무한 시골이나 산골 아이에게 공부할 기회를 제공하는 운동이 바로 희망공정이다. 해해룡은 20대인 1970년대부터 개인적으로 사진을 배웠고 1986년에는 중국사진작가협회에 가입한다.

그는 1년 이상이나 12개 성 28개 시와 현에 있는 학교 100여 곳을 찾아다니며 실의에 빠져 있는 아이들의 일상을 카메라 렌즈에 담는다. 아이들과 같이 웃고 울면서 셔터를 눌렀던 것이다. 그때는 이렇게 찍은 사진이 전시되리라고는 생각지도 못했다. 그리고 지금에서야 가장 영향력 있는 사회공익사업으로 평가받고 있지만 당시 희망공정은 아무도 주목하지 않는 사업이었다. 해해룡은 자신이 발로 뛰며 찍은 사진을 1992년에 이르러서야 조심스럽게 북경과 대만과 홍콩에서 전시회를 열었다. 그런데 수많은 사람이 사진에 감동받고 기부금을 내기 시작한 것이다.

사람들의 주목을 받은 특별한 사진은 3장이었고, 이 사진은 제목과는 별도로 별명이 붙는다. 큰 눈망울이 정겨워서 대안정(大眼睛), 까까머리가 빛나서 소광두(小光頭), 코를 찔찔 흘려서 대비체(大鼻涕)라 부르며 사람들은 사진 속 주인공과 친근하게 소통했던 것이다. 희망공정의 상징이 되었던 사진 속 아이들은 15년이나 지난 지금은 성인이 되었지만 아직도 중국 사람의 뇌리에 깊은 인상으로 남아 있다. 해해룡은 전국에 있는 시골 아이들에게도 희망을 불어넣었지만 사진에 담았던 아이들의 삶에도 엄청난 영향을 미쳤다. 중국 언론은 현재도 성인이 된 3명의 아이에게 주목하고 있다.

별명이 대안정인 소명연(蘇明娟)은 1991년 5월 안휘성 육안시 금채현 도령향 장만촌에서 가난한 시골 농부의 딸로 태어났다. 부모처럼 고기 잡고 누에 치고 밭 갈고 돼지 기르는 일이 인생의 전부였던 아이였다. 해해룡은 하천에서 다리를 건너던 그녀의 맑고 커다란 눈망울을 발견하

왼쪽부터 대비체, 대안정, 소광두

고는 다 쓰러져가는 학교까지 찾아가 그녀를 카메라에 담았다. 그는 정면을 조용히 응시한 채 공부하고 싶다는 갈망을 두 눈에 담고 있는 그녀를 보자마자 그녀가 원하던 것을 단번에 알아차렸다. 그녀는 안휘대학을 졸업한 후 현재 안휘성 합비시 공상은행에서 일하고 있다.

소광두 장천의(張天義)는 1991년 4월 하남성 신양시 신현 팔리판진 왕리하촌 초등학교 학생이었다. 그는 다른 아이들과 마찬가지로 가난에 찌들어 울적한 표정으로 수업하고 있었다. 그렇지만 그를 포함한 아이들 모두 수업에 대한 열의만큼은 매우 진지해 보였다. 최근 그는 머리카락이 만발해 흑발 청년으로 변했으며, 대학 시절에 이미 영어 4급을 따는 등 자신감 넘치는 모습으로 살고 있다. 그는 현재 강소성 염성공업원을 졸업한 후 5년 계약으로 기업에 취직해 일하고 있다.

대비체 호선휘(胡善輝)는 1991년 4월 하북성 황강시 굉안현 칠리평진 주칠가촌 초등학교 학생이었다. 한바탕 비가 온 후 교실은 진창으로 변했고, 또 코가 질질 흘러내려도 아랑곳하지 않는다는 듯이 열심히 공부하는 모습이 사진에 담겨 있다. 당시 수업은 선생님을 따라 글자를 읽는 시간이었는데, 입을 크게 벌린 채 큰 소리로 따라 읽는 모습은 감동적이었다. 그는 현재 산동성 제남에서 철로군대처(鐵路軍代處) 병참부대 군인으로 복무하고 있다.

해해룽

세 아이의 희망은 중국국영방송인 중앙방송국(CCTV)에서 소개되었고, 더불어 유명 인사가 된 해해룽은 유력 일간지 〈북경청년보〉의 사진기자가 되었다. 그의 사진집 『학교에 가고 싶어요』는 중국도서상을 받기도 했으며, 각종 사회단체로부터는 공헌상을 받았으며, '개혁 개방 20년 20인'에 선정되기도 했다.

흑백사진 속 아이들이 성인이 되는 동안, 천안문사태 이후 부의 불평등을 해소하고 사회 불안을 치유하려는 중국 정부의 희망공정도 어느 정도 목적을 이룬 듯하다. 그리고 희망공정은 이제 중국의 상징적인 사회공익사업이 됐다. 담배회사인 중남해도 공익사업을 시작했으며, 이제는 중국 기업뿐만 아니라 외국 기업도 앞다투어 희망공정사업에 동참하고 있다. 비록 중국 현지화를 위한 마케팅의 일종이겠지만, 외국 기업도 적극적으로 나서고 있는 것이다. 우리나라 기업 삼성은 아예 광고를 통해 중국 어린이에게 희망을 심어 주고 있다고 자랑했으며, '삼성애니콜희망초등학교'를 세우기도 했다. 일정한 후원금을 내면 산골 초등학교를 세우거나 낙후한 학교를 정비해 후원자 이름을 붙이기도 한다.

우리나라 사람 가운데 가장 먼저 희망공정에 관심을 가졌던 사람은 축구 감독 이장수이다. 중경 명예시민이기도 한 그는 2003년 1월에 우승 상금으로 받은 인민폐 10만 원 전액을 기부하면서 중경 장수구에 '이장수희망초등학교'가 세워졌다. 〈대장금〉의 주인공 이영애 씨 역시 2005년에 인민폐 31만 원을 기부했고, 이 돈은 절강성 항주시 순안현 천도호진 양천향에 있는 작은 소학교가 혜택을 받았다. 이듬해 3월, 이영애 씨는 언론의 주목을 받으며 배를 타고 3시간, 산길을 30분 달려 폐쇄 위기에 있던 이 소학교를 방문한다. 그리고 학교 이름이 '이영애소학교'로 바뀌었으며 학교를 재정비해 몇 개월 후에 개교했다.

개인적인 참여에서 시작한 희망공정 기부가 점점 기업과 한류 스타, 인터넷 포털 등 중국 진출 마케팅 차원으로 발전해가는 추세이지만, 오지 마을에서 고사리손을 호호 불며 공부하는 아이들에게 큰 보탬이 되는 것은 틀림없다. 시골 오지를 다니다 보면 희망학교를 꽤 많이 만난다. 2011년 11월 초 귀주 소수민족 마을을 취재하고 나오는데 우연히 희망학교 팻말이 붙은 학교를 만났다. 이곳은 삼도수족자치현 도강진 즘뢰촌희망학교로 아이들의 해맑은 웃음은 지금도 잊히지 않는다. 어린이가 공부하는 모습이야 어디서라도 볼 수 있지만, 학교 이름에 희망이라는 말이 붙어 있으면 알려지지 않은 후원자의 따뜻한 마음이 생각나 한 번 더 눈길이 가게 된다.

해해룡이 보여준 따뜻한 시선과 마음씨로 인해 희망이 타오른 것처럼 온정이야말로 감동이다. 그리고 이제는 공인뿐만 아니라 우리나라 일반인도 희망공정에 조용히 기부하는 사람이 많다. 기업은 물론 한류 가수까지 너도나도 희망공정에 참가하고 있다. 어떤 목적이든지 간에 중국 사람은 명분이나 실리를 따지지 않는다. 많은 아이가 혜택을 받아 좋은 환경에서 공부할 수 있다면 모두 받아들일 것이다.

해해룽은 성인이 된 아이 3명과 공식 석상에 나타나기도 했고, 은퇴한 지금도 서로 연락하고 지낸다. 소명연이 예쁜 딸을 낳았을 때는 축의금을 보내기도 했다. 자신이 담아낸 사진 속 아이들이 많은 이의 관심 속에 성장해 성인이 되었고, 지금도 열심히 살아가는 모습을 보면서 커다란 보람을 느꼈을 것이다. 최근에는 블로그와 에스엔에스(SNS)에서 활동하는 사람이 많아서 그런지 디지털카메라로 찍은 사진이 홍수처럼 올라오고 있다. 비록 예술적 감흥은 없지만 따뜻한 시선과 포근한 내용을 담은 이 사진들이 추운 계절에 손을 호호 불어주는 입김 같은 역할을 했으면 좋겠다.

중국 관객이 등 돌린 영화,
아리랑

-
-
-

　북한 최초의 외국합작 영화, 북한 당국이 10만 명이나 참가하는 집단체조 '아리랑'을 외국인에게 처음으로 촬영을 허가한 영화, 〈평양에서의 약속(平壤之約, Meet in Pyongyang)〉이 바로 그 영화이다. 산서영화제작사가 인민폐 1천만 원(약 18억 원)을 투자하고 북한은 인력과 물자를 제공하는 방식으로 제작한 이 영화는 제작사 대표 이수합(李水合)이 북한에서 자사 영화 〈난춘(暖春)〉이 나름대로 흥행하자 이에 용기를 얻어 3년간 준비 끝에 개봉한 것이다.

　2012년 8월 3일, 북경을 비롯해 중국 여러 지역에서 개봉했지만 흥행에서는 참패하고 말았다. 영화가 나오기를 기다리고 있다가 급히 서울을 다녀오는 사이에 극장에서 사라지고 만 것이다. 중국 관객은 '국가 이미지 홍보영화(國家形象片)'라는 이유로 입소문을 멈췄다는 후문이고, 8월 10일부터 북한에서 상영했지만 북한에는 갈 수 없는 몸이라 인터넷을 통해 어렵게, 합법적으로 봤다. 이 영화는 조선족 왕효남이 평양에 머무는 10일 동안 벌어진 이야기를 다룬 것이고, 조선무용을 전공한 왕효남(王曉楠) 역에는 영화 〈80후(80後)〉로 주목받는 신세대 배우 류동(劉冬)이 맡았다.

영화는 어항 속 붕어가 유영하는 모습을 따라 아이가 무용을 배우는 장면으로 시작한다. 할머니는 아이에게 조선무용을 배우라고 하고, 성인이 된 아이는 방울춤으로 민족무용대회에 출전한다. 하지만 심사위원인 할머니에게 아주 낮은 점수를 받아 실망하고 만다. 이때 중국 예술가는 북한 예술가와 교류를 위해 평양으로 가고, 할머니는 평양으로 가는 손녀에게 한쪽을 찢어 보관하던 사진을 내밀며 그 주인공을 찾아달라고 부탁한다.

평양역에 기차가 도착하자 우연하게 사진작가 고비(高飛)와 왕효남이 부딪히는 복선을 뺀다면 마치 70년대 계몽영화처럼 이야기가 전개된다. 그리고 상관없어 보이는 왕효남과 고비를 처음부터 연결 고리가 있는 것처럼 이야기를 풀어나가고 있어서 매우 엉성해 보인다. 계속 줄거리를 따라가 보자. 중국어 통역사이자 인솔자인 김성민(북한 배우 박정택)은 차창 밖으로 개선문과 보통문, 5월1일경기장, 조중우의탑 등 평양 거리를 안내하고, 왕효남은 김성민에게 할머니가 부탁한 사진 속 주인공을 찾아달라고 요청한다. 이튿날 아침, 인솔자 없이 몰래 나와 대동강에서 사진 찍고 있던 왕효남을 다시 만난 고비는 규율을 지키라고 요청하지만, 발랄한 신세대 왕효남은 웃어넘기며 김성민과 함께 북한 무용수 김은순(북한 배우 김옥림)을 만나러 간다. 왕효남은 온화한 미소를 띤 채 유연한 손짓과 발동작으로 아름답게 춤추는 김은순

평양에서의 약속

을 보자마자 24살인 자기보다 두 살 많다며 언니라고 부른다. 하지만 그녀는 집단체조 아리랑 연습을 지휘하느라 바쁘고, 왕효남이 선물로 가져온 반지를 건네자 이미 자기 손에는 반지가 있다며 거절한다. 김은순은 8살 된 중원이를 혼자 키우고 있다. 김은순은 왕효남에게 무심하게 대했던 게 마음에 걸려 무용을 가르쳐 주려고 저녁 약속을 하지만 지키지 못하고, 둘은 오해가 생겨 잠시 소원해진다. 하지만 왕효남은 인민군 장교인 아버지가 폭발 사고로 사망하고 무용수이던 어머니마저 병으로 세상을 뜨자 중원을 혼자 키우게 됐다는 김인순의 사연을 알게 되고, 중원의 생일 때문에 약속을 못 지켰다는 것도 알게 된다. 왕효남은 자신이 착상한 중국 민속놀이 공죽(空竹)을 체조에 적용했다는 것을 보고 마음이 조금 풀리고, 김은순은 화해하려고 방울춤을 선보인다. 왕효남은 김은순의 동작을 따라 하며 마음속으로 화해한다.

여기까지만 보면 왕효남과 김은순 사이는 영락없는 신파극이고, 여기서부터 영화는 본격적으로 두 방향으로 나뉜다. 하나는 집단체조 아리랑에 북한과 중국의 역사적 우의를 담으려는 시도이고, 다른 하나는 사진 속에 담긴 비밀을 푸는 일이다. 하지만 엄청난 인원이 동원되는 아리랑에 양국 역사와 정치·외교적 관계를 담으려는 시도는 진부하기 짝이 없는 일이니, 화려한 공연만 보면 된다.

한편 김은순과 왕효남 사이에도 뭔가 모를 연결 실마리가 있는 듯하다. 성민이 은순을 짝사랑하고 있다는 것을 안 왕효남은 사진 속 주인공을 찾아주면 사랑을 연결해 주겠다며 '누이 좋고 매부 좋은' 내기를 건다. 이 영화에서 가장 흥미로운 수수께끼는 바로 사진작가 고비가 쥐고 있다. 다시 만난 왕효남은 고비에게 도대체 무슨 사진을 찍느냐고 묻자 역시 무뚝뚝하게 역사변천이라고 대답한다. 60년이나 지난 골동품 카메라로 할아버지가 남긴 사진첩 속 인물을 그대로 다시 찍고 있는 것이다. 종군기자이던 할아버지의 유지를 받들어 60년이나 지난 지금 모습을 다시 사진에 담기 위해 생존해 있는 사람들을 찾아다닌다는 말이다. 이 영화에서 가장 영화적인 발상이 아닐 수 없다.

김은순은 휴일을 맞아 농악무용을 보여주려고 왕효남을 고향으로 초청한다. 김은순은 왕효남에게 연두색 한복을 선물하고 왕효남은 반지를 다시 건넨다. 그리고 농악이 질펀하게 한판 벌어지는 마을에서 둘은 마을 사람과 어울려 춤을 춘다. 고비는 사진 한 장을 들고 옛 군복에 공훈배지를 주렁주렁 단 노인들을 불러 모은다. 왼쪽 귀퉁이가 찢어진 사진을 보며 노인들은 60년 전을 회고하고, 한 할머니는 사진 속 인물이 둘이니 사진도 두 장일 터이고 그중 한 장은 자신에게 있다고 말한다.

왕효남이 무심결에 흘린 사진을 본 김은순은 사진 속 주인공을 알고 있다고 말한다. 그 주인공은 김은순의 스승이자 왕효남의 할머니와 친구인 것이다. 두 할머니의 아버지는 만주에서 항일투쟁을 하던 동지라서 그들도 친자매처럼 지냈고, 전쟁 후 헤어질 때 기념사진을 찍으려고 했지만 사진사가 없어서 종군기자가 찍은 상대방 사진을 오려 한 장씩 간직했던 것이다. 그리고 왕효남이 사진과 함께 가져온 나무 빗과 김은순이 예전부터 끼고 있던 반지는 두 할머니가 우정을 나눈 징표였다. 그때야 왕효남은 할머니가 자신에게 아주 낮은 점수를 주며 이곳 조선으로 가라고 한 이유를 깨닫는다. 평양으로 돌아오는 길에 김은순은 도화지에 중원이 우는 모습을 그리고, 왕효남은 중원이 우는 모습 옆에 김은순과 성민을 나란히 그리고는 셋 가슴에 하트도 그려 넣는다. 왕효남은 평양을 떠나기 전날 호텔에서 다시 만난 고비에게 빈 공간 속 할머니 사진을 건네고 둘은 그제야 이름을 밝히며 인사를 나눈다.

이제 영화는 대규모 체조 아리랑으로 옮겨 간다. 촬영을 위해 실제로 10만 군중이 동원된 이 체조는 약 10분간 화면을 압도한다. 10여 가지 이상이나 되는 체조가 90분간 수놓는 공연이고, 그중에서 가장 멋지고 화려하고 질서정연한 모습만 담았으니, 정말 볼 만하다. 운동장 상단 화면 위에는 '장군', '수령', '강성대국', '백두산', '일심단결' 등이 붙어 있고, 간혹 원근감이 물씬 다가오는 '삼천리금수강산' 풍경은 신기하기만 할 뿐이었다. '현대화'와 '정보화', '조중우호'라는 중국어 메시지로 집단체조를 하기도 하고, 호금도 주석이 추구하는 이론인 '과학적 발전관', '공산당이 없으면 신중국도 없다'를 한글과 중국어 메시지로 전하기도 한다. 운동장 한가운데서 벌어지는 세계 최고의 공연이라 해도 손색없을 정도이다.

영화는 전체 공연 장면을 위주로 촬영하지만 지루한 면을 피하기 위해 운동장 한복판에서 역동적인 장면을 부각하는 등 카메라 각도를 다양하게 잡는다. 비록 공연이 10분만 나오지만 잊을 수 없는 장면이고, 대형 극장에서 못 본 게 아쉬울 정도로 기억에 남는다.

이 영화 〈평양에서의 약속〉이 중국 관객에게 '국가 홍보영화'라는 낙인이 찍힌 이유를 확실하게는 말할 수 없지만, 대충은 짐작할 수 있다. 먼저 중국 관객은 할리우드 영화와 친하지 사회주의 리얼리즘 영화에는 비싼 관람료를 잘 내지 않는다는 점이다. 중국 관객을 위해 평양 공연에는 없는 중국식 폭죽을 터뜨리기도 하고 판다도 등장시키지만 결국 흥행은 성공하지 못했다. 영화 제작자는 평양 개봉도 고려해야 했으며, 양국 정부의 허가도 받아야 했기 때문에 그럴 수밖에 없었을 것이다. 또 제작사의 적극 추천으로 신강위구르족 출신 서이찰제(西爾紮提) 감독과 북한 감독 김현철이 공동으로 연출했는데, 두 감독은 시나리오 작업을 몇 번 거친 다음 밋밋한 원본 대신 항미원조(抗美援朝, 한국전쟁) 이야기, 1980년대 사진작가 이야기, 현대 중국 무용수 이야기 등을 추가했다고 고백했다.

평양역, 헤어질 시간이다. 중원의 손목에 시계 그림이 새겨져 있는 것을 본 왕효남은 자기 손목에도 시계를 그려 달라고 부탁하고, 자신이 차고 있던 시계를 중원에게 벗어준다. 영화 보는 내내 북한 사투리가 정겹게 다가오지만 중원의 마지막 대사는 더 정감 있게 다가온다.

"아주매, 고마워요."

왕효남과 김은순의 마지막 포옹도 짠하게 다가온다.

"우린 반드시 다시 만나게 될 것이야."

이 마지막 대사는 여운도 남지만 좀 상투적이다. 또 영화를 보다 보면 울컥하는 장면이 몇 번 나오는 등 지나치게 감정을 표현한 부분도 있다. 하지만 60년 전 사진을 보며 옛 친구를 회상하는 할머니의 다정한 말투, 도화지에 그려진 그림을 보는 김은순의 온화한 눈빛, 이런 것에 끌리는 것은 아마 한민족만이 느끼는 감성이 아닐까. 북경으로 돌아온 왕효남은 할머니와 함께 고비사진전시회를 찾는다. 60년도 더 지난 사진, 잘려 나갔던 자리가 복원된 사진 앞에서 한참이나 서 있다.

한중합작 영화와 드라마는 많지만 중국과 북한은 이제 처음으로 합작품을 내놓았고, 앞으로는 더 많은 영화와 드라마가 합작품으로 나올 계획이라고 한다. 그럼 남북합작 영화는 언제쯤이나 가능할까? 영화 완성도나 흥행 여부를 떠나 서울에서 개봉하면 안 될까? 지금 정부라면 개봉은 차치하고 합작조차 어렵겠다는 생각이다. 중국 정부가 허가한 영화를 본다고 해서 잡아가지는 않을 것이니, 아리랑 10분을 위해서라도 인터넷에서 한 번 찾아봤으면 좋겠다. 10만 명이 한 몸처럼 움직이는 체조를 본다면 사람마다 다르게 생각하겠지만 말이다.

수화인가
예술인가

-
-
-

　장애를 극복하고 아름답게 비상한 무용수가 있어 화제다. 2005년 중국중앙방송국에서 방송한 춘절 프로그램을 본 많은 중국인은 때아닌 감동이 몰아쳐 눈물을 흘렸다. 청초하고 예쁜 얼굴로 다른 장애인 무용수 20명 앞에 서서 말로 표현하기조차 어려운 아름다움을 선사한 그녀, 바로 태려화(邰麗華)를 본 것이다. 채 6분도 안 되는 시간 동안 텔레비전 화면을 가득 수놓은 무용은 천수관음(千手觀音)이다. 태려화가 표현한 것처럼 '펼치는 천 가지 손길은 어려움에 처한 모든 이를 어루만지는, 선한 보살 관음'을 춤으로 승화한 것으로 태려화를 비롯해 21명 모두 장애인이라는 사실은 보는 이들을 숨죽이게 했다.

　그녀는 듣지도 말하지도 못한다. 정확하게 말하면 듣지 못해서 잘 말하지 못한다. 중국중앙방송국에서는 그녀를 2005년 '중국을 감동'시킨 인물로 선정했고, 텔레비전 프로그램에도 초대했다. 수화를 하면서도 끊임없이 입으로 무슨 말인가를 하고 있었는데, 수화와 그녀 목소리를 집중해서 들으면 어느 정도 소통이 가능했다.

　1976년 호북성 의창(宜昌)에서 태어난 그녀는 후천적으로 청각 장애

태려화

가 생긴 경우이다. 2살 때 심한 고열을 앓은 다음 청력을 잃기 시작한 것이다. 총명했던 아이는 점점 소리를 잃었고, 7살 때는 정상적인 아이들이 가는 학교에 입학하지 못해 농아학교에 들어갔고, 처음으로 자신이 생각하는 세상과 현실이 다르다는 것을 느꼈다. 그래서 그녀는 아버지가 어느 날 사 온 무용 신발 한 켤레를 유일한 벗 삼아 침대 위나 바닥에서 신고 놀았다. 이것이 그녀의 인생을 바꿔놓은 최초의 계기였다.

농아학교 율동 수업 시간에 또 한 번 그런 계기가 마련된다. 농아한테 진동에 반응하면서 균형과 평형감각을 일깨워주는 수업 시간이었다. 선생님이 나무를 두드리자 그 울림이 교실 마룻바닥을 타고 자신의 몸으로 올라오더니 몸속에서 퍼지는 것이 아닌가. 새로운 감각의 세계로 들어서는 순간이었으며, 지금껏 한 번도 감지하지 못했던 아름다운 느낌이었다. 그 느낌이 바로 리듬이었다. 감격스럽고 흥분되고 눈이 환해졌고, 그래서 상기된 채 선생님께 손짓으로 세 글자를 표시했다.

"좋-아-요(我-喜-歡)."

그녀는 수화로 자신의 마음을 전달하는 농아라는 것 외에는 그저 평범한 소녀였다. 그러나 이제 무용은 놀이이자 세상과 소통하는 방식이 되었으며, 새 삶을 살아갈 수 있을지를 알아보는 저울이 되었다. 그녀는 무한시 가무단에 들어가 정식으로 무용을 배우기 시작한다.

지도교사는 말도 통하지 않는 그녀와 어떻게 대화해야 할지 몰랐고 다른 학생과 같이 지도할 방법도 딱히 없어서 그저 방치할 수밖에 없었다. 또 그녀의 동작이나 자세도 도저히 가능성이 없다고 판단했다. 그래서 그녀는 입학생이 출연하는 공연에서도 예행연습 때부터 완전히 소외당하고 말았다. 텅 빈 예행 연습실에 혼자 남겨진 그녀는 커다란 거울 앞에서 자신의 모습을 바라보며 생각했다.

'자신의 실력을 제대로 검증하지 않은 교사를 원망하지 말자. 이 정도 난관은 아주 정상적인 것이다. 세상에는 이보다 더 험난하고 거친 파도가 많을 것이다. 무용을 그만둘 수는 없다.'

이후 보름 동안 잠자고 밥 먹는 시간만 빼고는 모든 시간을 무용 연습에 몰두했다. 처음에는 한 번에 몇 번밖에 하지 못하던 회전 동작을 보름 후에 200~300번이나 하자 지도교사는 깜짝 놀랐다. 불과 보름 만에 그녀는 조그만 성공을 거둔 것이다.

'다시 희망의 불꽃이 타올랐다.'

음악은 무용에서 없어서는 안 될 필수적인 요소이고, 무용하는 사람은 음악에 감각적으로 반응해 몸을 움직인다. 그녀는 무려 700여 개나 되는 리듬을 춤에 맞춰 나갔다. 동작과 리듬이 완벽하게 일치하려면 노력밖에 없었고, 그 유일한 방법은 기억, 반복, 재기억, 재반복뿐이었다. 춤과 리듬이 하나가 될 때까지. 듣지도 말하지도 못하는 암흑의 세상에서 살아온 그녀는 정상인이 도저히 가질 수 없는 집중력과 평정을 가지고 있었다. 몸에 생명을 각인하듯 매 순간 동작에 집중한 것이다. 자신의 몸을 예술로 승화하기 위해 다른 사람이 하지 못하는 방식으로 자신을 단련해야 했다.

결국, 그녀는 무용수로서 점차 세상에 알려지기 시작했다. 1991년에는 중국장애인예술단(中國殘疾人藝術團) 춤 부분 리더가 되었고, 1992년에는 이탈리아 스칼라극단 경연에 참가해 주목을 받았고, 2000년에는 미국 카네기홀에서도 공연했다. 2004년 아테네 장애인올림픽 개막행사에 초대받은 태려화와 장애인 12명은 이 공연을 훌륭하게 소화해 큰 박수를 받았고, 중국중앙방송국 2005년 춘절 프로그램에서는 21명이 〈천수관음〉을 공연해 전 중국을 흥분의 도가니로 몰아넣었다.

21명이 한 사람처럼 움직이는 이 공연은 노란 의상에 은빛 장식을 한 연기자가 완벽한 조화를 이뤄 환상적인 무대를 만들어낸다. 언뜻 보면 한 명이 걸어 나오는 것 같지만, 수많은 손이 차례로 나타났다가 사

천수관음

라지는 이 공연을 보고 있으면 감동하지 않을 수 없다. 빠르거나 느리게 움직이는 손짓은 갑자기 새가 날아오르는 모습으로 보이기도 하고 꽃이 피는 모습으로 보이기도 한다. 선두에 선 태려화가 가볍게 손짓하면 뒤에서 손이 차례로 나타나 현란한 동작을 쏟아낸다. 태려화로부터 시작하는 손은 바다를 헤엄치기도 하고 산을 오르기도 하고 무한한 원을 반복하기도 한다. 현란한 조명 아래서 빠르게 반원을 그리며 좌우로 반복하는 모습을 보고 있으면, 21명 모두 하나였다. 음악이 바뀌면 한 몸이던 연기자가 흩어져 역동적인 동작을 보여주고, 다시 하나로 뭉쳐 화려한 손동작을 보여준다. 공연 마지막에 모두 손을 흔드는 모습은 화려한 천수관음의 부활이라 할 만했다. 그녀는 천수관음을 연기하면서 항상 자기 뒤에 20명이 있다는 사실을 잊지 않는다. 그리고 그녀로부터 시작되는 동작을 모두 하나로 일치하기 위해 리듬에 집중한다. 음표 하나에 한 동작씩 번져가는 21명의 일심동체, 서로 보지는 못하지만 그들은 분명히 하나였다.

〈천수관음〉이 유행처럼 번져나가자 이를 따라 하는 사람도 나타나기 시작했다. 길거리에서도 관광지에서도 군대에서도 집에서도 학교에서도, 어른이나 아이 모두 그 모습을 흉내 내기 시작한 것이다. 이렇게 〈천수관음〉을 따라 하는 행위를 중국인은 '꽃이 핀다'고 표현한다. 말이 없는 꽃이지만 아름답다는 뜻이다. 그리고 일반인이 수화를 배워 장애인과 교류할 때도 이 표현을 쓴다. 태려화의 〈천수관음〉이 사람들에게 꽃이 피는 진정한 의미를 깨우쳐준 것이다. 꽃이 피는 것은 아름다운 것이고, 아름다움은 사람들에게 감동을 줬고, 그래서 중국 사람은 감동의 눈물을 흘렸다. 태려화는 방송에 출연해 다음과 같이 말했다.

'장애는 허물이 아니고 인간이 가진 여러 다양한 특징 가운데 하나이다. 장애는 불행이 아니고 단지 불편할 뿐이다. 장애인도 생명의 가치가 있다. 장애인은 평등, 참여, 공유에 목말라 할 뿐만 아니라 자신의 의지와 지혜를 통해 여러분과 함께 인간이 아름답다는 것을 창조하고 싶어 한다.'

중국이나 한국이나 간에, 장애가 있거나 없거나 간에, 자신의 꿈을 이루기 위해 노력하고, 또 타인에게 감동을 선사하는 사람은 아름답다. 그녀의 손짓은 마치 수화처럼 사람들과 소통하고 있고, 이것이 진정한 예술이다.

장예모와 공리의
만리장성 약속

-
-
-

    2007년에 개봉한 영화 〈황후화〉는 오랜만에 장예모와 공리(鞏俐)가 다시 감독과 주연으로 만난 영화이다. 중국 제목은 〈만성진대황금갑(滿城盡帶黃金甲)〉이다. 당나라 이후 오대십국 시대에 왕실에서 벌어지는 암투와 반란을 소재로 만든 영화로, 홍보를 위해 재미난 마케팅을 해서 화제가 되었다. 이 영화 공식 홈페이지와 블로그에 두 사람이 14년 전에 찍은 사진 한 장을 공개한 것이다. 오래된 앨범 속에서 끄집어냈다는 흔적이 물씬 풍기는, 애틋한 사진이었다.

    1992년 봄, 42세이던 장예모와 27세이던 공리는 만리장성에서 사진 한 장을 찍는다. 이때 한창 열애 중이던 두 사람은 새 영화 시나리오를 논의하면서 한 가지 약속을 하는데, 바로 왕후 역은 공리가 한다는 다짐이었다. 장예모는 '중국의 유일한 왕후는 무측천(武則天)이고 오로지 공리가 연기해야 가장 아름답다'고 한 것이다. 물론 영화 속 배경은 무측천 시대가 아니었다.

    그때 찍은 이 사진을 인터넷에 올리면서 붙인 제목은 '그녀가 돌아왔다(她回來了)'이다. 이 사진을 찍을 당시 공리는 싱가포르 갑부 황화상

(黃和祥)과 결혼하기 전이었고, 장예모와는 공공연한 연인 사이였다. 장예모는 결혼이라는 종이가 무슨 소용이냐는 말로 결혼을 차일피일 미뤘기 때문에 둘의 결혼은 이루어지지 못했다. 공리는 헤어진 후에도 만리장성에서 한 약속을 되뇌며 다시 일할 수 있는지를 물었고, 그때마다 장예모는 묵묵부답으로 일관해 그녀는 하염없이 눈물만 흘렸다고 전한다.

그리고 14년 후, 영화 발표회 장소에서 장예모는 만리장성에서 한 다짐을 다시 거론해 그녀를 눈물짓게 한다. 스타의 과거 불륜을 마케팅 소재로 사용했다고 의심하지 않을 수 없는 대목이다. 영화 〈황후화〉를 촬영하고 있는 모습도 공개했다. 세월은 흘렀지만 그녀는 변함없이 아름다웠고, 얼굴에서도 세월이 지나간 흔적을 찾을 수 없었다. 장예모는 그녀를 이렇게 칭찬했다.

"그녀 연기는 지금이 가장 최고에 달한 시기다."

공리는 이혼했고 장예모는 이미 다른 부인과 결혼한 상태이다.

〈황후화〉는 기대가 컸던 만큼 아쉬움과 실망도 많았다. 엄청난 제작비를 투자해 화려한 캐스팅으로 언론의 집중 조명을 받았고, 또 전 중국이 일치단결한 듯한 마케팅에도 불구하고 영화평은 그리 좋은 편이 아니었다. 떨어지는 짜임새, 복잡하게 만들어 놓은 인물 설정 등을 따져 보면 그저 그런 영화였다. 무엇보다 '정부에 도전해 반란을 일으키면

황후화 촬영 장면

가족도 용서할 수 없다'는 메시지는 무서울 정도였다. 2002년에도 영화 〈영웅〉을 만들어 중앙집권적 통일 군주를 암살하려던 자객 한 명을 응징하더니 이번 영화 〈황후화〉에서는 반란군 전부를 도륙해 버린다. 그 장면도 가히 압권이었다. 이렇게 올림픽 총감독과 바꾼 그의 메시지는 매우 권위적이었다. 주윤발과 공리는 이름값을 하는 수준이었고, 주걸륜은 영화에 다시 출연하지 않는 게 좋아 보였다. 다만 영화 전체 분위기를 대변하는 주제가 〈국화대(菊花台)〉를 부르지 않았다면 정말 웃기는 영화가 되었을 것이다.

장예모가 공리를 발굴해 스타로 키웠지만, 공리에 의해 장예모의 영화적 상상력은 빛나게 된다. 바로 공리는 장예모의 여배우라고 해도 과언이 아니다. 그리고 장예모가 발굴해서 데뷔한 여주인공은 '장예모의 여배우'란 의미로 모여랑(謨女郎)이라고 부른다. 그 첫 여배우 역시 공리이다. 그녀는 1965년생으로 촬영감독 출신 장예모의 감독 데뷔작인 〈붉은 수수밭〉에 출연해 사람들의 이목을 끌기 시작한다. 이후 장예모와 연인 사이로 알려지기도 했고, 그가 만든 수많은 영화에 출연하기도 했다. 1989년 〈국두〉, 1991년 〈홍등〉, 1992년 〈귀주 이야기〉, 1994년 〈인생〉, 그리고 1995년에는 흥행에 실패한 〈트라이어드〉까지 출연했다. 그리고 공리는 1996년에 결혼과 함께 장예모 영화에서 사라진다.

두 번째 여배우는 방송 진행자이자 배우, 가수, 모델이기도 한 구영(瞿穎)으로, 1997년에 장예모 영화 〈키프 쿨〉에 출연한다. 이 영화는 공리 이미지인 농촌 분위기를 일소하고 도시 문제를 주제로 삼았지만 왕가위 감독의 〈타락천사〉를 모방했거나 올리버 스톤 냄새가 풍긴다는 비판을 받았다. 구영은 사랑하는 사람이 있음에도 불구하고 자신을 열광적으로 사랑하는 남자한테 당하는 여성을 열연했지만 현대 여성을 다루는 데 미숙한 장예모에 의해 평범한 배우로 남고 말았다. 이후 구영은 방송 진행과 모델 활동 등 다양한 곳에서 끼를 발휘하고 있다.

세 번째는 시골 소녀 위민지(魏敏芝)로 1999년 〈책상 서랍 속의 동화〉에 출연한 배우 아닌 배우이다. 장예모가 농촌 학교를 무대로 만든 리얼리즘 영화로 이 13살 소녀는 현지에서 주인공으로 발탁된 경우이다. 영화가 세계 무대에서 주목을 받으면서 이 시골 소녀도 연기상을 받으며 일약 스타로 떠오른다. 이후 그녀는 못다 이룬 배우의 꿈을 이루기 위해 서안에 있는 한 대학에서 연출을 전공한다.

다음으로 등장하는 배우가 바로 장자이(章子怡)다. 1979년생인 그녀는 장예모의 1999년 작품 〈집으로 가는 길〉로 화려하게 등장한다. 2002년에는 〈영웅〉, 2004년에는 〈연인〉에 연거푸 출연하며 세계적 스타로 거듭나고, 이안 감독의 〈와호장룡〉을 비롯해 서극 감독, 류엽 감독, 왕가위 감독, 풍소강 감독, 진개가 감독, 오우삼 감독 등 명감독들의 캐스팅 1순위에 오를 정도로 유명해진다.

다음으로 장예모는 2000년에 영화 〈행복한 날들〉에서 동결(董潔)를 캐스팅한다. 다섯 번째로 '장예모의 여배우'가 된 동결은 이 영화에서 최고의 코미디 배우인 조본산(趙本山)과 함께 열연한다. 공리의 눈매와 많이 닮았다고 알려진 그녀는 이후 드라마 〈백령공우〉에서 안재욱과 함께 출연하기도 한다.

〈황후화〉에는 장예모가 발굴한 또 다른 여배우인 이만(李曼)이 출연한다. 1988년생인 그녀는 중앙희극학원(中央戲劇學院) 1학년 때 이 영화에 전격적으로 캐스팅되어 태의의 딸 역할로 열연한다. 공리, 장자이를 잇는 스타로 장예모 영화에 계속 출연할 거라는 기대와 달리 이후에는 함께 작업하지 않았다. 이만은 대학 졸업 후 드라마에 출연하며 배우로 활동하고 있다.

북경올림픽 이후인 2010년에 장예모는 뜻밖에도 〈산사나무 아래〉를 발표한다. 〈영웅〉과 〈황후화〉로 변절했다는 누명을 벗으려는 듯 초기 작품같이 순수한 인간미가 묻어나고, 또 순결하고 절절한 풋사랑을 잘 그리고 있는 영화다. 장예모의 의도대로 순박한 이미지를 담아내는 데 성공한 여배우는 주동우(周冬雨)이다. 그녀는 이 영화로 최우수 신인상을 받는 등 주목받는 배우로 성장하고 있다.

주동우

2011년부터 장예모는 매년 〈진링의 13소녀〉, 〈양귀비〉, 〈귀래〉를 출품하지만 새로운 스타는 발굴하지 못하고 있다. 장예모 영화를 통해 세계적인 스타가 된 배우도 있고, 영화 한 편 찍고 사라진 배우도 있다. 앞으로 또 어떤 배우를 발굴해 언론에 주목받을지 궁금하다.

중국인은 대체로 장예모를 좋아하는 편이지만 그를 못마땅하게 생각하는 사람도 꽤 많다. 그는 그저 감독으로 영원히 남고 싶다며 '장 감독'이라는 뜻인 장도(張導)로 불리길 바라는 감독이다. 그러나 영화를 만들며 자신의 여배우를 키워내는 감독, 오래된 사진에 담긴 약속으로 마케팅하는 감독으로도 남을 듯하다. 앞으로는 영웅주의보다 소박한 일상을 잘 담아내는 영화를 기대해본다.

중국인이 부르는
아리랑

-
-
-

　중국은 한족 외에도 55개 소수민족이 함께 살아가는 나라이다. 그리고 소수민족의 역사와 문화는 모두 중국 본토에 소속, 소유, 소재라는 생각이 중국의 소수민족 정책이자 역사공정의 핵심이다. 중국의 동북삼성에 많이 사는 조선족 역시 중국이라는 인식이 대중문화에도 상당히 녹아 있다. 〈아리랑〉은 분명히 대한민국 민요이지만, 중국에서는 '조선족 가곡'이고 악보에도 '조선 민가'라고 표기되어 있다. 대중가요로도 꽤 유명해 〈아리랑〉을 모르는 사람은 없을 정도이다.

　1992년에 흑압자(黑鴨子)라는 3인조 여성 그룹이 데뷔했다. 이름은 '검은 오리'라는 뜻이지만 뜻과는 달리 종달새 같은 목소리로 오랫동안 사랑받은 그룹이다. 그들이 바로 우리 민요 〈아리랑〉을 부른 것이다. 그들이 2004년에 발매한 앨범 '잊을 수 없는 조선 시대(難忘的朝鮮時代)' 안에 〈아리랑〉 노래가 들어 있다. 그럼 그들이 이 〈아리랑〉에 어떤 의미를 담아 부르는지 궁금하니 노래 가사를 직역해 보자.

　　阿里郎阿里郎阿拉里郎
　　아리랑 아리랑 아라리랑

我的郎君翻山过岭路途遥远

내 낭군 산 넘고 고개 넘어가는 길 아주 머네요.

你真无情啊把我扔下

나를 내버려두고 가다니 당신 너무 무정하네요.

出了门不到十里路你会想家

문 나서서 십 리도 안 돼 당신은 그리워할 거예요.

阿里郎阿里郎阿拉里郎

아리랑 아리랑 아라리랑

我的郎君翻山过岭路途遥远

내 낭군 산 넘고 고개 넘어가는 길 아주 머네요.

春天黑夜里满天星辰

봄날 어두운 밤, 하늘은 온통 별이네요.

我们的离别情话千言难尽

우리네 이별과 사랑의 말을 어찌 천 마디로 말하리오.

阿里郎阿里郎阿拉里郎

아리랑 아리랑 아라리랑

我的郎君翻山过岭路途遥远

내 낭군 산 넘고 고개 넘어가는 길 아주 머네요.

今宵离别后何日能回来

오늘 밤 떠나신 후 언제 다시 돌아오려는지요.

请你留下你的诺言我好等待

언약을 남겨주세요. 언제까지나 기다릴게요.

'아리랑 아리랑 아라리~요~'를 '아리랑 아리랑 아라리~랑~'으로 부른 게 특이하고, 전체적으로는 '나를 버리고 가시는 님은 십 리도 못 가서 발병 난다'는 의미를 살려내고 있다. '님'을 '낭군'이라고 하니 다소 어색하긴 하지만, 무식하게 '남편(老公)'이라고 하지 않았으니 그나마 다행이란 느낌이다.

이 그룹은 구성원이 계속 바뀌어 지금까지 여섯 차례나 바뀌었다. 그래서 원조 흑압자, 예전 흑압자 등이 생겼고 현재는 팀 리더 이름을 딴 이(李)흑압자와 예(倪)흑압자가 활동하고 있다.

〈아리랑〉을 부른 가수는 또 있다. 대만 출신 여가수 풍비비(風飛飛)이다. 그녀는 1953년생으로 2003년 4월에 〈아리랑〉이 포함된 앨범(國語原聲典藏Ⅱ)을 발매한다. 노래 부를 때 항상 모자를 쓰는 것으로 유명한 가수인데 안타깝게도 2012년에 폐암으로 사망했다. 이 가수가 부른 〈아리랑〉 가사는 아주 다른데 역시 그냥 직역해 보자.

阿里郎 阿里郎 阿郞里喲

아리랑 아리랑 아랑리요

我爱我的阿里郎多么美丽

나의 아리랑에 대한 사랑은 너무도 아름다워요.

清山又绿水永远陪着你

맑은 산과 푸른 물처럼 영원히 당신이랑 함께 해요.

从来不会和你分离

지금처럼 당신이랑 헤어지기 싫어요.

阿里郞 阿里郞 阿郞里喲
아리랑 아리랑 아랑리오
我爱我的阿里郞多么神奇
나의 아리랑에 대한 사랑은 너무도 신비로워요.
剩下一个我还有一个你
나를 남기시려거든 당신도 함께 남아요.
我俩永远生活在一起
우리 둘 영원히 함께 살아요.

　이 노래는 〈아리랑〉을 조금 유치하게 번안해 불렀다는 느낌이다. 아리랑을 사랑의 대상처럼 표현한 것과 신비하다거나 아름답다는 등 추상적인 표현은 신파에 가깝다. 중국 사람이 우리 〈아리랑〉에 담긴 이별의 정한을 승화하고 사랑의 역설을 표현한다는 것은 상당히 어려울 거라는 생각이다.
　그 밖에 랩으로 편곡된 것도 있지만 대체로 중국에서 부르는 〈아리랑〉 가사는 위에서 말한 두 가지다. 그런데 재미있는 것은 2003년 8월에 발매된 몽지려(夢之旅)중창단의 옛 노래 프로젝트(流淌的歌聲之眞情依舊, 太平洋影音)에 〈아리랑〉이 담겨 있다는 사실이다. 남성과 여성의 멋진 하모니가 아주 돋보이는 노래로 이렇게 부를 수도 있구나 하는 생각이 들 정도로 마음에 들었다.
　사실 중국에서 〈아리랑〉이 방방곡곡에 알려진 것은 2002년에 '아리

최건

랑'이라는 그룹이 나타나면서부터이다. 연길 출신 조선족 4명으로 구성된 '아리랑'은 〈아리랑〉으로 데뷔해 유명세를 탔다. 랩과 안무가 훌륭했고, 또 가창력도 뛰어났기 때문에 중국의 대표적인 그룹으로 성장했다. 지금은 3명이 활동 중인데 조선족 출신 가수 중에는 최건(崔健)에 이어 최고의 인기를 누리고 있다. 2007년에는 연변예술학원 출신의 가수 도지문(都智文)이 정랑(情郎, 一松亭文化)이란 앨범을 냈는데, 그 대표곡이 바로 〈아리랑〉이다. 다른 곡은 전부 중국 노래를 리바이벌한 것이고 〈아리랑〉만 우리말로 불렀다. 이 노래도 듣기 좋다.

우리나라 프로그램 〈K팝스타〉와 똑같은 호남텔레비전 〈중국최강음(中國最强音)〉에 출전한 조선족 김귀성(金貴晟)도 〈아리랑〉을 불렀다. 영화배우이자 가수인 장자이의 지도를 받아서 그런지 가수로 승승장구하고 있고, 지금은 드라마 오에스티(OST)를 불러 인기를 누리고 있다. 한국 사람인가를 묻는 심사위원 질문에 당당하게 '중화인민공화국 조선족'이라고 대답해 박수갈채를 받았다. 그는 분명히 중국 국적이다. 그러나 재중동포와 중국 조선족은 차이가 있지만 〈아리랑〉이 주는 감성은 다르지 않다. 우리 민족이 만들고 부른 노래이기 때문이다.

중국이 우리 〈아리랑〉을 세계문화유산 무형문화재로 등재하려는 움직임이 있어서 지금 우리나라에서는 꽤 시끄럽다. 자신의 문화를 자신

중국최강음

이 지키지 않으면 아무도 지켜주지 않는다. 〈아리랑〉이 중국에서 대중문화로 주목받고 있는 것을 보면 씁쓸한 마음을 지울 수 없다.

하지만 누가 뭐라 해도 중국 사람이 가장 많이 아는 우리나라 노래는 〈아리랑〉이다. 취재 중에 만난 중국 사람에게 〈아리랑〉을 몇 번 불러준 적이 있다. 그때마다 〈아리랑〉에 담긴 내용이 무엇인가를 궁금해하며 물어본다. 우리 〈아리랑〉이 중국 가사와 다른 점을 이야기해도 좋고, 한국 정서를 이야기해도 좋을 것이다. 더불어 〈아리랑〉이 탄생한 배경을 설명하며 〈아리랑〉을 한 번 더 불러주면 더 깊은 대화가 가능하지 않을까.

6세대 감독이
가는 길

-
-
-

　중국 영화를 조금 안다는 사람도 장예모(張藝謀), 진개가(陳凱歌), 풍소강(馮小剛)처럼 세계적으로 유명한 감독이 만든 영화만 알 것이다. 이들은 문화대혁명 이후에 시작된 선전 도구로서의 영화에서 벗어나 민족문화와 서민의 고뇌를 담은 작품을 만들어 성공한 감독이다. 그러나 5세대 영화감독이라는 평가를 받고 있는 이들 영화는 서구의 할리우드 블록버스터를 지향해서 그런지 지나치게 오락성만 강조하거나 중국 정부의 이데올로기를 옹호한다는 지적도 받고 있다.
　그래서 이제 중국 대중문화의 새로운 초점은 6세대 영화로 넘어가고 있다. 6세대 영화는 5세대 유명 감독과는 달리 20대 젊은 시절에 천안문사태를 경험하고 나서 사회에 등장한 감독이 만든 영화를 말한다. 장예모로 대표되는 5세대를 뒤이어 나왔고, 세대를 가를 정도로 확연하게 다른 영화를 만들고, 참신한 생명력과 개성 강한 시각을 지닌 새로운 감독군을 뜻한다.
　1989년 6월 4일, 민주주의와 개혁을 요구하며 시위하던 군중을 강제 해산한, '피의 일요일'이라 불리는 천안문사태는 젊은 영화인에게 커다란 자각을 불러일으킨다. 그래서 이들 젊은 영화인은 개혁 개방 이후 주류 영화인 영웅주의를 극복하고 저예산 독립영화를 지향하게 된다. 사회로부터 소외된 장애인, 동성애자, 매춘부, 소매치기 등을 비롯해 서민의 삶과 질곡을 스크린에 담기 시작한 것이다. 우리나라에서 유행한 〈워낭소리〉처럼 실험정신이 강하고 사회 비판적이고 인간의 가치에 기반을 둔 리얼리즘 영화를 제작하는 독립영화 프로덕션과 비슷하다. 저예산 영화이기 때문에 자본에 종속되지 않고, 또 당당하게 중국의 진흙 같은 현실을 그대로 카메라에 담아내고 있다. 그래서 국제 영화제에도 단골로 초청되어 수상하는 등 높은 평가를 받고 있고, 그 경력을 기반으로 명성도 얻었기 때문에 정부 규제로부터도 벗어나 자유로운 시나리오와 영화 창작에 열을 올리고 있다.

6세대 감독 영화는 우리 대중문화의 세계화, 한류 영화의 중국 진출이나 중국 대중문화산업과의 협력을 통한 한류의 발전 등을 고려하면 우리 문화산업 분야에서도 반드시 검토해야 할 과제이다. 그러나 아쉽게도 아직 우리나라에서는 이런 감독 영화를 아는 사람이 드물고, 부산국제영화제나 전주국제영화제를 빼고는 이들 영화가 잘 소개되지도 않는다. 6세대 영화를 소개하는 단행본이 간혹 출간되기도 하고 영화잡지에도 실리지만 충분하지는 않다.

중국 또한 우리와 마찬가지이다. 일반 극장에서 많이 소개하지 않아 마니아층도 두텁지 않고 그 영향력도 미미하다. 하지만 세계 영화계에서 호평한 6세대 감독 영화를 통해 중국의 과거와 현재와 미래를 살펴보는 것은 대단히 의미 있는 일이다. 비록 대중적이지 않고, 또 많이 알려지지도 않았지만 줄거리, 촬영기술, 사회적 배경, 감독의 작가주의 등을 살펴보면 중국을 이해하는 좋은 자료가 될 것이다.

지금 우리는 장예모 감독을 비롯한 유명 감독의 영화만 관람하기 때문에 중국 영화에 담긴 계층 간 차별, 지역 격차, 사회 발전에 따른 인간 소외, 민족 갈등, 심지어는 반정부 투쟁 등에 관한 메시지를 읽지 못하고 있다. 그래서 중국을 이해하는 데도 오류가 발생하는 것이다.

6세대 영화감독은 북경영화학교(北京電影學院) 85학번 출신이 그 원류이고, 1989년에 일어난 천안문사태를 경험했기 때문에 부득이하게 영화를 무기로 사용하게 된다. 자신의 영화 언어를 드러낸다는 것은 곧 지하에서 영화 작업을 하게 됨을 뜻하고, 투자가 이뤄지지 않아 독립프로덕션으로 활동하면서 6밀리미터 카메라로 중국적인 것을 찍기 시작한 것이다. 이런 기구한 운명은 6세대 영화감독이 시대정신을 극단적으로 표현하는 계기가 되었다. 그들은 80년대에서 90년대로 넘어가는 시대, 즉 거대한 동요 속에서 자신의 위상과 가야 할 방향을 찾은 것이다. 그런 노력 끝에 그들 영화는 새롭다는 느낌을 주었고, 중국 대중문화계에 만연하던 낙관주의와 이상주의가 곤두박질칠 정도로 충격을 준 것이다.

장원 감독

왕소수 감독

1989년에 장원(張元) 감독과 왕소수(王小帥) 감독은 영화 〈마마(媽媽)〉의 극본을 기획한 다음 제작 허가도 받지 않고, 또 검열도 통과되지 않은 상태에서 한 기업으로부터 제작 경비를 받아 영화를 완성한다. 그리고는 서안영화제작소를 통해 허가를 받는다. 이렇게 탄생한, 6세대 첫 영화라 불리는 장원의 〈마마〉는 어머니와 저능아 아들의 아픈 경험이 줄거리이며, 구성이 난해해 재미난 영화라고 하기는 어렵다. 그렇지만 평론가들은 이 영화를 신세대 영화감독의 '예술 선언'으로 인정한 것이다.

평론가들은 어머니와 아들에 대해 새로운 시각으로 접근한 이 영화가 은밀한 의도를 담고 있다고 믿었다. 이것은 5세대 감독의 미학에 대한 배반이었으며, 동시에 억압적인 사회 현실 한가운데에서 '독특한 암호를 사용하는 우화'를 통해 자신들의 문화철학을 교묘하게 표현한 것이라고 보았다. 이렇게 새로운 세대의 감독과 영화가 나타난 것이다.

이때부터 그들은 이전의 감독과는 다른 카메라 기술과 소외된 서민 생활을 기반으로 소재의 다양성을 추구하게 된다. 기존 영화와는 확연하게 다른 그림이 그려졌고, 그래서 '6세대'라는 이름을 부여받게 된다. 또 그들은 중국 내에서 자신들의 입지를 세우기 어렵게 되자 유럽 등 세계 영화제에 참가해 가치를 인정받는 방법을 택하고, 외국 자본을 유치하는 방법으로 영화 작업을 지속한 것이다. 그들의 영화는 중국에서 상영금지 조치를 당하는 경우가 많다. 그래서 오히려 그들의 잠재적 가치, 작가주의 성향 등이 강화되어 의연히 독립영화집단으로 주목받게 된다.

그들의 영화는 점점 더 많이 대중과 소통하면서 흥행적 성공도 맛보게 된다. 지하에서 지상으로 올라오는 과정은 순탄하지 않

가장가 감독

왕전안 감독   장일백 감독   로학장 감독

았지만, 그런 덕분인지 초기의 거친 테크닉은 갈수록 세련된 감각으로 거듭났고 흥행이라는 대중성까지 고려하는 단계에 이르렀다. 이제 영화는 소재의 확대와 더불어 영화기술 접목, 자본의 유입, 더욱 새롭고 창의적인 영화 등을 지향하며 발전하고 있다.

    6세대를 대표하는 감독으로는 장원과 왕소수 외에도 가장가(賈樟柯), 왕전안(王全安), 장일백(張一白), 로학장(路學長), 루엽(婁燁) 등이 있다. 6세대 감독 영화 가운데 주목할 만한 영화를 꼽으라면 장양(張揚) 감독의 〈낙엽귀근〉이다. 죽은 친구를 어깨에 메고 길을 떠나는 블랙코미디 로드무비로 비록 〈색계〉에 밀려 우리나라에서 개봉하지 못했지만 100배는 더 좋은 영화일 것이다. 또한 남경대학살 사건을 아름다운 흑백영화로 부활시킨 류천(陸川) 감독의 〈남경! 남경!〉도 눈여겨볼 필요가 있다. 그리고 장예모 감독의 〈붉은 수수밭〉에 출연한 남자 주인공이자 감독으로도 유명한 강문(姜文)의 〈태양은 언제나 떠오른다〉는 6세대 영화 최고의 작품이라 할 정도로 중국 영화 가운데 최고의 영상미를 자랑한다. 그래서 정말 태양처럼 떠오른 영화이다.

현재 6세대 영화는 점점 감독군이 다양해지고 변화도 많아져서 하나로 통합해 구분하기 어렵다. 또 영화가 지나치게 주관적이고 소재주의에 의존하거나 대중과 영합하려는 경향이 있다는 비판적인 평가를 받기도 한다. 하지만 20여 년 동안 훈련되고 승화된, 대중과의 공감대라는 무기가 있기 때문에 향후 빛을 발하게 될 가능성은 대단히 높다. 중국 영화의 새로운 흐름을 형성하면서 중국 대중문화산업에 일대 변화의 기반이 될 것은 틀림없어 보인다.

베스트셀러
삼중문

-
-
-

소설 『삼중문(三重門)』 한국어판에는 '노신, 막언(莫言)을 뛰어넘는 이 시대 최고의 베스트셀러'라고 적혀 있다. 20세기 최고의 작가 노신과 노벨문학상 수상 작가 막언과 비교하긴 어렵지만 '세계가 주목하는 중국 최고의 젊은 작가'이자 베스트셀러 작가인 것은 인정해야 할 것이다. 17세의 나이에 책 200만 부를 판 작가, 인세 20퍼센트, 초판을 100만 부 이상 찍는 작가가 이 세상에 존재할까?

인세 수입만으로 1년에 3~4백억 원을 번다는 한한(韓寒)은 1982년생이고, 중국 '80후(80后)' 세대의 아이콘이자 신세대를 대표하는 전업 작가이다. 또 작사가이기도 하고, 음악앨범을 내기도 했고, 영화 제작에 참여하기도 했으며, 프로 수준의 카레이서이기도 하다. 그의 블로그 팔로워 수는 우리나라 인구보다 더 많다. 13억 중국의 나라이기에 가능하다거나 이미 선망의 대상이 되었기 때문에 그렇다거나 중국 대중문화의 흐름이 본디 그렇다는 말로 이런 현상을 진단하는 것은 상당히 진부한 방식이다.

한한에 대해 이야기하려면 먼저 『삼중문』으로 들어가야 한다. 2000

년에 17세에 불과한 작가가 발표한 이 장편소설은 화두 그 이상이었고 우리나라를 비롯해 독일, 일본, 싱가포르 등에서 번역되기도 했다. 줄거리는 다소 단순하지만 17세가 쓴 자서전적 소설이라는 선입견은 버리고 읽는 게 좋을 것이다. 이 소설은 문학적 감수성을 지닌 주인공 임우상(林雨翔)의 중학교와 고등학교 시절을 다루고 있는데 그 줄거리를 잠깐 살펴보면 이렇다.

한한

주인공은 잡지사에 근무하는 아버지 덕분에 이미 어린 시절에 고전을 두루 섭렵했고, 빼어난 감수성과 지적 능력을 지닌 채 중학생이 되면서 대학 진학, 미래 행복, 또는 성공의 보증수표를 꿰차기 위해 가정과 사회, 학교의 소용돌이 속으로 들어간다. 개혁 개방이 되자 기업으로 떠나간 선생들과 달리 자비로 책을 출판한 경력 때문에 어문 교사가 된 문학반 담임 마덕보(馬德保) 선생은 임우상에게 고문(古文) 인용이 곧 문학의 능력이라고 가르치고, 창작에 도움을 주기보다는 전국대회에서 문학상을 받기 위해 뇌물을 쓰는 사이비 선생이다. 문학반 친구 라천성(羅天誠)과 함께 소풍을 간 임우상은 문학반 대표 심계이(沈溪爾)의 단짝 친구이자 캐나다 유학을 다녀온 수잔을 만나 서로 연정에 빠진다. 하지만 진학이라는 멍에를 메고 '청화대학(淸華大學)'을 위해 서로 시간과 감정을 아낀다. 어머니는 매일 밤 마작으로 집을 비우고, 아버지는 어머니를 만나기만 하면 이유 없이 다투지만 그것 또한 개의치 않는 모양이다. 임우상은 수잔처럼 좋은 고등학교에 들어가고 싶지만 실력이 모자라 시험에서 떨어지고, 부모가 뒷돈을 낸 덕분에 고등학교에 진학한다. 그런데 뜻밖에도 수잔 역시 시험에 떨어지고 만다. 자기 뜻과 달리 체육 특기생으로 진학한 임우상은 기숙사 생활을 하지만, 왜곡된 학교 제도와 형편없는 환경에 적응하지 못한 채 반성문을 쓰는 등 생활은 점점 지쳐간다. 또 잘생기고 똑똑해서 방송반에 뽑힌 전룡(錢龍)에게도 경쟁심과 열등감을 느낀다. 의욕을 가지고 들어간 문학반에서도 소속감이나 창의적인 활동은 전무했고, 수잔에게 남자 친구가 생겼다는 소식을 듣고는 더욱 침통해하며 기숙사 규칙을 어기고 시내를 방황한다. 게다가 우연히 구입한 녹음기가 불량 선배가 도둑질한 것임을 고발하지만, 도리어 전룡에게 무단으로 외출한 것이 들통 나 학교로부터 처벌통지를 받게 될 상황에 놓인다. 이때 수잔과 전화 통화를 한다. 방황하는 임우상의 장래를 걱정해 라천성과 심계이가 수잔에게 남자 친구가 생겼다는 거짓 소문을 냈다는 사실을 알아차린다. 친구들은 임우상을 위해 이런 행동을 했지만, 이 일은 공부나 문학에 대한 의욕을 상실한 채 살던 임우상을 더욱 추락하게 한다.

이렇게 삼중문은 학교 문 구조로 주인공 임우상을 통해 작가가 하고 싶은 이야기를 토로하는 소설이다. 즉 오늘날 중국 학교와 교육문제, 그리고 이 문제에 대한 가정의 고민을 상징적으로 표현한 것이다. 이 소설에 대한 평가는 실로 다양한데, 많은 사람은 삼중문이 상징하는 교육제도에 대한 비판에 초점을 맞춘다. 주인공이 학교로 다시 돌아가야 하나 말아야 하나, 하는 고뇌를 독백처럼 쏟아내는 장면이야말로 이 소설이

학교와 사회에 대한 통렬한 비판이라고 평가한 것이다.

　이 소설을 다 읽으려면 엄청난 집중력을 요구한다. 상상도 못 했던 엄청난 고전을 인용하기도 하고, 또 수많은 인물이 등장하기 때문이다. 고문과 인물은 작가가 이야기를 펼쳐가면서 적절한 비유로 적절한 곳에 등장시키는데, 공자를 비롯해 춘추전국시대 인물은 물론이고 진나라, 한나라, 당나라, 송나라, 명나라, 청나라 인물 등 그는 누구도 빠져나갈 수 없다는 듯이 학자, 소설가, 정치가 등을 출몰시킨다. 이뿐만이 아니라 노신을 비롯해 근현대 작가와 작품도 나오고, 모택동, 클린턴 대통령, 헤르만 헤세도 등장한다. 외국 소설과 사상과 철학도 다소 무분별할 정도로 소개하고, 대중가수도 등장하고 배우도 등장한다.

　그러나 이렇게 직유나 은유로 내용을 구사해도 소설의 긴장감만은 살리지 못했다는 평가도 있다. 하지만 어느 평론가의 말처럼 '고전의 걸출한 메뉴'와 '외국 명인이 나열된 이색 식단'이라는 점만은 분명하다. 17살 소년이 쓴 장편소설이라고 하기에는 의문이 들고, 또 문장 틈마다 녹아 있는 고전의 향기를 보면 이 소설이 '그저 그런' 천재 작가의 작품이 아니라 '신이 빚어낸' 작품이라고 해도 좋을 것이다.

　한한은 도대체 얼마나 많은 독서를 했고, 정말 이 책에 나오는 인물을 자유자재로 구사할 정도로 엄청난 지식을 겸비했을까? 이런 의문과 그의 성공을 보면서 우리나라를 생각하면 착잡한 마음뿐이다. 어린이와 청소년은 권장도서가 아니면 책을 읽지 않고, 독서가 곧 논술이라는 생각으로 책을 읽는 우리 현실이 떠오르니 말이다. 우리에게도 '삼중문'은 엄연히 존재하는데『삼중문』은 나오지 않고 있다. 그런 천재는 중국만의 특산품인가? '논술을 위한 글짓기', '청소년이 꼭 봐야 할 한국 소설'처럼 '꼭 봐야 할' 시리즈 안에서 자유롭지 못한 것이 못내 아쉽다.

한한은 실제 소설처럼 자퇴한다. 학교 제도라는 문을 탈출해서 사회에서 성공한 것이다. 대학 문턱도 밟지 못한 그가 20세기 최고의 작가와 비교되고, 21세기 최고의 베스트셀러 작가로 떠오른 것은 학교 탈출이 있었기에 가능했던 것일까?

오랜만에 대박 난
유승준에게 미안해

-
-
-

2011년 4월, 인터넷 뉴스를 보다가 깜짝 놀랐다. "'나, 죽지 않았어' 유승준, 中 영화 10일 만에 6천만 '대박'"이라는 스포츠서울 제목이 보였기 때문이다. 6천만 관객을 동원하다니, 이런 기적이 있을까? '중국 소후닷컴 등 주요 외신은 유승준이 주연으로 출연한 영화 〈경한2〉가 개봉한 뒤 10일 만에 6천만 관객을 동원했다고 보도했다.'라는 기사 전문을 보고 나니 이해가 됐다. 그러나 이런 '유승준 대박'이라는 기사가 하나뿐이었다면 그냥 웃고 넘어갈 수 있었다. 그러나 줄줄이 유승준 기사가 뜨고, 네이버와 다음 등 포털은 해외 연예 머리기사로 재빨리 배치했다.

유승준 주연 中 영화 〈경한2〉 개봉 10일째 6천만 관객 50억 수입 '잭팟'(뉴스엔)

유승준, 中서 배우로 입지, 〈경한2〉 흥행(스타뉴스)

유승준, 中 영화 〈경한2〉로 흥행배우, 6,000만 명 동원(이데일리)

유승준, 악역 맡은 中 영화 10일 만에 6천만 관객 달성(매일경제)

유승준, 中 영화 〈경한2〉 대박 행진 '6천만 관객 동원'(티브이데일리)

유승준, 중국 영화배우로 뿌리내렸다(뉴시스)

유승준 주연 영화〈경한2〉개봉 10일째 6천만 관객 50억 수입 올려(아주경제)

유승준, 유승준, 유승준. 제목만 보면 유승준은 말 그대로 대박이다. 그런데 이 관객 수는 기본적으로 말이 되지 않는다. 아무리 중국 인구가 13억이라고 해도 우리나라 전체와 맞먹는 인구가 영화관을 찾았다는 것은 상상을 초월하는 일이다. 유승준을 의도적으로 불러와 국민적 공분을 또다시 뉴스 마케팅에 썼다고밖에는 볼 수 없다. '6천만 관객 50억 수입'도 성립하지 않는 말이다. 관객이 공짜로 영화를 보는 것도 아니고 6천만 명이나 봤다면 50억 수입에 그칠 리가 없다. 또 단위가 한국 돈인지 중국 인민폐인지도 표기하지 않고 그냥 애매하게 '원'으로만 표기했으니 모두 헷갈렸을 것이 틀림없다. 현장을 모르고 인터넷에 올라오는 외국 언론 기사만 보고 기사를 쓰니 당연한 일이다.

그들은 중국 인터넷 기사를 보고 머릿속으로 상상해서 썼을 것이다. 개봉 10일 만에 중국 돈 3천만 원의 수입을 올렸다는 보도는 대체로 맞고, 그러니까 우리 돈 50억 수입이 맞는 말이다. 그러나 50억 수입을 '잭팟'이라는 제목까지 갖다 붙일 사안은 아니다. 오류를 그대로 계산하면, 6천만 관객 곱하기 관람료 50원은 30억 원이고, 30억 원 곱하기 168(당시 환율)을 하면 우리 돈 5,000억 원이 되는 셈이다. 이런 오류가 정말이라면, 유승준은 정말 '잭팟'을 터트렸다. 중국에서 최대로 흥행한 영화〈아바타〉가 3천만 관객을 돌파했을 정도인데, 그 2배 흥행을 단 10일 만에 올렸다면 기적 같은 잭팟이 맞다. 한국 매체는 유승준에게 잭팟을 선물한 것이다.

사실 이렇게 헷갈리는, 무책임한 오보는 중국 영화산업의 특성을 잘 몰라서 벌어진 일이다. 중국 영화산업의 계산법은 우리와 다르다. 우리는 관객 수를 기준으로 하지만 중국은 표방(票房), 즉 관객 입장 수입인 돈을 기준으로 한다. 그러니 6천만은 관객 수가 아니라 관객 입장 수입이고, 그러면 정확

유승준

하게 중국 돈으로 6천만 원이 된다. 이를 당시 환율로 계산하면 100억 원이 조금 넘는다. 중국 방식을 우리 방식대로 계산하면 대충 100만 관객 정도가 영화를 봤다고 생각하면 무난할 것인데, 이걸 60배나 뻥튀기한 것이다. 13억이라는 중국 인구에 대한 선입견은 버려야 한다. 앞으로 극장이 더 많아지고 관객도 늘어날 것은 틀림없지만 아직은 아니다.

그나마 '유승준 中서는 잘 나가네, 새 영화 대박'이라는 마이데일리 기사는 '6천만'이라는 관객 이야기를 하지 않아서 다행이고, 맨 처음으로 유승준 기사를 내보낸 경향신문도 6천만이라는 내용은 없었다. 시간 순으로 보면 원흉은 스포츠서울인 듯하고, 그 이후 줄줄이 낚여서 뉴스 패턴도 대체로 비슷하다. 중국 영화계의 큰손인 중국영화집단(中國電影集團)이 〈경한2〉를 배급하고 있으니 그만큼 관객 동원은 유리했을 것이다. 그럼에도 불구하고 주간 관객 동원 순위는 5위에 그쳤으니 당연히 잭팟은 아니다.

〈경한〉이 흥행에 성공하자 이어서 제작한 〈경한2〉보다 더 인기 있는 영화는 많았다. 그리고 1편에 출연한 배우 가운데 류엽(劉燁)만 남고 인기 배우 손홍뢰(孫紅雷)와 황추생(黃秋生)은 2편에서 빠졌고, 드라마 〈포청천〉에 등장했던 대만 배우 초은준(焦恩俊)과 미스 인터내셔널 장재림(張梓琳), 유승준까지 투입됐지만 흥행은 전편에 미치지 못했다. 언론에서는 유승준을 '악역으로 어울린다.'라거나 '엄청나게 노력해 몸을 가꿨다.'라고 하지만 아직 배우로 인정하기는 어려워 보인다.

기사를 쓰다 보면 오보가 날 수도 있고 오타가 날 수도 있다. 하지만 온라인 매체에서 중국 관련 기사는 갈수록 오류가 심각해지고 있다. 예전에는 중국 상해에서 열린 게임박람회 도우미 사진을 게재한 후 '부패하고 타락한 게임 피시(PC)방'이라고 보도한, 웃지 못할 오보도 있었다. 한국 언론이 중국의 오보 기사를 사진까지 긁어다 보도한 것인데 정말 코미디에 가깝다. 물론 중국 기사만을 그렇게 하는 것은 아니겠지만, 언론매체의 온라인 뉴스 생산 시스템이 과도한 경쟁에 휘말려 얼토당토않은 기사를 번역해 싣는 짓은 이제 그만두기를 바란다.

지금 유승준은 성룡(成龍)이 만든 엔터테인먼트그룹이자 홍콩 주식거래소에도 상장된 성룡그룹(JC Group)에 소속된 후 영화 10여 편과 드라마에 출연하고 있다. 앨범을 내기도 했지만 가수로는 별로 재미를 못 봤고, 성룡과 만난 후부터는 배우로 입지를 다지고 있는 듯하다. 데뷔작인 〈대병소장(大兵小將, 2010)〉과 〈12생초(十二生肖), 2012〉에서는 성룡과 함께 출연하기도 했고, 조직폭력배, 해적 두목, 적군 대장 등 악역과 조연을 오가며 몸매에 어울리는 캐릭터를 소화하고 있다. 최근에는 미국과 합작한 영화에 출연하기도 했다. 만약 중국에서 배우로 성공한다면 영원히 거부될지도 모를 조국에 입국하게 될 날이 올지도 모르겠다.

오랜만에 유승준이 한국 언론에 대문짝만하게 실렸는데 이런 글을 써서 미안할 따름이다. 가수로나 배우로나 중국에서 성공한다면 굳이 비난할 이유는 없고, 우리에게는 군대 문제가 크지만 그가 선택한 중국에서는 '병역의무'가 없으니만큼 가짜 6천만이 아닌 진정한 6천만 관객 앞에 서기를 바란다. 또 가끔 좋은 영화로 우리 극장에도 등장하기 바란다. 영화 자체를 입국 거부할 이유는 없을 테니 말이다.

마르지 않는
이야기 샘, 삼국지

-
-
-

중국에서 『삼국지』만큼 유명한 역사 이야기는 없다고 해도 지나치지 않는 말일 것이다. 영화와 드라마는 물론이고 만화, 소설, 애니메이션, 게임 등에서도 『삼국지』를 소재로 삼으면 흥행보증수표나 다름없으니 말이다. 원말 명초의 소설가 나관중(羅貫中)이 『삼국지통속연의(三國志通俗演義)』를 발표한 이후 아마 가장 많이 인용된 상품일 것이다.

2008년에는 유덕화와 홍금보가 출연한 영화 〈용의 부활〉이 화제였고, 2008년과 2009년에 오우삼 감독이 만든 영화 〈적벽대전〉 1편과 2편도 대단한 화제였다. 고희희(高希希) 감독은 2010년에 만든 총 95편의 대형 역사 드라마 〈삼국〉이 성공하자 〈삼국-관운장〉과 〈삼국-형주〉을 시리즈로 이어가고 있다. 특히 제작비가 인민폐 2억 원(약 400억 원)이나 투자되는 〈삼국-형주〉에는 쟁쟁한 배우가 대거 출연한다. 견자단, 양조위, 여명, 장진, 주윤발, 유덕화, 섭원, 고거기, 임지령, 소유붕 등 가히 메가톤급 배우가 출연해 계속 성공으로 돌진할 기세이다.

어린 시절에는 만화나 소설로 밤을 새우며 읽었고, 심하면 꿈속에도 나타나던 『삼국지』 이야기가 수백억이라는 자본이 투입되어 화려한 문화산업으로 탄생했으니 흥분할 만도 하다. 그리고 영화는 구성이 탄탄해야 하니 『삼국지』만큼 재미있는 이야기와 완전한 소재는 다시없을 것이다. 그러나 『삼국지』 인상이 이미 독자들 머릿속을 차지하고 있기 때문에 영화의 한계가 될지도 모르는 일이고, 모두 아는 이야기에 제작비를 쏟아붓는다고 성공한다는 보장도 없다. 그래서 그런지 요즘에는 광범위한 이야기를 모두 담기보다는 조자룡에게 초점을 맞춘 〈용의 부활〉, 적벽대전에 초점을 맞춘 〈적벽대전〉, 그리고 관우와 주유가 형주를 놓고 쟁패하는 〈삼국-형주〉 등으로 세분해 영화를 만들고 있다. 이는 『삼국지』 전반에 흐르는 지략과 전투, 천하를 삼분해가는 전략과 술수, 민중에 대한 사랑 등을 맛보고 싶어 하는 까다로운 관객을 생각했기 때문일 것이다.

사실 『삼국지』에 대한 중국 대중의 폭발적인 관심은 2006년 이중천(易中天) 교수의 강의 열풍이 그 시작이다. 그는 중국중앙방송국 강의 프로그램인 〈백가강단(百家講壇)〉에서 『삼국지』를 품평하는 〈품삼국(品三國)〉 강의로 대중적 인기를 누린다. 그는 이 프로그램에서 소설 『삼국지』를 풀어내며 진수(陳壽)의 정사 『삼국지』와 비교하거나 배송지(裴松之)의 해설서를 인용하며 흥미진진하게 강의한 것이다. 한 편당 약 30분으로 26시간 분량의 52편 강의는 책으로 출간돼 즉시 베스트셀러가 되었고, 우리나라에서도 『삼국지 강의』라는 제목으로 번역됐다.

오늘날과 같이 대중문화가 발달하지 않았을 때 『삼국지』를 가장 잘 소화한 것은 경극이다. 경극은 청나라 말기 안휘성 출신 배우들이 대거 북경으로 올라와 공연한 무대극을 말한다. 그래서 『삼국지』를 비롯해 소설과 전설과 신화는 경극 무대와 만났고, 악기 연주와 의복과 무용이

중국 영화의 아버지, 임경태

결합해 지금의 북경 오페라를 창조한 것이다. 아편전쟁과 태평천국의 난으로 말미암아 나라가 점차 몰락해가던 시대에도 경극은 심금을 울리던 대중문화였다. 처음에는 고관대작의 전유물이었지만 점차 서민들 품으로 파고들어 최고의 인기를 누렸던 것이다.

당시 북경에서 가장 인기를 끈 경극은 〈정군산(定軍山)〉이다. 한중(漢中) 땅에 있는 정군산은 삼국시대 촉나라와 위나라가 전투를 벌이던 장소이다. 북벌을 지휘하던 제갈량과 유비가 등장하고, 촉나라 오호장군 황충과 엄안은 이곳에서 위나라 장수 장합, 하후연과 전투를 벌인다. 노익장을 과시하며 하후연의 목을 벤 황충이 크게 웃으며 끝나는 경극으로, 경극에 맞게 각색한 『삼국지』 목록 가운데 70회와 71회이다.

경극 〈정군산〉은 중국 영화의 아버지라 일컫는 임경태(任慶泰)의 관심을 끈다. 그는 일본에서 사진과 영화를 배운 후 돌아와 사진관을 운영하고 있었는데 당시 유명한 경극 〈정군산〉을 우연히 보고 담흠배(譚鑫培)의 연기에 빠져들고 만다. 중국인의 삶이 깃든 영화를 만들고 싶어 하던 자신의 생각과 맞아떨어진 것이다. 담흠배는 동치제와 광서제 때 13절(同光十三絶) 가운데 하나이고, 또 아버지 담지도(譚志道)를 이어 담파(譚派)를 창시한 사람이다. 담파는 경극 명문가인 이원세가(梨園世家) 가운데 한 집안으로 현재까지 7대째 내려오고 있다. 주로 나이 든 배역 노생(老生)이나 무술에 능한 배역 무생(武生)에서 탁월한 연기력을 보여주는

정군산, 경극

경극 파벌 중 하나이다. 이원세가 가운데 매란방으로 유명한 매파(梅派)가 남자로서 여자 배역을 맡는 정단(正旦) 연기에 최고인 것과 비슷하다. 경극에는 수많은 배역이 있고 배역마다 그 이름이 있다.

임경태는 전문(前門) 외곽 대책란(大栅欄)에 영화관 대관루(大觀樓)를 설립하고, 경극 〈정군산〉을 제자이자 촬영사인 유중륜(劉仲倫)과 함께 3일 동안 촬영한 다음, 최초의 중국 영화 〈정군산〉을 30분 흑백영화로 상영한다. 현재도 경극 〈정군산〉은 공연 시간이 1시간가량 된다. 이렇게 경극 배우 담흠배는 최초의 중국 영화배우가 됐으며, 임경태 역시 최초의 제작자 및 배급사, 촬영감독이 된 것이다.

영화 〈정군산〉이 탄생하게 된 배경이 영화로 제작되기도 했다. 2000년 호안(胡安) 감독의 〈서양경(西洋鏡, Shadow Magic)〉과 중국 영화 100

주년을 기념해 만든 2005년 〈정군산〉이 바로 그것이다. 특히 2005년 〈정군산〉에는 담흠배의 증손자이자 계승자인 담원수(譚元壽)가 직접 출연했다. 또 중국 정부는 2005년 '중국 영화 탄생 100주년'을 맞이해 기념우표를 발행한다. 우표 도안에는 당연히 경극 〈정군산〉에서 황충 역을 맡은 배우 담흠배가 있다. 영화 제작자보다 배우가 훨씬 더 주목받고 있으니, 이게 바로 삼국지의 힘이기도 하다.

경극 소재는 『삼국지』는 물론이고 『수호지』, 『서유기』도 있고, 백사전과 같은 전설도 인기 절정의 경극 목록 가운데 하나이다. 임경태는 담흠배를 만나 〈삼국지〉를 중국 최초의 영화로 기록했고, 100년을 넘긴 중국 영화산업이 〈삼국지〉에 열광하는 것은 세계 시장에서도 충분히 경쟁력이 있다고 보기 때문이다. 그리고 역사나 문화로부터 찾아온 원형을 소재로 사용하는 것도 중요하지만, 좀 더 탄탄한 준비, 감동과 재미가 풍부한 영화를 만들기 바란다.

중국 영화는 이곳에서
세계로 향한다

-
-
-

　영하(寧夏)회족자치구 소재지 은천시에서 30여 킬로미터 떨어진 황량한 벌판에는 진북보(鎭北堡) 고성이 있다. 흙으로 담을 쌓은, 오래된 이 보루는 지금 유명한 영화 세트장이 되어 있는데, 중국 서부 황야에 자리 잡고 있어서 화하서부영화성(華夏西部影視城)이라 불리는 이곳은 토담을 있는 그대로 보존한 채 만들어 관광지로도 유명한 곳이 되었다. 중국 3대 영화 세트장 가운데 하나이고 우리나라 드라마 〈선덕여왕〉도 이곳에서 촬영했다. 입구에 서면 '중국 영화는 이곳에서 세계로 향한다(中國電影從這裡走向世界).'라는 거창한 문구가 눈에 들어온다.

　이 영화성은 크게 3부분으로 신중국, 명나라, 청나라로 나뉘어 있다. 온종일 봐야 할 정도로 넓고 중국을 대표하는 영화감독 장예모는 '신비한 보물의 땅'이라고 극찬한 적이 있다. 안으로 들어가면 유명한 인민해방군 출신 배우 주시무(朱時茂)가 1982년에 주연한 영화 〈목마인(牧馬人)〉 세트가 가장 먼저 보인다. 이 영화가 중국 3대 영화제 가운데 하나인 백화장(百花獎) 영화제에서 최우수 극영화상을 받자 이곳은 유명해진다. 그래서 그런지 영화 배경이 된 농촌 모습이 잘 보존돼 있고 백마도 자리를 굳건히 지키고 있다. 집마다 신문지가 벽지를 대신하고 있으며, 모택동 사진도 방에 붙어 있으며, 침실과 부엌도 옛날 모습 그대로이며, 주연배우와 감독 사진도 벽에 걸려 있으며, 최신식 텔레비전에서는 예전 영화가 흘러나오고 있었다.

문화대혁명 시대를 잘 보여주는 남진혁명위원회 마을은 당시 모택동 정권의 혁명이론과 사상이 시골까지 뿌리박고 있었다는 사실을 잘 보여주고 있다. 장국영, 갈우, 장풍이, 공리 등이 출연한 진개가 감독의 〈패왕별희(霸王別姬)〉도 이곳에서 촬영했다. 그때 촬영 장면을 찍은 사진이 한쪽 벽면에 걸려 손님을 맞이하고 있다. 공리와 갈우를 주연배우로 해서 중국 근현대사를 그린 장예모 감독의 〈활착(活着)〉도 이곳에서 촬영했다. 〈활착〉은 우리나라에서 〈인생〉이란 제목으로 개봉했고 중국에서는 상영금지 영화로 분류돼 있다. 영화 중간에 나오는 그림자극도 감동적이었고 기나긴 인생 이야기도 잘 묘사했지만 공산당의 치부가 드러나는 부분도 많기 때문이다.

마을 식당과 새빨갛게 칠해진 부대 지휘부도 보이고, 본디 소나 말을 기르는 외양간이었지만 문화대혁명 때 자본주의 노선을 따르는 주자파(走資派)나 반혁명 지식분자를 가둬두던 우붕(牛棚)도 보인다. 혁명을 선동하던 책상 앞에서 사람들이 사진을 찍기도 하고, 책상 위에는 모 주석의 빨간 어록이 놓여 있다. 모 주석의 만수무강을 기원하는 구호가 적힌 광장은 예전에 주민들을 모아놓고 선전과 선동을 하던 공간이다. 이곳에 반동분자 모형을 만들어 놓고는 목에 '반혁명분자 타도'라는 팻말을 걸어 놓았다. 소위 인민재판이 벌어지고 있는 장면이다.

지금은 문화혁명 때 사회 모습을 살펴볼 기회가 많지 않다. 그러나

인민재판

　이곳은 촬영장이라 그런지 비교적 상세하게 고증해 놓은 곳이 많아 생생한 역사 현장을 보는 느낌이다. 난무한 선전 구호와 펄럭이는 오성홍기, 파란 하늘을 가를 듯이 펄럭이는 깃발을 보고 있으면 중국 현대사의 질곡을 체감하고도 남을 듯하다.
　명나라 세트장인 명성(明城) 안에도 이곳에서 촬영한 영화와 드라마 포스터가 붙어 있고, 촬영 당시 세트도 곳곳에 보존돼 있다. 전쟁 장면이 많아서 그런지 무기가 많이 보인다. 이곳도 영화 속 감동을 자아내기에 충분한 곳이고, 그중에서 가장 인상적인 곳은 〈신용문객잔〉 촬영 장소이다. 앙상한 가지만 남은 나무와 객잔 모습이 잘 어울려 있고, 말과 낙타 같은 동물, 칼과 창 같은 무기도 그대로 널려 있어서 그 시대를 음미하며 영화를 반추할 수 있다.

이곳에서 보루를 하나 넘어가면 분위기가 다소 바뀐다. 갑자기 거미귀신인지 흡혈귀인지는 모르겠지만, 아무튼 그런 영화를 찍었다는 곳이 나타난다. 조금 더 지나면 낯익은 영화가 반갑게 맞이한다. 1988년에 제작된 〈홍고량(紅高粱)〉이다. 공리를 세계적인 배우로 탄생시킨 영화로 우리나라에서는 〈붉은 수수밭〉으로 알려진 영화이다. 영화에 나오는 월량문(月亮門)도 그대로 보존돼 있고 공리가 살던 집과 이불, 시집갈 때 탔던 마차, 술 제조하는 항아리와 창고도 잘 보존돼 있다. 리얼리티를 살리기 위해 직접 술도가를 만들어 술을 빚었다고 하니, 역시 좋은 영화는 그냥 나오는 게 아닌가 보다. 이곳 술도가는 우리나라 드라마 〈선덕여왕〉을 촬영한 곳이기도 하다. 주인공 유모가 장사하던 곳으로 주인공이 어릴 때 이곳에서 성장하는 장면을 촬영했다.

명나라 세트장에서 100미터 가량 떨어진 곳에 청나라 세트장이 있다. 주로 청나라 말기부터 중화민국을 배경으로 만들어 놓았다. 성곽에 중화민국 국기가 걸려 있는 것을 시작으로 문을 지나면 청나라 때 거리가 마치 풍물전시장처럼 조성돼 있다. 만두와 닭고기를 비롯해 다양한 먹을거리, 염직과 구두수선 등이 즐비한 서민적인 거리 모습이다.

2006년에 제작된 드라마로 인기가 많았던 〈교가대원(喬家大院)〉 세트장도 보인다. 산서성 평요(平遙)를 배경으로 장근근(將勤勤)이 주연한 드라마로 청나라 말기 상인 집안 이야기를 다룬 것이다. 장근근은 이 드라마로 최우수 인기 여배우상을 받은 1급 배우로 성장했다. 2004년경 천진에서 직접 만나 인터뷰한 적이 있다.

이 영화성은 유명 소설가이자 사업가이기도 한 장현량(張賢亮)이 조성한 곳이다. 그는 영화 세트장을 고부가가치 문화산업으로 판단하고 황량한 이 땅을 중국 대중문화의 기반이 되는 곳으로 탈바꿈시킨 것이다. 이런 선견지명 때문에 지금은 수많은 영화가 제작되어 중국 영화의 미래를 열어가고 있다. '중국 영화는 이곳에서 세계로 향한다'는 메시지처럼 말이다.

한류를
비아냥거리는 중국

-
-
-

 2012년 7월, 한류 콘서트가 중국 수도 북경에서 열렸다. 외국인에게는 최초로 6만 명을 수용하는 축구장 공인체육장(工人體育場)이 한국 가수에게 문을 열었다. 중국 문화부가 '한중수교 20주년 기념'으로 공연을 허가했는데, 이건 중국 측에서 주최했기 때문에 가능한 일이다.

 예상보다 입장권 판매가 저조하다는 주최 측 걱정치고는 꽤 많은 인파가 몰렸다. 걸 그룹 포미닛(4Minites)이 연분홍과 연하늘색 옷을 입고 마치 천사처럼 등장했고, 이어서 미쓰에이(miss A)가 등장했다. 인기가 절정에 오른 수지는 오지 않았지만 '뱃걸굿걸(Bad Girl Good Girl)'이 나오자 관객은 노래와 춤을 따라 하며 같이 즐겼다. 투에이엠(2AM) 역시 첫 중국 공연치고는 관객 반응이 놀라웠다. 예능을 통해 상당히 알려진 조권과 가인이 무대에 오르자 분위기가 확 바뀌었다. 그들은 '우리 사랑하게 됐어요'를 불렀는데, 이 노래도 이미 중국 제목으로 소개된 노래였다. 마지막은 브라운아이드걸스(Brown Eyed Girls)였다. 화려한 조명과 그에 어울리는 댄스 퍼레이드로 히트곡 '아브라카다브라'를 열창했고 관객들 반응도 상당히 좋았다.

중국에서 콘서트 입장권 가격은 꽤 비싼 편이다. 이번 콘서트 역시 꽤 비싼 편이고 무대와 가장 먼 자리부터 인민폐로 180원, 280원, 380원, 480원, 680원, 880원, 심지어 1,280원(약 24만 원)에 이르는 것도 있다. 그리고 이날 공연은 입장권 판매가 매우 저조했기 때문에 상당히 많은 관객이 무료로 입장했다. 주최 측인 중국국제여행사(China International Travel Service, 약칭 CITS)는 한중수교 20주년을 명분으로 의욕적으로 준비했지만 참패하고 말았다. 대략 10억 원이나 적자를 봤다고 하니 당분간 한류 콘서트는 중국에서 보기 어려워 보인다.

1999년 가을에 『북경청년보』는 '한국의 유행이 밀려온다'는 기사를 게재했다. 한류라는 말을 처음 쓴 사람도 『북경청년보』 기자이다. 당시 한국 드라마와 음악 등이 유행처럼 밀려오고, 한국 가수 콘서트에 중국 여학생들이 과민하게 반응하자 이를 우려해서 쓴 기사이다. 그러니 다분히 부정적이고 비아냥조일 수밖에 없었다.

양국 수교 이후 〈질투〉를 시작으로 한국 드라마가 중국에 소개되기 시작한다. 당시 중국 방송은 구조개혁을 하면서 채널을 다양화했고, 부족한 콘텐츠를 수급하기 위해 편성한 한국 드라마가 의외로 인기를 끈 것이다. 또 북경 라디오의 〈서울뮤직〉을 통해 한국 음악이 알려지면서 에이치오티(HOT), 클론 같은 그룹이 중국에서 콘서트 붐을 일으켰다.

중국에서 한국 드라마와 음악, 콘서트, 영화 등 대중문화산업이 시장을 확보하자 한국에서도 투자환경이 조성되기 시작한다. 대중문화산업과 자본이 결합하면서 경쟁력을 가지기 시작하자 이는 또 한류의 세계 진출로 이어지는 밑거름이 된다. 드라마 〈대장금〉의 열풍은 대중문화에서 벗어나 패션, 음식, 언어 등 다양한 분야까지 중국 시장으로 진

2012년 7월 북경 공인체육장에서 열창하는 포미닛

출하는 기반이 됐다. 2014년 초에는 〈별에서 온 그대〉가 다시 한 번 중국을 떠들썩하게 했다.

2014년 양회(兩會) 기간인 3월 5일, 왕기산(王岐山) 중앙기율위원회 서기는 드라마 〈별에서 온 그대〉를 언급한다. 한국 언론들은 '새로운 한류의 시대'가 왔다고 떠들어댔지만 그의 정확한 말투와 중국 언론을 자세히 살펴보면 꼭 그렇지만은 않다. 우리 언론이 보도한 대로 '전인대에서도 화제가 된' 것과 '칭송'했다는 기사는 그럴듯해 보이지만, 꼼꼼히 살펴보면 중국 평론가의 한류에 대한 부적절한 편견과 오래 묵은 질투가 배어 있는 기사이다.

중국에서는 전국인민대표대회(전인대)와 전국인민정치협상회의(정협)가 열릴 때마다 화제가 만발해서 전국적 정치축제 또는 정책홍보의 장으로 점점 자리매김하고 있는 실정이다. 양회 기간에는 성마다 업무

보고대회도 열리는데 이날은 북경시 차례였다. 분위기가 화기애애했다고 전해진 이날 보고대회에서 북경인민예술극원 원장의 지루한 문화부문 보고가 이어지자 북경시장을 역임했던 왕기산이 갑자기 끼어들어 농담처럼 이야기를 시작한다.

"지금 인터넷에서 유행하는 드라마 봤는가? 거 별……. 뭐더라?"

이런 말로 화제를 꺼내며 머뭇거리자 뒤쪽에 있던 사람이 작은 소리로 '별에서 온 그대'라고 말했다. 왕기산은 웃으며 말을 이어 나갔다.

"왜 한국 드라마가 중국에서 인기 있는가 하는 문제를 생각해 봤다. 한국 드라마의 핵심과 영혼은 역사와 전통문화의 승화라고 본다."

이렇게 말한 왕기산은 전통문화에 대해서도 명확하게 덧붙였다.

"가정생활의 소소한 일이나 고부 갈등, 그리고 윤리와 삼강오륜 같은 주제를 말한다."

그는 유교적 전통을 말하고 싶었던 것일까? 중국 대중문화에도 유교적 내용을 담아내면 좋겠다는 뜻으로 들릴 수 있는 말이다. 중국 지도자들은 한동안 잊혔던 공자를 인민들에게 널리 알리기 위해 노력하고 있고, 또 전 세계에 중국 문화 전파를 목적으로 '공자학원'을 설립하고 있다. 될 수만 있다면 국교로 삼고 싶은지도 모른다. 삼강오륜 속에 담긴 역사적 전통은 중앙집권적 통치에 가장 알맞은 사상이기 때문이다.

중국 언론 신보(晨報)는 〈별에서 온 그대〉에 묻어 있는 유교적 전통을 '중국의 전통문화 승화'로 단정하며 보도했다. 중국 또는 중화가 만들어낸 역사전통을 한국이 가져가서 드라마로 승화했다는 논리이다. 이는 중국에서 한류와 관련된 것을 평가할 때 아주 오래전부터 등장한 관점이다.

2006년 11월, 신화사에서 문화평론가 장국도(張國濤)는 당시 〈대장금〉

대장금

열풍에 대해 '기적에 가깝다'고 조롱하며 '한국의 문화적 배경은 중국만큼 심오하지 않다'고 했는데, 요지는 창피하다는 것이었다. '한국 드라마는 중국에서 십 년이나 건재한가?'라는 제목의 기사에서 '중국과 서로 닮은 생활방식과 행동준칙, 윤리 관념은 유교문화'이고, 한국 드라마는 '한국 민족의 문화적 약세를 모면하기 위한 것'이자 '동양문화 전체의 힘을 빌려 서양문화와 대항하려는 것'이라고 평가했다. 평론가 수준이 지극히 감상적이다.

최근에는 자성의 목소리도 많다. 중국신문망(中國新聞網)에서 문화평론가 양흥동(楊興東)은 '문화는 경계가 없고, 품질 문제이기 때문에 심사나 제도의 개혁, 선진화된 창작환경이 필요하다'고 주장했다. 심사가 까다롭다는 문제를 지적하며 전통문화 보호라는 구호로 온 세상을 시끄럽게 할 필요가 있느냐는 자조 섞인 반성이다. 항상 '어느 나라 사람이냐? 당신의 유전자는 무엇이냐?'라며 심사 때마다 까다롭게 지적하는 정책결정권자를 비판하는 말이다.

왕기산은 〈별에서 온 그대〉를 꺼내 들고 좋은 대중문화를 만들면 좋겠다는 메시지를 전달하고 싶었을 것이다. 그러나 중국 유전자에 맞지 않는 이야기와 정부 입장에 반대하는 소재나 주제에 대해서는 만리장성을 쌓고 있는 중국 정책이야말로 글로벌 유전자와 어울리지 않아 보인다. 정치 지도자가 삼강오륜을 잘 담고 있는 한국 드라마처럼 만들면 좋겠다는 인식을 버리지 않는 한 중국 대중문화 발전은 요원해 보인다. 1980년대 독재정권 시절, 민주주의가 보장되지 않았던 우리나라에서 왜 좋은 드라마가 나오지 않았는가를 한번 생각해 보면 답은 쉽게 나온다. 13억 인민이 보는 중국 드라마는 〈별에서 온 그대〉보다 시청자가 훨씬 많다. 하지만 지금처럼 중국 지도자가 유교적 관념에서 벗어나지 못한다면 중국 문화는 중국 밖으로 한 발자국도 나가기 어려울 것이다.

한류라는 이름을 지어준 중국에서 우리나라의 대중문화가 지속적으로 발전하고, 그런 만큼 중국의 대중문화도 자연스럽게 우리나라로 진입했으면 좋겠다. 서로 비슷하게 교류하며 경쟁적으로 발전하는 것이 더 낫지 않겠는가. 한국 대중문화를 전파하는 한류 스타가 중국에서 마음껏 솜씨를 발휘한다면 즐겁고 보람 있는 일이다. 앞으로 한류는 이기적인 교류가 아닌 한강과 장강처럼 자연스럽게 흘렀으면 좋겠다.

5 ★ 생활

황사 종결자,
무시무시한 흑풍폭

-
-
-

북경에 머물던 2002년 3월 중순 어느 날, 여느 때처럼 아침에 일어나 아파트 창문을 열었더니 여전히 밤이었다. 이상한 생각이 들어 시계를 보니 아침 8시가 조금 지났다. 그러나 바깥은 저녁 8시처럼 암흑이었다. 하늘은 온통 모래먼지로 가득했고, 일하는 온종일 내내 황사 때문에 대낮이라는 걸 인식하지 못한 하루였다.

물론 이후 그날처럼 심하지는 않았지만 황사는 계속 나타났다. 황사는 우리가 상상하는 것 이상으로 대단했다. 매년 황사 예상보도가 나가면 사람들은 마스크는 물론이고 눈만 빼고 얼굴 전체를 가리고 다닌다. 비가 온 다음 날이면 구름 한 점 없이 깨끗하지만 황사는 언제 어떻게 폭풍처럼 날아올지 몰라서 늘 대비하고 있어야 한다.

중국에서는 우리나라에서 부르는 황사를 사진폭(沙塵暴)이라고 한다. 황사(黃沙)는 그냥 이산화규소($SiO2$)가 포함된 모래를 가리키는 말이고, 우리가 부르는 황사, 즉 모래가 포함된 바람은 풍사(風沙)라고 부르고, 공포의 대상인 진정한 황사는 사진폭이라고 부른다. 중국 사람이 '황사가 왔다'고 말한다면 바로 사진폭을 일컫는 말이고, 모래 폭풍인 사폭

(沙暴)과 먼지 폭풍인 진폭(塵暴)을 합쳐서 부르는 말이다. 강한 바람이 지면에 있는 모래 먼지를 일으켜 공기를 혼탁하게 한다는 뜻으로 1킬로미터 앞도 보이지 않을 때 쓰는 말이다.

중국에서는 먼지에 대한 낱말이 우리보다 세분되어 있다. 먼지가 떠다니지만 10킬로미터 정도 시야가 보장되면 '부진(浮塵)', 모래가 휘날리지만 10킬로미터에서 1킬로미터 정도 시야가 확보되면 '양사(楊沙)'라고 부른다. 이에 반해 시야가 1킬로미터는커녕 500미터조차 확보되지 않으면 '강사진폭(强沙塵暴)'이라 부른다. 사진폭으로 말미암아 가시거리가 200미터도 안 된다는 기사가 나오면 정말 눈 뜨고 다닐 수 없을 정도로 심각하다는 이야기이다. 모래를 동반한 편북풍이 강하게 불면 도시 전체는 사막으로 변한다.

감숙성 기상국에는 따로 황사 전문 사이트가 있다. 사진폭과 관련된 서비스를 인터넷으로 운영하고 있는데 사진폭이 발생하는 지점에서 매일 6차례 이상 모래 먼지 농도와 예상 이동 경로를 보여주고 있다. 사진폭 정도에 따라 도표 색깔이 하늘색, 노란색, 주황색, 붉은색으로 올라가는데 1세제곱미터당 미세먼지 무게를 기준으로 표시한다. 100만 분의 1그램 단위인 마이크로그램(μg) 숫자가 높을수록 점점 붉게 변한다.

우리나라에서는 $800\mu g/m^3$ 이상이면 황사 경보를 내리지만 중국에서는 좀 더 구체적으로 황사 정도를 구분한다. 풍속과 가시거리를 기준으로 4개 등급으로 표시한다. 풍속이 4급(和風, 5.5~7.9m/s)에서 6급(强風, 10.8~13.8m/s)이고 가시거리가 500미터에서 1킬로미터 사이라면 '약사진폭(弱沙塵暴)'으로 이 정도면 약하다는 뜻이다. 풍속이 6급에서 8급(大風, 17.2~20.7m/s)이고 가시거리가 200~500미터라면 '중급(中等) 강사진폭(强沙塵暴)'이다. 풍속이 9급(烈風, 20.8~24.4m/s) 이상이고 가시거리가 50~200미터라면 중급이란 말을 빼고 그냥 '강사진폭'이라 부른다. 정말 강력한 황사는 풍속이 11급보다 강한 12급 초강풍인 구풍(颶風, 32.7~36.9m/s)이고 가시거리가 50미터 이하일 때를 말하고, 이를 '특강(特强) 사진폭'이라고 한다. 심지어 가시거리가 0에 가까울 때도 있는데, 이는 '흑풍폭(黑風暴)'이라 부른다. 흑풍폭, 말만 들어도 무섭지 않은가.

풍속을 나누는 말도 참으로 많아서 모두 17급까지 있다. 얼마나 바람이 다양하기에, 아니 바람이 얼마나 굉장하기에 구풍이라고 하는가. 구(颶) 자는 바람풍 변에 조개패가 붙은 말로 회오리바람이 불며 날아오르는 허리케인처럼 강렬하고 급격한 '싹쓸이 바람'을 말한다. 실제로 2010년 4월 26일 감숙성 민근현은 엄청난 모래 폭풍을 동반한 최강의 흑풍폭이 몰아쳐 온 도시가 모래로 뒤덮였다. 당시 돈황(敦煌), 주천(酒泉), 장액(張掖) 등 13개 도시에 사진폭이 불어닥쳤지만 민근현의 경우가 가장 심해 한때는 가시거리가 0에 가까울 정도로 심각했다.

내몽고 기상국에서 발표한 최근 15년 동안 사진폭 발생 현황을 보면, 내몽고에서 사진폭이 잦은 지역은 5곳이나 되고 특강 사진폭이 잦은 지역은 2곳이나 되고 가장 강력한 사진폭은 15년 동안 9차례나 발생했다. 이렇게 내몽고 사막에서 발발한 사진폭이 편북풍을 타고 남쪽으로 진출하면 도시 전체는 정말 눈 뜨고 볼 수 없을 정도로 변한다.

자료에는 1993년 5월 5일에 발생한 사진폭이 100년 이래 최대의 사건으로 기록되어 있다. 이때 흑풍폭은 최대 풍속이 초당 34미터에 이르렀고 가시거리는 100미터도 되지 않았다. 실크로드 하서주랑(河西走郞)이 있는 감숙, 회족자치구 영하(寧夏), 섬서와 내몽고에 이르기까지 72

개 현 100만 세제곱킬로미터를 휩쓸고 지나갔다. 이 사진폭으로 말미암아 85명이 사망하고 31명이 실종됐다고 하니 정말 어마어마한 사건이 아닐 수 없다. 흑풍폭이라는 말답다.

황사 예보를 확인하면 어느 정도 황사 지역을 벗어날 수는 있다. 하지만 황사는 광범위하게 발생할 뿐만 아니라 바람 방향도 기복이 심해 완벽하게 대처하기란 어렵다. 게다가 중국 북방은 온통 사막 천지다. 실제로 지구의 3분의 1은 사막이고, 사막화 진행 속도는 갈수록 빠르게 나타나고 있다. 중국도 국토면적의 27퍼센트인 262만 세제곱킬로미터가 사막이다. 서북쪽 신강(新疆), 세계에서 두 번째로 넓은 타클라마칸(塔克拉瑪幹, Taklamakan), 내몽고 서쪽 바단지린(巴丹吉林, Patanchilin)과 텐거(騰格里, Tengger), 섬서 북쪽과 내몽고에 이르는 오르도스(毛烏素, Ordos), 내몽고 중부이자 황하 남부에 있는 쿠부치(庫布其, Kubuqi), 내몽고 중동부 훈산다커(渾善達克) 등 황폐한 사막 지대는 곳곳에 있다.

수천 킬로미터나 퍼져 있는 중국 사막은 현재 자연의 공격과 인간의 수비가 서로 격렬하게 싸우는 전쟁터로 변했다. 실크로드를 지나 돈황에 이르는 312번 국도와 우루무치에서 카스로 달리는 314번 국도는 거의 사막 한복판이 되었고, 심지어 도로 이름도 타클라마칸사막고속도로(塔里木沙漠公路)라고 부른다. 이 도로는 점점 사막화되어 모래에 잠길 위기에 처했다. 이 때문에 무려 436킬로미터에 달하는 도로 주변에 나무를 심는 녹화공정을 벌이고 있다.

중국은 오래전부터 사막 지역에 녹화하는 사업을 하고 있다. 4,000킬로미터에 이르는 녹색장성(綠色長城)을 만들자는 사업으로 서북, 화북, 동북을 포함하는 방대한 공정이다. 녹색장성 사업이 사진폭을 줄이

타클라마칸 사막

는 결정적인 요인은 아니지만 나무 심는 방법 외에는 특별한 대책이 없어 보인다. 겨울에 눈이 많이 오면 봄철에 식물 성장을 촉진하고, 그러면 사진폭이 줄어든다는 논리이다. '사막의 경우 눈이 왔더라도 자라날 것이 없으면 별 영향이 없다'는 기상 전문가의 말을 새길 필요가 있다.

우리나라에 가장 영향을 미치는 황사는, 바람의 방향과 거리를 고려해서 보면, 앞에서 말한 쿠부치 사막에서 불어온다. 사막화가 늘어나면서 주민들 생활공간까지 침범하고 있는 이곳은 북위 40도 부근으로 위도가 엇비슷한 북경과 직선거리로 약 600킬로미터밖에 떨어져 있지 않다. 이 사막에서 출발한 황사가 우리나라에 영향을 미치니 당연히 우리도 관심을 가져야 한다. 사막화 방지를 위해 민과 관이 모두 나서서 머리를 짜내야 할 것이다.

매년 최악의 황사가 예상된다는 보도를 접할 때마다 두렵다. 다행스럽게도 북경은 예전보다 더 심해지지는 않지만 그 말조차 무서운 흑풍폭이라도 온다면 걱정이 아닐 수 없다. 그저 예전보다 조금이나마 덜했으면 좋겠다. 북경에 황사가 오면 중국만큼은 아니지만 우리나라도 바로 영향권 안에 있으니 말이다.

이름난 술은
이야기와 함께 마신다

-
-
-

　중국 생활 중에 좋은 술을 맛있게 마시는 것도 가장 큰 즐거움 가운데 하나일 것이고, 또 중국의 10대 명주 정도를 알고 있으면 중국 사람과 어울리는 데도 큰 도움이 된다. 모대(茅臺), 오량액(五粮液), 양하대곡(洋河大曲), 노주노교(瀘州老窖), 분주(汾酒), 랑주(郎酒), 고정공주(古井貢酒), 서봉주(西鳳酒), 동주(董酒), 검남춘(劍南春)이 바로 널리 알려진 10대 명주이다. 나는 12년 동안 이 술 가운데 동주만 빼고 다 맛봤으니 술과 참 친한 셈이다.

　모대는 귀주 지방 준의에서 나오는 술이고, 약간 매운맛이라 개인적으로는 좋아하지 않는다. 또 가짜 술이 너무 많이 판치고 있어서 이미지도 좋지 않고, 공무원이 이 술을 뇌물로 주는 등 부정과 비리가 만연해 소비량이 줄고 있는 국주이다. 1930년대 장정 당시 적수하(赤水河)를 건널 때 공산당의 고충을 달래주던 벗이기도 해서 위상이 높아진 술이다.

　사천성 의빈(宜賓)에서 생산하는 오량액은 향이 진해 사람에 따라서는 익숙하지 않을 수 있다. 또 이 술은 값이 너무 비싸서 약간 저렴한 오량순(五糧淳)도 판매하고 있다.

강소성 북쪽 양하진의 명주 양하대곡은 남경을 대표하는 술이다.

사천성 남부, 즉 파촉문화를 담고 있는 노주에서 만드는 노주노교 역시 약간 매운맛이 있고, 1573년부터 사용한 술 저장고로 말미암아 모대, 분주, 서봉주와 함께 4대 명주의 반열에 올랐다. 모대, 오량액, 랑주는 남방 술이라 향이 다소 진하기 때문에 목 넘김이 좋지 않은 사람은 노주노교를 선택하면 만족할 것이다.

분주

역시 명주 중의 명주는 산서성 행화촌(杏花村)에서 익는 분주이다. 중국 술 상표 가운데 역사가 가장 오래되었으며 정사인 『24사』에도 기록될 정도로 유명한 술이다. 그리 비싸지 않은 저가형도 맛있고, 구하기도 쉬워 자주 먹을 수 있다.

사천성 이랑(二郞) 샘물로 만드는 랑주는 비교적 짧은 100년의 역사를 가졌지만 그 이름 때문에 결혼식 피로연에 자주 등장하는 술이다. 역시 사천성 술답게 진한 향이 나고 매운맛도 난다.

안휘성 북부 박주시 고정진에서 나오는 고정공주는 삼국시대 조조가 양조 방법을 한나라 헌제에게 알려줬다는 유명한 술이다. 2006년 여름에 이 술을 마시고 16시간이나 뻗었던, 최악의 기억이 있어서 지금도 안휘성 술이라면 냄새만 맡아도 도망간다.

서안의 서봉주는 봉황의 고향이라는 봉상현에서 만든다. 서안에 3개월 동안 머물며 원 없이 마신 적이 있고 우리 입맛에도 잘 맞는 편이다.

귀주 준의에서 나오는 동주는 독특한 주정 방법이 국가기밀에 속할

서봉주

정도로 귀한 술이라 국밀동주(國密董酒)라고도 부른다.

사천성 면죽(綿竹)에서 나오는 검남춘은 이름 자체가 명주라는 뜻이다. 당나라 시대에는 명주를 '춘(春)'이라 했고, 검남은 검산의 남쪽 지방 면죽에서 나온다는 뜻이다.

10대 명주, 과연 누가 붙인 이름인지 몰라도 이름보다는 추억으로 마시는 게 술일 터이다. 좋은 사람과 좋게 마시면 그게 명주이고, 그 추억이 여전히 남아 있다면 그게 곧 자신의 명주가 아닐까. 중국 생활을 오래 하다 보니 술을 추천해달라는 말을 자주 듣는다. 요즘은 10대 명주마다 값이 저렴한 일반용을 만들어내고 있으니 이름과 가격을 고려해 마시면 될 것이다. 10대 명주 가운데서 술맛 등 여러 가지를 고려하면 분주를 추천하고 싶다.

술맛은 물론 술병과 분위기까지 따진다면 양하대곡을 마시는 것도 좋다. '물은 술의 피며 누룩은 술의 뼈'라는 신조로, 자부심으로 만드는 명주로 도자기에 담은 술과 유리병에 담은 술로 나누어 판매하고 있다. 특히 유리병에 담은 술은 양하남색경전(洋河藍色經典)이라 부르고, 이 술은 또 하늘과 바다와 꿈이라는 상표로 나뉜다. 천지람(天之藍)은 하늘, 해지람(海之藍)은 바다, 몽지람(夢之藍)은 꿈을 뜻한다. 술병이 바다 빛깔인 해지람은 우리 돈으로 2만 원, 하늘 빛깔인 천지람은 3만 원대이고, 꿈을 담았다는 몽지람은 가장 비싼 5만 원대이다. 이 가격은 대형 할인

점 같은 곳에서 파는 가격이고, 고급 식당에 가면 이보다 더 비싸다. 하지만 지금은 중국의 모든 식당에서 손님이 술을 가져가 마셔도 되므로 애주가는 식당만 잘 고르면 멋진 만찬이라는 추억을 만들 수 있다.

양하남색경전

중국 각 지방에서 생산하는 술을 몽땅 합하면 아마 몇천 개는 될 것이다. 10대 명주 반열에는 들지 못했더라도 지방마다 자기 동네를 자랑하는 독특한 술이 항상 있다는 말이다. 그래서 여행이나 출장을 갈 때면 항상 그 지방 술을 찾아서 마셔본다. 물론 요리에 따라 맛도 다르겠지만 특별한 인상이 남으면 기억해둔다.

고주(沽酒)라는 술이 있다. 고(沽)라는 말은 '사다'는 뜻과 '팔다'는 뜻이 있지만 천진의 별칭이기도 하다. 고주당로(沽酒當壚)라는 사자성어도 있는데 '술 파는 사람이 술독 지킴이'라는 의미이다. 옛날에는 술집이 성벽에 붙어 있어서 술독을 지켜야 했고, 그 지킴이가 바로 술을 파는 사람이라는 뜻이다. 이렇게 술을 파는 사람이라는 뜻이 있는데도 이 말은 점점 변해서 속세를 버리고 은신하는 유명 인사라는 뜻으로 바뀌었고, 나중에는 세상사 버리고 술독에 빠져 산다는 뜻으로 변했다. 하여간 고주는 북경 근처 보정시 고주촌에서 나오는 술이다. 뜻을 생각해 보니 이름이 참 좋지 않은가. 또 가끔 술맛보다 그 술에 얽힌 이야기가 더 맛있을 때도 있지 않겠는가. 술 파는 동네, 술 익는 마을, 이렇게 해석해도 되겠다. 그리고 가늘고 날씬한 병목과 병 안에 든 거대한 함선 등 유리병 모양도 환상적이다. 펄럭이는 돛에는 일로순풍(一路順風)이란 글자가 새겨져 있는데, 하시는 일 모두 순조롭기를 바란다는 뜻이니, 중국 사람은 술을 좀 아는 것 같다. 술을 잘 마셔야 일도 잘 풀리니 말이다. '술 파는 사람'이 '세상을 등진 사람'으로 변한 까닭은 몰라도 술을 이해하고 술맛을 아는 선비를 생각하게 하는 술이 바로 이 고주이다. 대기업 주재원이 북경에서 이 술을 가져왔으니 당연히 술 가져온 사람과 더 친할 수밖에 없었다.

하남성 취재를 다녀온 후배가 술 한 병을 가져와서는 10대 문화명주라고 우기며 내놓은 적이 있는데, 바로 두강(杜康)이라는 술이었다. 명주 중의 하나인지 아닌지는 중요하게 생각하지 않아 잘 모르겠지만, 이름이 눈을 사로잡고 맛은 입을 사로잡는 술임은 틀림없다. 두강은 중국 하(夏)나라의 제6대 임금 이름이다. 사마천의 『사기』 '하본기(夏本紀)'에 의하면, 제5대 임금 상왕이 살해당했을 때 부인은 회임하고 있었고, 그 부인이 낳은 아들 이름이 바로 소강(小康)으로 일명 두강으로도 불렀다. 어린 시절 두강은 목축을 하면서 자랐기 때문에 음식을 나무에 걸어 두었다가 가끔 먹는 것을 잊곤 했다. 그래서 음식 맛이 변했는지 물기가 묻은 맛은 달면서도 이상했지만 기분은 상당히 좋아졌다. 연구 끝에 자연 발효의 원리를 깨달았고, 이후 양조 기술을 더욱 발전시켜 두강의 시조가 되었다. 삼국시대 조조도 자신이 지은 단가행(短歌行)에서 '시름을 덜 만한 것은 오로지 두강'이라 했으며, 당나라 시인 두보(杜甫)도 깊은 밤 달이 맑은 물에 비치면 늘 두강을 마셨다고 전한다. 이 술을 생산하는 여양(汝陽)은 하남성 낙양(洛陽) 동부에 있는 도시로 고량주의 발원지 가운데 한 곳이다. 그리고 여양두강(汝陽杜康)은 오랜 전통을 지닌 중국의 10대 문화명주 가운데 하나이다. 10대 명주와 달리 문화명주는 역사와 전통이 있는 술이라며 홍보하기도 하는데, 그래서 자료마다 문화명주는 서열이 다르다. 하기야 10대 명주도 나라에서 정한 것이 아니니 마찬가지일 것이다.

북경올림픽 전에 친구로부터 술 한 병을 선물 받고 깜짝 놀랐다. 젖으로 만든 내주(奶酒)라는 술이었기 때문이다. 중국에는 수천 가지 백주(白酒)가 있지만 젖으로 만든 술도 있다니, 놀라울 뿐이었다. 내주는 내몽고 초원에서 양이나 말 젖을 발효해 만든 술로 원나라 궁중에서 만들어 마셨다고 전한다. 칭기즈 칸 부인이

용구내주

우연히 발효된 젖 냄새를 맡고 만들어 마시기 시작한 술이라고 전하는데, 근거가 있는 이야기는 아니다. 내가 마신 술은 준마라는 뜻이 붙은 '용구(龍駒) 금내주(金奶酒)'로 알코올 도수는 42퍼센트이다. 우유 냄새와 은은한 초콜릿 맛까지 나는 환상적인 술이다. 북경에서는 흔하지 않지만 내몽고 부근으로 가면 반드시 마시고, 같이 마신 사람 중에서 독특한 이 술맛에 실망한 사람은 한 번도 보지 못했다.

중국 전문기자로서 가장 매력적인 술을 꼽으라면 단연 판성소과주(板城燒鍋酒)이다. 이 술을 마시면서 강의하라고 해도 밤새워 할 수 있을 것이다. 우선 이 술을 빚는 곳은 열하일기의 땅 승덕(承德) 남쪽에 있는 판성이고, 이 술에 등장하는 주인공은 건륭제와 『사고전서』의 총찬수관(總纂修官) 기효람(紀曉嵐)이다. 판성 지방을 미복사방(微服私訪)하던 황제와 신하는 술을 마셨고, 술맛이 좋아 얼큰하게 취한 황제는 기세를 부리며 '금목수화토(金木水火土)'라는 상련(上聯)을 날리며 공격했다. 이때 청나라 최고의 천재 기효람이 타고난 기재를 발휘해 재빨리 내뱉은 하련(下聯)이 바로 '판성소과주(한자 부수를 자세히 보라)'이다. 오행을

이용한 멋진 수비였다. 황제는 기뻐서 '호련(好聯)! 호주(好酒)!' 하며 어필을 하사했다.

이처럼 멋진 술과 그 술에 얽힌 이야기는 술자리를 더욱 흥겹게 한다. 실제로도 술맛은 아주 좋은데, 여기에 청나라 황제,『사고전서』를 보관하던 국가 도서관, 오행과 열하일기까지 어우러진 안주라면 정말 최고의 술자리가 될 것이며 취하지도 않을 것이다.

짝퉁 시장에서 값을 제대로 깎으려면

-
-
-

　짝퉁, 하면 모두 먼저 중국을 떠올릴 것이다. 불명예스러운 말인데도 중국 사람은 아랑곳하지 않는다는 듯이 드러내놓고 짝퉁 상품을 판매하고 있다. 개혁 개방 이후 '흑묘백묘론'이 유행처럼 번지자 오직 돈만 벌면 된다는 생각으로 세계적인 상품을 모방해 너도나도 만들기 시작한 것이다. 재력이 있는 사람이야 진품으로 치장하면 되겠지만 일반 서민들은 그렇지 못하니까 수요가 늘어날 수밖에 없고, 그래서 가짜가 시장에 버젓이 진열되는 행운을 누리고 있는 실정이다.

　가짜가 '짜가'로 변해 짝퉁이 됐다지만 중국 사람은 산채(山寨)라고 부른다. 『수호지』의 영향인지는 알 수 없으나 산적들이 사는 마을인 산채라는 말을 쓰는 것을 보면 몰래 만들어낸 상품이라는 뜻일 것이다. 자존심이 강한 중국 상인은 명분도 잘 만들어낸다. 중국 각 지역 상인을 소개한 『상감(商鑑)』을 보면, 『양의 문(羊的門)』이라는 소설을 인용해 '진짜 담배에는 진짜 독이 있고 가짜 담배에는 가짜 독이 있다'는 애매모호한 말로 상술을 옹호한다.

　중국에서 짝퉁은 생산시설이 투자된 '산채' 공장에서 만든 물건이니

만큼 상품 수준은 진짜 뺨칠 정도이고, 이제는 규제해도 쉽게 사라지지 않을 정도로 시장이 커버렸다. 가방이나 시계, 옷, 신발 등 세계적인 상품을 모방해 파는 시장은 북경, 상해, 광주 등 대도시마다 성행하고 있기 때문이다. 특히 북경 수수(秀水) 시장이나 홍교(紅橋) 시장은 이미 유명해질 대로 유명해져 연일 사람의 발길이 끊이지 않는다. 수수 시장은 지금 번듯한 5층 쇼핑몰로 변했지만 10년 전만 하더라도 미국대사관 담벼락에 붙은 노점이었다. 그때나 지금이나 세계 유명 상표는 다 있으니 관광 코스로는 제격이다.

이곳을 자주 찾다가 보면 단골로 가는 가게가 생기기 마련이고, 그러면 매번 가격을 흥정하지 않아도 되기 때문에 시간도 많이 줄일 수 있다. 상품은 가방, 옷, 시계, 신발, 진주 등이 많고, 자주 가다가 보면 상품을 고르는 방법이나 흥정하는 요령이 자연스럽게 생긴다. 이런 방법과 요령은 데이터베이스처럼 축적되어 인터넷으로 공유되었고, 이제는 일반 소비자가 장사꾼에게 밀리지 않는 상황까지 치닫고 있다. 장사꾼이 부르는 가격에서 5분의 1 이상 깎아야 한다거나 원하는 가격을 부른 다음 돌아서 있다가 다시 부를 때 산다는 정보는 이제 한국 사람에게도 상식이 됐다. 그러다 보니 최근에는 한국 사람을 아주 싫어한다. 바가지를 씌울 수 없으니 그럴 만도 하다.

환상적인 쇼핑 천국 짝퉁 시장에서는 종업원의 특징을 잘 알아야 한다. 그들은 손님이 어떤 사람인지를 한눈에 간파하는 놀라운 능력을 갖추고 있다. 중국어 실력과 방문 실적 등을 본능적으로 파악해 최초 호가를 결정한다. 손님이 아무리 변장하고 치장하고 연기해도 소용없는 일이다.

판매 가격이 천차만별이니 물건값 깎는 방법도 가지각색이다. 한국

북경 수수 시장

사람은 호가의 20~30퍼센트를 깎으면 잘 샀다고 하지만 그건 위험한 발상이다. 종업원의 판단을 중심에 놓고 파악하니 그런 것인데, 비싸게 부른 상품은 깎아도 비싸게 산 것이고 호가가 낮으면 깎아줄 수 없으니 거래가 성사되지 않는다. 또 교과서에 나오는 중국어로 말하면 100퍼센트 얕잡아 보기 때문에 길거리 말투나 사투리를 써야 한다. 다행스럽게도 종업원은 전국 각지에서 올라오기 때문에 표준말이 서툴다. '이 물건 얼마에 살 수 있어요?'라는 말처럼 듣기시험에나 나오는 말투보다는 '어떻게 팔아?', '얼마야?' 하며 중국 사람처럼 짧게 말하면 더 좋다.

가장 중요한 점은 물건이 거래될 수 있는 최적의 가격을 미리 아는 것이다. 자주 가면 얼마인지 대충 알지만 그렇지 않다면 아는 사람에게 정보를 얻어서 가는 게 좋다. 그것도 안 된다면 종업원보다 더 예민한 눈치코치를 동원해야 한다. 그리고 물건을 흥정한다는 것은 살 의향이 있다는 뜻이고, 최종 가격까지 서로 합의해 놓고 사지 않으면 욕먹기 일쑤다. 전통적으로 중국 상인은 구두로 한 약속도 천금처럼 여긴다.

중국 종업원은 자기 물건에 대한 자부심이 아주 강하다. 온갖 이유를 대며 상품에 대해 설명하는데 전문가 뺨치는 수준이라 판매원으로는 세계 최고라는 생각이 든다. 즉 진품보다 더 진품같이 소개한다는 말이다. 그러니 정말 사고 싶은 물건이 있다면 단번에 물어보지 말고 다른 물건부터 가격을 알아보는 게 낫다. 그런 다음 자기가 원하는 물건에 대해 사고 싶다는 티를 내지 않으면서 색깔이나 디자인 등 가능한 한 흠집을 찾아낸다. 허점이 없더라도 '내가 보기에 여기는 좀 문제다.'라는 식으로 몇 번 이야기하면 조금 더 대등하게 협상할 수 있다. 한 가지 상품을 여러 개 살 때는 먼저 1개 가격부터 잘 협상한 다음 2개 이상 산다면서 통합 가격을 협상하면 더 싸게 살 수 있다. 상품을 산 다음이라도 다시 안 볼 사람처럼 무례하게 하면 절대로 안 된다. 나중에 다시 가면 종업원이 반드시 알아보기 때문이다.

이렇게 시장에서 물건을 흥정하는 것은 학교나 직장, 사업상 친구 등을 만나는 것과 전혀 다를 바 없다. 어디서나 사람 사는 것은 같고, 또 같은 문화를 공유하는 사람이니 서로 존중하며 대한다면 모두 이익이다. 중국어를 아주 잘하는 한 여학생은 중국어를 시장에서 배웠다고 한다. 시장 사람의 사투리까지 들릴 정도로 열심히 찾아다닌 결과 그렇게 되었다는 것이다. 짝퉁 시장도 중국을 배우는 좋은 교과서가 될 터이니 무시할 일은 아니다. 그리고 시장은 돈이 오가는 곳이다. 중국은 돈이 있는 곳 어디서나 치열하다.

빼빼로 없는 중국,
솔로를 위로하라

·

·

·

　중국에도 빼빼로데이가 있다. 빼빼로가 없는 중국은 남자 친구가 여자 친구에게, 여자 친구가 남자 친구에게 과자를 주는 우리나라 상업주의와는 다소 다르다. 다른 숫자가 섞이지 않은 11이 작대기 2개 모양이라 광곤절(光棍節)이라 하고, 곤(棍)은 몽둥이나 작대기를 뜻한다. 그래서 광곤은 솔로라는 말이고 광곤절은 기찻길처럼 짝을 못 찾고 있는 남녀를 위한 솔로데이를 말한다. 재미있게도 작대기가 2개인 1월 1일을 소(小)광곤절, 작대기가 3개인 1월 11일과 11월 1일은 중(中)광곤절, 작대기가 4개인 11월 11일은 대(大)광곤절이라 부른다. 솔로데이마저 그 크기로 의미를 부여하는 것을 보면 역시 중국답다.

　2011년 광곤절은 천 년 만에 오는 날로, 1일 6개나 있어서 육이성(六一聖)광곤절라 불렀고, 그만큼 행사도 다양했다. 또 이름을 붙이는 방법과 의미를 부여하는 방법이 늘 기발한 중국답게 성스럽다는 말까지 추가했다. 이날은 전국적으로 많은 행사가 열렸고, 기업도 이날을 준비하느라 바빴다. 그리고 별다른 사회적 이슈가 없는 중국 젊은이도 이날을 특별한 날이라고 생각하며 열광했을 것이다.

2011년 11월 11일 저녁, 중국 포털 소후(sohu.com)에서 주최하는 솔로데이 행사를 취재하기 위해 행사장을 찾아갔다. 북경 지하철 쌍정역에서 내려 동쪽으로 10분가량 걸어갔는데, 주최 측에서 보낸 단문 메시지만 봐서 그런지 광거로 36호 홍점예술 공장을 찾기는 꽤 어려웠다. 밤이기도 했지만 장소 이름도 참새 기와집이라는, 발음하기도 어려운 마작와사(麻雀瓦舍)라서 주변 사람에게 물어도 아리송한 표정만 지을 뿐이었다. 하여간 찾아가니 문예공연센터 앞에는 사람들이 참새 떼처럼 모여 있었다.

공장 지대 안에 있는 허름한 창고를 개조한 공연장이었는데, '청춘을 밝게 드러내고, 솔로를 노래하며 즐기는 솔로축제, 광란파티(炫動靑春 唱享單身 單身節狂歡派對)'라는 거창한 행사 이름이 붙어 있었다. 이 행사를 주최한 곳은 소후클럽이고 상술인지는 몰라도 여러 기업에서도 후원했다. 동풍푸조(東風標緻)는 푸조 자동차 한 대를 경품으로 내놓았고, 전국적 유통망을 구축한 맥주회사 설화(雪花)는 맥주를 무상으로 제공했다. 이렇게 소후클럽은 기업 협찬을 통해 다양한 행사를 기획했는데, 자동차와 맥주뿐만 아니라 아이폰, 아이패드, 카메라, 휴대전화 같은 경품도 모두 협찬을 통해 조달했다. 얼핏 봐도 6~7개 기업이며, 대중매체로는 신문사, 인터넷 방송사 등 10곳이 넘었다.

소후클럽 총괄감독인 류염방(劉艶芳)은 '중국 기업뿐만 아니라 외국 기업과도 협력이 잘 되고 있어서 이런 행사를 통해 젊은 회원과 친근한 관계를 유지하고 있다'며 행사 참가비는 없고 오히려 경품이 많아서 참가 인원을 선정하는 것이 더 어려웠다며 엄살을 떨었다. 행사는 저녁 8시 30분 조금 지나서 시작됐다. 남녀 솔로 100여 명이 무대 앞에 모이자

광곤절 축제

　남녀 사회자가 등장했다. 행사 내용을 한참이나 설명한 다음 5인조 여성보컬 그룹이 등장해 시끄러운 기타 굉음을 냈고, 참가자들은 음악 소리에 동화되기 시작했다. 어둡고 시끄러운 공간이었지만 곳곳에서 맥주병이 부딪치는 소리도 났다.
　무대에는 어느덧 청춘 남녀 6명이 올라가서 대중가요를 부르는 게임을 하고 있었다. 사회자가 앞부분을 부르면 참가자가 뒷부분을 부르는 게임이다. 남자 사회자가 진행하는 노래에 성공해야 여자 사회자가 진행하는 노래까지 이어갈 수 있다. 여러 번 틀려도 끝까지 부르도록 하는데 완벽하게 부르기는 생각보다 어렵다. 솔로 총각 한 명은 멋진 가창력과 완벽한 가사로 박수갈채를 받았다. 이어서 등장한 남자보컬은 귀가 찢어질 듯한 소리를 질러 공장 전체가 들썩들썩했고, 참가자들은 흥겹게 손을 흔들며 춤을 췄다.

공연 무대는 조명이나 오디오가 나름대로 완벽했다. 영상 카메라도 4대나 있는 것을 보면 생중계 시스템도 완비된 듯했다. 인터넷으로 실시간 중계를 하는지 2층 귀퉁이에서는 노트북을 두드리는 직원도 있었다. 2층에는 소후클럽 주최자뿐만 아니라 젊은 남녀 솔로가 맥주를 마시며 즐기고 있었다. 소후에서 마케팅을 담당하는 추추(秋秋)도 친구들과 함께 즐기고 있었는데, 상해 출장이 예정돼 있었지만 어렵게 연기하고 왔다며 다음과 같이 덧붙였다.

"나도 솔로이고, 오늘은 광곤절이고, 주말이라 친구들과 같이 왔다. 또 연인이 될 사람을 여기서 만날 수 있지 않겠는가?"

이렇게 이날의 한바탕 유희는 밤 12시가 넘어서야 끝났다. 이 행사는 소후 남성채널(男人頻道)이 기획했는데 왜 여성채널과 같이하지 않았느냐고 물었더니 이유가 재미있다.

"현재 중국은 남녀 비율이 120 대 100에 이를 정도로 남성이 많고, 솔로인 남성도 아주 많다. 그래서 남성 솔로를 위한 행사를 만들자는 취지에서 기획한 것이다."

자신의 의지로 솔로인 것과는 달리 어쩔 수 없이 솔로인 남성이 많다는 뜻이다. 11월 11일 솔로데이는 솔로 남성을 위한 기념일, 즉 위로하는 날로 점점 변해가는 추세이다. 소후클럽 솔로데이 행사는 2008년부터 시작됐으며 앞으로도 매년 계속할 계획이라고 한다. 중국 인구 예측 지표에 따르면, 2020년이 되면 전체 인구 가운데 남성이 여성보다 3~4천만 명 정도 더 많아질 것으로 보인다. 결혼도 이제 사회 문제가 된다는 뜻이다. 대학입시, 취업, 부동산 등 다른 문제도 많지만 솔로 탈출도 젊은 남성에게 커다란 부담으로 다가오고 있다. 소후클럽 광곤절 사이트에는 '나는 솔로가 아니다.', '누가 솔로인 걸 좋아하리.', '솔로의 나날들', '솔로의 기쁨과 허망', '감정 드러내는 걸 막는 건 매정함' 등 공감할 만한 말이 많이 올라온다.

중국 젊은이가 노는 모습은 우리 젊은이와 크게 다르지 않다. 홍대 부근에서 빼빼로데이를 즐기는 모습도 중국과 크게 다르지 않아 보인다. 계획된 행사가 좀 다르긴 해도 술 마시고 춤추는 것은 별반 다르지 않다. 그렇지만 '연인들의 날'과 '솔로의 날'은 명확한 차이가 있다. 우리의 빼빼로데이가 기념일이자 '행복 마케팅'의 대상이라면 중국의 광곤절은 '위로 마케팅'이라는 생각이 든다. 중국 솔로는 오늘 같은 날 무슨 생각을 하고 있을까. 이런 날은 상대적 박탈감이 더 크지 않을까.

중국 결혼식,
차 대접은 변함없어

-
-
-

　중국에서는 결혼식을 어떻게 할까? 가끔 시내를 지나다가 호텔이나 식당에서 벌어지는 결혼식 풍경을 보긴 했지만 정작 중국 사람이 결혼하는 장면은 직접 본 적이 없다. 그러다가 중국 친구로부터 결혼식 초청을 받고 북경 지단(地壇)공원에 있는 을십육(乙十六) 결혼식 전문 장소를 찾았다. 신랑과 신부가 동북 지방 출신이긴 하지만 대도시에서 치르니 전통적인 결혼식은 아닐 것이고, 그럼 현대화된 중국 결혼식은 어떤 모습일까 하는 마음으로 갔다.

　도착하니 이미 폭죽을 한바탕 터트린 후였다. 결혼식은 10시 18분에 시작한다고 들었는데 도착한 시간은 10시 20분이었다. 왜 18분에 폭죽을 쏘며 결혼식을 시작할까. 18은 9를 2개 합한 값이고, 중국에서 9는 하늘과 땅처럼 영원히 변하지 않는다는 천장지구(天長地久)를 뜻한다. 즉 두 사람이 한 몸으로 합쳐 영원히 행복하게 살겠다는 의미이다. 숫자에 의미를 부여하는 데 돈 드는 일도 아니라 그런지 잘도 갖다 붙인다. 그리고 폭죽은 큰 행사에 앞서 사람을 불러 모으는 신호로 사용한다.

　중국의 요즘 결혼 풍토는 전통방식과 서구방식이 결합된 형태이다.

전통방식에서 신랑이 신부 집으로 가 신부를 가마에 태워 오는 것을 영친(迎親)이라 하는데 지금은 리무진이 가마를 대신한다. 아침 일찍 신부 집으로 가 리무진이 신부를 태워 오면 결혼식이 시작된다는 신호로 폭죽을 터트린다. 리무진은 하루 빌리는 데 우리 돈으로 약 180만 원이나 할 정도로 비싸다. 돈이 많거나 적거나를 가리지 않고 하나뿐인 아들 장가보내는 데 체면은 지켜야 한다는 것이 중국 부모의 마음이다. 리무진을 호화로운 가마차(豪華轎車)라고 부를 정도로 겉치레가 심각하다는 것을 모두 알고 있지만, 아직도 결혼식에는 빠지지 않고 등장한다. 또 중국에서는 신랑 신부가 결혼식 전에 혼인등록을 마친다. 즉, 혼인신고만 하고 살던 부부가 정식으로 식을 올리는 경우가 흔하다는 말이다.

신부는 2005년에 어학연수를 할 때 만난 대학원생이고, 신랑도 혼인신고하기 전에 함께 식사한 적이 있는 친구이다. 혼인신고만 하고 살더니 이제야 정식혼례를 올리는 것이다. 을십육 정문에는 노블 클럽(Noble Club)이란 글자가 붙어 있고, 주소는 화평리중가(和平里中街) 을16호(乙16號)이다. 2004년 문을 열 때 을십육이란 이름을 지었다는데 정말 중국 사람이 작명하는 것을 보면 지극히 단순해 보이지만 나름대로 합리적인 구석이 있다. 보통은 멋진 혼례 고사나 덕담을 인용해 이름을 정하지만 이렇게 간단하면서도 기억하기 쉽게 짓기도 한다.

문 바로 앞에는 축의금인 홍포(紅包)를 받는 곳이 있다. 홍포는 붉은 봉투에 담아 주는 세뱃돈에서 유래한 말이지만 어른이 아이에게 준다고 해서 압세전(壓歲錢)이라 부르기도 한다. 귀신이 사람에게 나쁜 영향을 끼칠 빌미(祟)를 억제(壓)하라는 뜻이고, 수(祟)는 세(歲)와 발음이 같다. 보통 결혼식 축의금은 홍포에 넣어 주고, 경사스런 일은 홍사(紅事)

차를 올리는 신부

라고 한다. 홍포에는 보통 '기쁜 마음으로 좋은 연분을 맺는다'는 뜻인 희결량연(喜結良緣)이 쓰여 있다.

축의금은 지폐를 짝수로 넣어야 한다고 하지만 최근에는 꼭 그렇게 하지 않아도 된다. 그렇지만 인민폐 200원, 600원, 800원, 1,000원 등 이렇게 넣으면 무난하다. 400원은 죽을 사(死) 자와 비슷해 잘 안 넣는다. 실제로는 이런 규칙을 예전만큼 정확하게 지키지 않는다.

결혼식장에 들어서면 신랑 신부가 함께 찍은 대형 결혼사진이 걸려 있다. 최근에는 결혼사진 사업이 아주 활황이다. 관광지나 이름난 거리에서 결혼사진을 찍는 장면을 흔하게 목격할 수 있다. 그리고 결혼식장에는 신랑 신부의 아름다운 사진이 곳곳에 걸려 있어서 아주 색다른 기분이다. 신랑 신부의 어린 시절 사진과 학창 시절 사진도 함께 전시한다.

이번은 야외 결혼식이었다. 면사포를 쓴 신부가 아버지의 손을 잡고 등장하고, 양복을 입은 신랑은 사회자와 농담을 주고받으며 기다리고, 신랑이 장인에게 인사하고 나서 신부의 손을 잡고, 사회자는 인사말을 하고 나서 결혼증서를 읽고, 신랑 신부는 반지를 교환하고, 사회자 요청으로 포옹과 입맞춤을 하고, 사회자는 짓궂은 말로 신부를 난처하게 해 웃음

바다를 만드는 등 엄숙하지 않고 축제처럼 즐긴다.

　이렇게 대체로 우리 결혼식과 비슷하지만 우리와 다르게 주례 선생님이 없다. 우리 전통혼례에도 주례 선생님은 없다. 다만 사회자가 결혼식을 순서에 따라 진행할 뿐이다. 또 우리와 다른 점은 결혼식 중에 양가 가족 연장자가 나와서 덕담하는 순서가 있다는 점이다. 덕담은 생각보다 긴데, 어린 시절 신랑은 머리가 좋아 좋은 대학에 진학했고, 직장도 안정적이라 행복한 결혼생활을 할 것이라는 등 자랑을 늘어놓는다.

희당

　흥미로운 점은 잔을 겹겹이 쌓아 놓고 포도주를 넘치도록 따른다는 것이다. 신랑 신부가 손을 잡고 정이 넘치도록 따른다. 그러고 나서 신랑 신부는 포도주로 교배주(交杯酒)를 마신다. 이어서 신부는 시아버지와 시어머니에게, 신랑은 장인과 장모에게 경차(敬茶)의 예를 올린다. 결혼식 중에 따뜻한 차를 대접하는 모습은 다소 낯설다. 차는 당나라 문성공주가 티베트로 시집갈 때 혼수로 가져갔다는 기록이 있다. 그래서 청춘 남녀가 호감을 표시할 때 사용되었다. 또 명나라 시대 장서가 낭영(郎瑛)은 각 부분의 사료와 풍속을 엮은 『칠수류고(七修類稿)』에서 청혼과 예물을 받아들인다는 표시로 차를 마셨다고 기록하고 있는데, 그 풍습이 이어져 오는 것이다. 결혼식 중에 양가 부모에게 차를 대접하는 의례로 결혼 승낙을 표시하는 셈이다. 여기서 차가 지닌 다의적인 역할에 주목할 필요가 있다. 생활 그 자체이자 목숨처럼 중요하게 여기던 차에 대한 철학이 예사롭지 않다. 차를 마신 양가 부모는 신랑 신부에게 두툼한 돈 봉투를 건넨다.

혼례 말미에 신랑 신부 친구가 줄을 서서 부케를 받는 모습은 우리와 똑같고, 부케를 받은 친구는 바로 결혼해야 하는 것도 똑같다. 야외 결혼식이라 그런지 풍선도 하늘로 날려 보내고 비눗방울도 날리는 등 할 거는 다 하는 모양이다. 비록 이런 이벤트가 진부해 보이기는 하지만 평생에 한 번 하는 결혼식이라 그런지 모두 즐겁고 유쾌한 표정이다. 하객들에게 환호성을 지르게 하는 마지막 행사도 나쁘지 않았다.

들어올 때 입구에서 나눠주는 열쇠고리를 꺼내면 좌석 표시와 번호가 적혀 있는데 이걸 피로연이 열리는 식당에서 추첨해 선물도 준다. 내 좌석에 갔더니 음식과 함께 중국 술 랑주 한 병이 놓여 있었다. 사천성에서 나는 술로 그 이름 때문에 결혼식 피로연에 많이 쓴다. 신랑 신부가 좌석을 돌면서 술을 마시라고 권하면 따라주는 술로 신랑 신부와 건배하고 나서 마시면 된다.

중국 결혼식에서 빼놓을 수 없는 것은 바로 희당(喜糖)이다. 우리는 '언제 국수 먹느냐'고 묻지만 중국에서는 '언제 희당 줄 거냐'고 묻는다. 종이 오리기 공예인 전지(剪紙)로 만든 빨간 희(喜) 자에 사탕을 싼 것이다. 중국에서는 결혼을 성가(成家)라고 한다. 연분이 맞아 가정을 이룬다는 뜻이니 결혼식이 거창할 필요는 없다. 가끔 호화 결혼식으로 말미암아 사회적으로 시끄러울 때도 있지만 대부분 결혼식은 이렇게 축제처럼 한다. 개혁 개방으로 경제성장을 이룬 사회, 그 사회에서 생활하는 젊은 신랑 신부가 올리는 혼례는 전통혼례에 비해 훨씬 더 간소하다.

인생 종착역

-
-
-

    화상(華商)의 시조 왕해(王亥)가 태어난 곳이자 상업의 발원지인 하남성 상구시 고성에 가면 장례용품을 파는 가게가 하나 있다. 그 가게 이름은 '인생종착역(人生終點站)'인데, 어떤가, 공감이 가는 말인가. 인생의 종점을 간판으로 쓰고 있는 만행을 보고 있자니 웃음밖에 나오지 않아 정말 중국답다는 생각밖에 들지 않았다. 그럼 중국에서는 장례식을 어떻게 치를까.
    안휘성 무호(蕪湖) 지방을 여행하다가 우연히 장례를 치르고 있는 집에 들러 그 풍습을 유심히 살펴봤다. 수많은 화환이 길가에 세워져 있고 사람들이 우글거리는 모습은 우리와 비슷했다. 다만 화환 한가운데 전(奠)이라는 검은 글자가 적혀 있었다. '제물로 제사를 올리다'는 뜻이 담긴 이 글자는 물건을 올리는 기물을 뜻하는 추(酋) 자와 두 손으로 받친다는 대(大) 자가 합해진 글자이다. 두 손으로 받친다는 상형이 변해 '크다'는 의미가 되었다는 점은 상당히 재미있다. 중국 최초의 한자학 서적인 『설문해자(說文解字)』에서는 예(禮)를 곧 전제(奠祭)라고 했다. 『예기』나 『주례』에도 자주 등장하는 말이다. 고대 중국에서는 하늘이나 신에게

인생종착역

제를 올리는 일이 곧 예이자 권력을 상징하는 뜻으로 쓰였다.

중국도 우리나라처럼 망자에게 수의를 입힌다. 장례용품 가게에서 가장 인기 있는 상품이 수의이지만, 수(壽)는 장수(長壽)를 축하하거나 생신을 축하하는 뜻으로도 쓰인다. 예로부터 오래 사는 것이 가장 큰 복이었기에 60세가 되면 초수(初壽), 80세는 중수(中壽), 100세가 되면 고수(高壽)라 했다. 또 77세를 희수(喜壽), 88세를 미수(米壽), 99세를 백수(白壽)라고 했다. 재미있는 것은 초서로 77(七十七)를 세로로 쓰면 희(喜) 자와 비슷하고, 88(八十八)를 합치면 미(米) 자가 되며, 100(百)에서 일(一)을 빼면 백(白)이 된다. 고대 한자를 재미있게 풀이한 이야기인데 꽤 그럴듯해 보인다.

수의는 가죽 모피나 비단을 쓰지 않는다. 그 이유는 짐승이 시신을 훼손하면 자손이 끊긴다는 속설 때문이다. 그래서 보통 명주나 목화솜으로 만든 견면(絹綿)을 사용한다. 견은 항상 마음에 두고 그리워한다는 뜻인 권(眷)과 발음이 같고, 면은 고인을 기린다는 뜻인 면(緬)과 발음이 같다. 장례(葬禮)의 장(葬) 자는 죽은 자(死)의 아래위를 돗자리(草)로 덮는다는 뜻이다. 애도한다는 뜻에서 상례(喪禮)라고도 한다.

일반적으로 장례는 그 절차나 형식이 지역마다 약간씩 다르지만 대체로 일치하는 점은 우리처럼 화환을 보낸다는 것이다. 집 앞에 화환이 많을수록 복이 많다고 생각한다. 보통 화환은 흰색이나 청색 난(蘭), 흰색이나 노란색 국화, 흰색이나 노란색 장미 등을 사용하고 침엽수 잎을 섞기도 한다. 화환에는 '그 훌륭한 명성을 자자손손 후대에 남기라'는 뜻으로 만고류방(萬古流芳)이라는 글자와 앞에서 말한 전(奠) 자를 쓴다. 우리말 '근(謹)'이나 '조(弔)'와 비슷하다고 생각하면 된다.

백금(帛金)은 조의금을 말한다. 백(帛)은 비단과 같은 견직물을 말하는데 흰백(白) 자와 수건건(巾) 자가 합쳐진 글자다. 백(白)은 허공을 뜻하고 건(巾)은 고대사회 화폐를 뜻한다. 보통은 조문 가서 절하기 전에 상주에게 준다. 중국에서는 명절 때 아이에게 주는 돈이나 결혼식과 같은 경사 때 주는 돈은 붉은 종이나 천에 싸서 준다고 해서 홍포라고 한다. 홍(紅)은 붉다는 뜻도 있지만 무지개의 가장 바깥에 있는 색이라서 번창한다는 뜻도 있다. 그래서 허공을 뜻하는 백금과는 쓰임새가 엄연히 다르다.

그리고 조언(弔唁)이라는 말은 애도의 뜻을 나타낸다는 말이고, 조(弔) 자는 활과 화살을 뜻하는 상형이다. 매장이 정착되지 않았던 고대에는 시체를 들판에 두고 나무로 덮어 놓았는데, 맹수가 달려들면 활을 쏘아 내쫓았기 때문에 생긴 말이다. 언(唁)은 졸지에 변고를 당한 사람을 위문한다는 뜻으로 구(口)와 언(言)이 합쳐 형성된 글자이다.

문 앞에는 영정을 모셔놓은 영대(靈臺)가 있고 상복(孝服, 효복)을 입은 상주(葬主, 장주)가 서 있다. 문상객은 향을 피우고 세 번 절한 후 상주와 이야기를 나눈다. 효(孝)는 효도 및 봉양이라는 뜻도 있지만 옛날에는 장례라는 뜻으로 쓰였다. 그래서 상복을 우리말로 직역하면 '효를 표하는 옷'이니 아주 적절한 표현인 것 같다. 우리도 그냥 상복이라 하기보다는 이렇게 깊은 뜻이 있는 효복이라 해도 나쁘지 않겠다는 생각이다. 대체로 장례식 기본 골격은 우리와 크게 다르지 않다. 그렇지만 우리나라도 집안이나 지방마다 가풍이 다르고 전통이 다르고 예가 다르고 분위기가 다르듯이 중국도 그렇다고 보면 된다.

중국에서는 장례식장을 영당(靈堂)이라 부르고, 장례식 때 많이 쓰는 가부(家父)라는 말은 우리말 가친(家親)과 같이 남에게 자신의 아버지를 말할 때 쓴다. 문 앞에 사람이 꽉 차 있어서 안쪽이 잘 보이지는 않지만, 영정(影幀)이 모셔져 있고 향불을 담은 조그만 화로도 보인다. 정(幀)은 건(巾)과 정(貞)을 합친 글자이고, 한쪽은 뜻을 다른 쪽은 음을 나타내는 형성자로 화폭을 뜻한다. 재미있는 점은, 『설문해자』에 따르면 정(貞)을 복문(卜問)이라고 한다. 점을 치는 도구로 조개(貝)를 사용한 것과 무관하지 않다. 그림자이자 흔적을 뜻하는 영(影)과 화폭을 뜻하는 정(幀)이 만나서 영정이라는 말이 되었지만, 이렇게 길흉화복이라는 뜻도 깊숙이 숨어 있다.

중국도 보통 3일장을 치르는데 오늘 방문한 집은 5일장을 치르고 있었다. 돌아가신 분이 노홍군(老紅軍) 출신이고, 또 나이도 아흔이 넘었기 때문이다. 우리로 치면 일종의 호상인 셈이다. 모든 장례가 끝나면 조의금에 대한 보답으로 수건 같은 물건을 돌리기도 한다. 이를 회집(回執)이라 하고 배달 증명이란 뜻이다.

결혼은 경사라는 뜻에서 홍사(紅事)라고 하고 장례는 백사(白事)라고 한다. 상복을 입는 것은 천백(穿白)이라 하고, 장례가 끝난 후 조문 온 사람을 초청하는 것은 백연(白宴)이라 한다. 중국의 전통적 사고에서 보면 고인을 기리는 일은 '하얗다'는 개념이다. 서양에서 검은 옷을 입는 것과는 상반되는 개념이다.

우연하게 중국 장례식을 봤다. 중국 사람과 더불어 살다 보면 생활 곳곳에서 그들의 문화를 보게 되겠지만, 그래도 장례식장에서 실수하지 않으려면 그들이 장례를 어떻게 치르는지를 최소한 몇 가지는 차분히 알아두는 게 좋겠다.

삼가 고인의 명복을 빈다.

천 년 고성에서 먹는
틀국수

-
-
-

　중국은 국수의 나라라고 해도 과언이 아니다. 요리대전(菜譜大全) 같은 책에 나오는 국수 요리법만 해도 500개가 넘는다. 이렇게 요리법이 다른 만큼 먹는 법도 다르고 이름도 다르고 유래도 다양하다. 이렇게 주식으로 밥보다 면을 더 좋아하는 중국이다 보니 생전 처음 보는 국수를 보면 맛도 보고 싶지만, 어떻게 만드는지 언제부터 누가 만들어 먹었는지 등을 풀어가는 재미도 쏠쏠하다.

　북경에서 서쪽으로 버스로 4시간 정도 거리에 있는 하북성 난천(暖泉)에 가면 토담으로 쌓은 고성이 있다. 북경대학출판사 미술편집자 임승리(林勝利)는 흙으로 쌓은 이 고성을 '마치 45년 전 북경 고성에서 놀던 때처럼 흥분되는 곳'이라고 칭찬했다. 아직도 인심이 남아 있는 시골 여행은 어느 나라 사람이나 마찬가지인 것 같고, 우연히 된장처럼 묵은 먹을거리라도 만나면 더없이 반가울 것이다.

　이곳 고성 허름한 식당에서 고교협락(苦蕎飴餎)를 만난 것도 더없는 행운이었다. 고교는 타타르족이 즐겨 먹었다는 메밀을 말하고 협락은 틀국수라는 말이니, 메밀로 만든 틀국수란 뜻이다. 틀로 만드는 국수라,

어떻게 만드는지 궁금해진다. 이 국수는 메밀 반죽을 단단하게 하는 것이 묘미이다. 반죽을 틀에 넣고 힘껏 누르면 굵직한 면발이 아래로 떨어지고, 틀 아래에는 끓는 물이 있어서 자동으로 면이 익는다. 삶은 채소나 달걀을 넣어서 먹는 이 국수는 연한 황금빛이고, 면발은 굵었지만 부드럽고 쫄깃했고, 육수도 구수한 맛이 났다. 한 그릇에 인민폐 4.5원(약 850원)이라 싸기도 하고 양도 많다.

고교협락은 중국 서북부 신강에서부터 하북까지 장장 1,000킬로미터에 달하는 광범위한 지역에서 즐겨 먹는 민간 요리이고, 북방 유목민인 타타르족이 처음 먹었던 국수이다. 범튀르크계에 속하는 타타르족은 대부분 이슬람교를 믿으며, 당나라 때부터 역사에 등장해 돌궐족, 몽골족과 경쟁하며 살았다. 중국 55개 소수민족 가운데 하나이며 서북부 신강위구르자치구에 5천여 명이 살고 있다. 동유럽에도 많이 거주하고 있고 모스크바 동쪽 볼가 강 변에는 타타르스탄 자치공화국이 있다.

북경 서쪽 한 작은 마을에 이런 음식이 전해 오고 있다고 생각하니 자못 흥미롭다. 황하를 따라 형성된 마을에서도 가끔 국수를 짜는 틀을 볼 수 있다. 육수를 넣어 말아 먹기도 하지만 반면(拌面), 즉 비빔국수를 만들어 먹기도 한다.

난천 고성은 하북성 울현(蔚縣)에 속한다. 현 이름이 한 글자라는 말은 진나라의 군현제 흔적이 2000년이 지난 지금도 남아 있다는 말이고, 유네스코에서 중국 각 지역을 조사해 발표한 천년고현(千年古縣)에 포함될 정도로 역사적인 곳이라는 말이다. 지금은 수많은 단자(單字) 현이 쌍자(雙字)로 변해 사라졌지만 아직도 중국 전역에는 110여 개가 남아 있다. 독자(獨字) 현이라고도 불리는 단자 현에 가면 그만큼 사람 냄새가

말렸다가 익힌 두부

나는 음식과 풍물이 풍부하다고 보면 된다.

난천 고성에서 가장 유명한 먹을거리는 말린 두부이다. 그래서 그런지 이곳은 온통 두부 공장이다. 형기두부점(邢記豆腐店)이라는 간판이 걸린 집으로 들어가니 할머니 몇 분이 열심히 두부를 만들어 팔고 있었다. 형(邢)은 하북성 서남부 형대시를 기반으로 삼던 주나라 제후국 이름으로 나중에 성씨로 변한 글자이다. 그러니 이 가게 주인 성은 형씨인 셈이다. 재미있는 것은 '기(記)'라는 말이다. '기록'을 뜻하기도 하지만 '인장(印章)'이라는 의미도 있다. 그래서 이곳은 도장을 찍은 것처럼 간판을 만들어 놓았다. 성과 함께 써서 다른 점포와 구분해 놓은 것이다. 이제는 '기' 자가 들어가 있으면 전통적인 가게를 뜻하는 말이 되었다.

두부는 큰 쇠솥에 물과 함께 가득 담겨 있고, 햇볕에 말리면 딱딱하게 굳어지고, 다시 약한 불로 끓이면 쫄깃쫄깃한 맛이 난다. 긴 깍두기처럼 놓여 있는 두부는 창문에 비치는 햇살을 머금어 딱딱하게 변하고, 바로 옆 쇠솥에서는 은은하게 익는다. 이렇게 말렸다가 다시 물에 불리기를 반복하면 마치 고기처럼 쫄깃한 이 지방만의 특산품이 된다. 중국 두부는 향이 진해 탄내가 나는데 이곳 마른 두부는 생생한 맛을 유지하고 있다. 채식주의자라면 삼겹살 대신 이 두부를 구워 먹으면 어떨까. 그리고 일반 두부는 금방 상한다는 단점이 있어서 바로 먹어야 하지만, 이곳과 같은 과정을 거쳐 보관하면 오랫동안 먹을 수 있다.

고성을 나와 길거리 시장으로 가다 보면 두부와 고교협락을 먹으려는 사람들이 줄을 서서 기다리는 모습을 볼 수 있다. 말린 두부 한 접시는 인민폐 2원(약 380원)밖에 하지 않아서 고교협락을 먹은 지 1시간도 되지 않았지만 그냥 가긴 아쉬웠다. 쫄깃하고 담백한 두부에 양념을 올려 먹었더니 배가 터질 지경이었다. 그런데 바로 옆에 부부인 듯한 할아버지와 할머니가 장사하는 곳에도 사람들이 붐비고 있었다.

할아버지는 둥근 그릇 안에 담긴 것을 젓가락으로 죽죽 금을 긋고 있었다. 완두로 만든 이 묵을 스무 번 정도 나누니 연두색 국수로 변한 것이다. 바로 이런 것을 우리는 묵사발이라고 부르나 여기서는 분타(粉坨)라고 부른다. 그릇 안에서 국수로 변신하니 신기할 따름이었다. 그럼 이것은 뭐라고 불러야 하나. 묵이야, 국수야? 재료로는 완두, 녹두, 메밀을 사용한다. 사람들이 주문할 때마다 할아버지가 그릇 안에서 젓가락질을 하고 할머니는 받아 고추기름을 뿌려 내준다. 한 그릇으로 그치지 않고 두 그릇

분타

이나 세 그릇을 먹어치우는 사람도 있다. 가격은 한 그릇에 1.5원, 우리 돈으로 300원도 되지 않는다.

천 년 고성이 있는 마을 난천에는 타수화(打樹花)라는 전통 풍습도 있다. 녹인 쇳물을 성곽 위에서 하늘을 향해 뿌리는 놀이로 마치 꽃나무를 때리면 꽃이 떨어져 내리는 모습과 같은 불꽃놀이다. 500여 년 전부터 전해 오는 원소절(元宵節, 정월 대보름날) 행사로 무형문화유산으로 보존되어 있고, 해마다 10만 인파가 몰린다.

황량한 황토 벌판과 흙으로 쌓은 성곽 바깥으로는 민가가 구석구석 자리 잡고 있다. 황토 빛깔이 곳곳에 묻어 있는 허름한 가옥은 독특해서 그런지 영화 촬영지로도 유명하다. 특히 2001년 '칸영화제'에서 심사위원 대상을 받은 〈귀신이 온다〉를 촬영한 곳으로 알려져 있다. 의식 있는 6세대 감독이자 배우인 강문(姜文)이 연출하고 주연한 이 영화는, 1945년 화북(華北) 지방 한 농촌에 낯선 사람이 일본군과 통역을 포로로 남기고 떠나면서 벌어지는 이야기다. 비록 흑백이지만 그림자 조명의 대비를 통해 일본군과의 긴장감을 잘 표현한 영화이다.

또 이곳은 종이 오리기 공예인 전지가 발원한 곳 가운데 하나이다. 기원전부터 이어져 왔고 명나라 때부터 수공업으로 발전한 공예이다. 아무튼, 흥미로운 문화와 역사가 있는 곳에는 생각지도 못한 먹을거리와 볼거리가 숨어 있다. 이 지방에 놓치기 아쉬운 국수가 있듯이 다른 지방에도 무언가가 숨어 있을 터이니, 가벼운 여행을 하더라고 꼼꼼하게 살필 일이다.

아름다운 묘족이 사는
아름다운 마을

-
-
-

　중국 어디를 여행해야 좋은가를 알려달라고 하면 늘 망설이게 된다. 드넓은 중국 땅 어디라도 인상에 남지 않을 곳은 없기 때문이다. 요즘은 귀주(貴州)를 추천하는데 온화한 자연 풍광도 좋지만 소박하고 색다른 민족문화는 다른 지역에 비해 손때가 덜 묻어 있기 때문이다. 소수민족이 모여 사는 촌락으로 들어가면 난생처음 보는 옷 색깔, 익숙하지 않은 선율, 그들만의 풍성한 먹을거리 등이 있어서 나름대로 신선한 여행이 될 것이다. 이렇게 중국에는 많은 민족이 옹기종기 모여 살지만 지금 얘기하려는 묘족 마을이 여행하기에는 으뜸일 것이다.
　귀양(貴陽)에서 동쪽으로 2시간 거리에 있는 개리(凱里)를 지나고, 다시 동남쪽으로 1시간가량 꼬불꼬불한 산길을 따라가면 서강(西江)진에 도착한다. 이곳에서 산모퉁이를 돌아가면 천여 가구가 모여 사는 마을 전경이 한눈에 들어오는데, 집들이 산 하나를 통째로 뒤덮은 것처럼 요새로 보이는 마을이다. 중국 최대의 묘족 산채, 즉 천호묘채(千戶苗寨)이다.
　묘족은 닭과 친숙해 투계(鬪鷄)로도 유명한 민족이다. 마을로 들어서면 먼저 목덜미가 핏빛으로 붉게 물든 싸움닭들이 활보하고 있는 모

천호묘채 시장

습이 보인다. 사람과 어울려 지내고, 또 공격적이지 않은 것처럼 보여도 선뜻 다가가기는 쉽지 않다. 시장에는 봉지에 강아지를 담고 지나가는 사람, 돼지를 몰고 가는 사람 등으로 북적거리고, 산나물, 벌꿀, 과일, 흔하지 않은 도토리 등도 팔고 있었다. 시장이 반찬이라고 했던가, 눈앞에는 먹음직스러운 먹을거리가 냄새를 풍기고 있었다.

 이곳에서 생산하는 농산물은 주로 쌀과 찹쌀이라 그런지 넓은 면발에 향긋한 소스로 비빈 미피(米皮)가 먼저 보인다. 쌀로 빚어 만든 비빔국수는 중국 어디에나 있지만 묘족 미피는 훨씬 고소한 맛이 난다. 후루룩 입속에 넣으면 되고, 적당히 달고 상큼한 맛깔 때문에 먹고 나서도 자꾸 입맛을 다시게 된다. 은장식이 달린 묘족 모자를 쓴 꼬마도 열심히 손으로 집어 먹는다.

우리네 시골에서 보는 것과 달리 넓고 평평한 떡판도 호객하고 있었다. 그곳에 찹쌀을 놓고 떡메로 쳐서 자파(糍粑)를 만든다. 자파는 두 글자 다 떡이라는 뜻인데 찹쌀로 만든 떡을 말한다. 떡은 밤에 만들고 이곳에서 떡메를 치는 이유는 손님을 끌기 위한 것이다. 관광객에게 흥겨운 놀이도 제공하고 떡도 파는 셈이다. 떡메 치는 소리는 '흘파(吃吧)'라고 한다. 흘파는 중국인이 자주 쓰는 일상어로 '먹어 봐', 또는 '드세요'라는 뜻으로 중국어로는 '츠바'로 발음한다. 입에 착착 감기는 발음도 정겹지만 의성어로도 잘 어울려 보인다.

또 천호묘채에는 이곳에서만 볼 수 있는 아름다운 공연이 있다. 공연할 때는 평소에 입는 복장과 다르며, 공연할 때 입는 옷이 정장이다. 세계에서 가장 아름다운 민족의상이라 불리는 옷을 입고, 은장식(銀飾)을 머리와 목에 두르고 공연한다. 자수 문양을 박음질한 파란 윗옷과 빨간 치마를 알록달록하게 차려입은 아가씨가 등장해 춤추는 모습을 보면 누구라도 시선을 뗄 수 없을 것이다.

악기로 쓰는 나뭇잎 또한 깊은 산골에 사는 사람만이 다룰 수 있다. 그들이 부는 '나뭇잎 피리(樹葉吹笛)'는 십 리 밖에서도 들릴 정도로 고음이고 음색은 단아한 새소리 같다. 입이 하나이니 잎도 하나만 있으면 사람의 심금을 울릴 수 있는 법이다. 노래 잘하고 춤 잘 추는 민족답게 화려한 옷을 입고 살랑거리며 추는 춤을 보고 있으면 노랫가락조차 잊게 한다. 대표적 민속 악기인 로생(蘆笙)은 대나무로 만든 황관(簧管)악기로 우리나라 생황과 비슷하다. 귀를 쫑긋해야 들리는 저음을 내지만 나뭇결을 따라 흘러나오는 청아한 소리는 단조 같은 울림이 있다. 묘족의 상징 같은 악기로 공예품으로 팔기도 한다.

천호묘채 공연

묘족은 노래도 잘하는데 그들이 부르는 노래를 비가(飛歌)라고 한다. 산과 산, 산 위와 아래에서 서로 메시지를 주고받기 위해 노래를 사용한다. 소리만 냅다 지르면 힘만 들지 많은 내용을 전달할 수 없기 때문에 단조로운 곡조에 가사를 담아 '아빠, 산에서 내려와 밥 먹자.', '아이가 갑자기 아프다.', '낯선 사람이 나타났다.' 같은 말을 전했던 것이다. 아주 깨끗하면서도 고음이며 아주 멀리 날아가는 노래이다.

신명 나는 공연을 보고 난 뒤 마을 뒷산에 있는 이층집으로 올라갔다. 이곳 2층 베란다는 '미인이 기대선 곳'이라는 뜻으로 미인고(美人靠)라 부른다. 주로 아가씨가 생활하는 곳이며 얼굴도 다듬고 직조도 하며 총각과 눈도 마주치는 장소라서 붙은 이름이다. 식당과 숙식을 겸한 농가 2층으로 올라가 강에서 직접 잡은 물고기와 산나물 요리로 저녁을

천호묘채 야경

먹었다. 밥은 나무통에 담겨 나오니까 알아서 먹을 만큼 덜어서 먹으면 된다. 찹쌀로 빚은 술 나미주(糯米酒)는 특별한 밀주로 달다고 많이 마실 일은 아니다. 30도가 넘을 정도로 알코올 도수가 높다.

산과 산 사이에는 강이 흐르고 강에서 잡은 물고기로 매운탕을 끓이는데, 바로 산탕어(酸湯魚)라고 불리는 묘족 마을의 특별 요리이다. 시큼한 초를 듬뿍 치고 죽간, 콩나물, 발효된 배추, 마늘 등을 넣고 삶은 다음 메기 한 마리를 통째로 넣는다. 적당하게 익으면 먼저 메기를 먹고 남은 국물에는 채소와 버섯을 듬뿍 넣고 샤부샤부처럼 해서 먹는다. 담백하고 새콤한 맛이 나는 국물을 마셔도 별미이다. 면발이 넓은 관분(寬粉)이나 가느다란 분사(粉絲)를 입맛대로 넣어 먹어도 좋다.

저녁이 오면 집집이 등을 켜고, 그러면 천호묘채를 유명하게 만든 광경이 연출된다. 바로 산 하나가 거대한 야경으로 반짝거리는 것이다. 산등성이 객잔 어디에서 잠을 청하더라도 밤새 야경을 볼 수 있다. 대나무 악기 로생의 길고도 처량한 소리가 어디선가 뿜어져 나오면 여행자는 곤한 마음을 달래며 잠자리에 든다.

서태후도
좋아했던 간식

-
-
-

중국 수도 북경에는 전국의 먹을거리가 다 몰려 있다고 해도 과언이 아니고, 나는 북경에서 6년 동안 살면서 온갖 먹을거리를 먹어 보았다. 길거리에서 쉽게 먹을 수 있는 간단한 요리를 중국인은 소흘(小吃)이라 한다. 간식이라는 뜻이지만 서민이 값싸게 끼니를 때울 수 있다면 곧 주식이 되는 셈이다. 이번에는 북경에서 소흘로 유명한 거리나 식당을 차례로 찾아가 보자.

북경 시내 서성구(西城區)에는 원나라 때 건축된 호국사(護國寺)가 있는데, 그 골목이 지금은 전국의 간식 외에도 각종 요리를 파는 대표적인 거리가 되었다. 이 호국사 거리에 가면 호국사소흘이라는 가게가 있다. 간단하게 요기할 수 있는 면이나 과자, 떡 등을 판다. 간식도 분류가 있어서 굽거나 부치는 락식(烙食), 볶는 초채(炒菜), 면과 뜨거운 국물이 있는 열류식(熱流食), 찬 음식인 양류식(凉流食), 새해에 먹는 떡이나 과자인 연식(年食), 밀가루를 쪄서 만든 증식(蒸食) 등으로 나뉜다.

이 가게에서는 회면(燴麵)을 판다. 고기와 시금치 같은 채소를 넣고 면발이 넓은 국수를 넣은 잡탕 비슷한 것으로 고기는 주로 양고기나 소고기를 쓴다. 고기는 식성에 따라 고르면 되고 양고기를 넣으면 국물 맛이 훨씬 더 구수하다. 회면은 면발보다는 국물 맛이 더 좋은 음식이다. 돼지고기를 면 요리에 쓰지 않는 전통은 오랫동안 면을 주식으로 사용했던 이슬람교도와 깊은 관련이 있다. 회면은 바로 이슬람교도 음식이 중원에 전해진 경우이다.

호국사 거리에는 또 북경 13절이라 불리는 간식이 있고, 특히 서태후가 좋아한 간식은 서역에서 온 것이 많다. 바로 청나라 때부터 서민의 간식을 대표하던 애와와(艾窩窩)가 그중의 하나이다. 찐 찹쌀에 설탕처럼 단 소를 넣은 다음 참깨를 섞어 동그랗게 만든 것으로 우리나라 찹쌀떡과 비슷하다. 원래 서역 위구르족이 즐겨 먹던 간식이고 그 유래는 이렇다. 청나라 건륭제가 위구르족 출신 비를 강제로 얻자 비는 궁에 온 후 잠도 못 자고 먹지도 못했다. 그래서 황실 주방인 어선방에서는 고향에 있는 비의 남편을 불렀고, 남편이 만든 간식을 먹고 비는 남편이 온 줄 알았다. 비가 맛있게 먹자 어성방에서는 떡 이름이 무엇인지 물었다. 남편은 자기 이름 애매제(艾買提)를 따서 애와와라고 대답했다. 와(窩)는 어떤 것에 들어간 모양을 뜻하기도 하지만 보금자리라는 뜻도 있다. 남편의 정성이 숨어 있다는 의미로 해석해도 된다.

이와 비슷한 유래가 또 있다. 려타곤(驢打滾)은 당나귀가 데구루루 구르는 모습을 의미하는 말이기도 하지만 소를 넣은 기장쌀을 동그랗고 길게 김밥처럼 만 다음 콩가루를 묻힌 음식을 뜻하기도 한다. 일명 콩가루 떡이라고도 하고 역시 청나라 건륭제가 비를 위해 만든 음식이다. 이후 북경 서민에게 널리 퍼졌고, 지금은 깔끔하게 포장해서 궁중 식품 어식(御食)이란 상표로 팔리고 있다.

건륭제의 위구르족 비는 향비(香妃)이다. 태어날 때부터 몸에서 신비로운 향기가 나온다고 해서 붙은 이름이다. 황제는 향비를 위해 고향 간식을 만들고 이슬람 사원

마단

을 짓는 등 환심을 사려고 노력했지만 향비는 끝내 마음조차 허락하지 않았다. 그래서 위구르족은 향비를 영웅으로 칭송하고 있다. 향비 덕분에 중국 간식은 더욱 풍부하게 되었으니, 그 공로 또한 인정할 만하다.

호국사 외에 소흘 거리로 유명한 곳은 문광호동(門框胡同)이 있다. 북경에서 가장 번화한 상업 거리인 대책란 한가운데에서 골목으로 들어가면 두세 명 정도 겨우 다닐 수 있는 좁은 길이 나온다. 관광지로 알려지지 않았지만 수도에서 얼마 남지 않은, 전통적인 먹자골목 가운데 하나이다. 이곳에서는 부꾸미 같은 전병(煎餠)도 부치고, 육병(肉餠)도 튀기고, 옥수수도 찌고, 감자도 볶는다. 육병을 파는 가게에는 동그랗게 생긴 마단(麻團)도 있다. 찹쌀을 반죽해 깨를 입혀 기름에 튀긴 것으로 깨를 묻힌 경단이다.

골목에서 조금 더 안쪽으로 들어가면 샛길이 하나 나온다. 그곳으로 들어가면 역사와 전통을 자랑하는 서민적인 음식점 폭두풍(爆肚馮)이 있다. 폭두는 소와 양의 내장을 재료로 해서 만든다는 말이다. 청나라 말기부터 대중적으로 인기를 끌기 시작한 음식이고, 역시 서역에서 온 이슬람교도의 전통음식이다. 이 가게 간판에는 이슬람교도 상징

작류련

인 청진(淸眞)이라는 두 글자가 선명하게 새겨져 있다. 내장을 깨끗이 씻어 갖가지 재료를 넣은 폭두를 샤부샤부 형태로 먹는데, 이를 수폭(水爆)이라고 한다. 글자를 뜯어보면 '물이 폭발'한다는 말이다. 내장이라는 선입견을 버리고 먹으면 꽤 강렬한 맛이 나서 먹을 만하다.

이 거리에는 100년의 역사를 자랑하던 가게가 수두룩했지만 도시화 때문에 지금은 많이 사라졌다. 그때 사라질 위기에 처한 이곳 가게 12곳이 모여 식당을 차린 곳이 있으니, 북경의 아름다운 호수공원 십찰해 부근에 있는 구문소흘(九門小吃)이 바로 그곳이다. 북경의 전통 가옥인 사합원을 개조해 만든 이곳에 가면 300여 가지 먹을거리를 한꺼번에 만날 수 있다.

앞서 말한 폭두풍을 비롯해 기장 가루를 걸쭉한 죽처럼 쑨 면차(面茶)를 파는 차탕리(茶湯李), 려타곤이나 애와와를 비롯해 각종 떡을 파는 년고전(年糕錢), 찐빵 속에 양고기를 넣어 햄버거 같은 화소협육(火燒夾肉)를 파는 월성재(月盛齋), 수제비처럼 생긴 밀가루 반죽과 채소를 넣고 볶은 초흘탑(炒疙瘩)을 파는 은원거(恩元居), 순두부에 콩 국물을 넣고 양념한 두부뇌(豆腐腦)를 파는 서역재(西域齋) 등 옛날 품격을 유지한 가게가 모여 있다.

구문소홀에서 맛본 간식 가운데 지금도 잊을 수 없는 게 있다면 단연 열대 과일 두리안을 튀긴 작류련(炸榴蓮)이다. 두리안은 냄새가 지독해 악명이 높지만 영양이 풍부해 맛으로 정이 들면 생과일로도 좋다. 맛을 보면 튀김이 지닌 맛과 두리안의 상큼하면서도 은근한 냄새가 섞여 국적 불문의 맛이 되었지만, 그 어디에서도 맛보지 못한 경험을 할 것이다. 이처럼 구문소홀에는 상상하기 어려운 맛이 곳곳에 숨어 있으니 그냥 지나칠 수 없지 않겠는가.

보일 듯이 보이지 않는
따오기를 찾아서

-
-
-

　보일 듯이 보일 듯이 보이지 않는 〈따오기〉 노래는 해와 달과 별이 돋는 '내 어머님의 나라'를 표현하고 있다. 한정동이 작사하고 윤극영이 작곡한 이 동요는 우리나라 사람이라면 모두 한두 번은 들었거나 불렀으리라. 일제강점기 때 나라 잃은 슬픔을 '보일 듯이 보이지 않는' 노랫말로 애절하게 표현했는데, 이제 정말 따오기는 보기 어려운 새가 됐다. 천연의 자연에서만 서식한다는 따오기는 도시화, 산업화가 가속화되자 멸종한 새가 되어 버렸다. 우리나라에서는 천연기념물 제198호로 지정하고 있지만 1970년대 중반에 사라져 버리고 없다.
　따오기는 세계에서 유일하게 자연 상태에서만 서식하는 새라서 지금은 중국까지 가야 만날 수 있다. 중국어로 주환(朱鷴)이라고 하는 따오기는 중국 중부를 동서로 가르는 천혜의 요새 진령(秦嶺)산맥 남단에 서식한다. 고도 섬서성 서안에서 따오기가 있는 양현까지는 차로 약 4시간이 걸린다.
　진령산맥을 넘어가는 길은 그야말로 긴 터널의 연속이다. 가장 긴 터널은 14킬로미터나 된다. 게다가 동서로 1,500킬로미터에 달하는 기나긴 산맥 주봉은 해발 3700미터가 넘고, 평균 해발은 2000미터가 넘는다. 8월 한여름인데도 차창 밖으로 손을 내밀면 싸늘하다. 휴게소에서 차를 잠시 멈추자 초겨울 한기가 느껴질 정도였다.

한중시 양현에 도착하자마자 바로 따오기를 구호하고 사육하는 센터로 향했다. 담벼락에 새겨진 따오기 그림과 '동방의 보석(東方寶石)', '상서로운 길조(吉祥鳥)'라는 문구를 보자 따오기에 대한 존경심까지 우러나왔다. 그 아래에는 '1981년 5월 조류학자 류음증(柳蔭增) 등이 오랫동안 연구하고 조사한 끝에 이곳 양현에서, 세계에서 유일하게, 기적적으로 생존해 있는 야생 따오기 7마리를 발견했다'는 말이 쓰여 있다. 정말 기적적으로 살아 있는 따오기를 찾아낸 것 역시 기적이 아닐까. 류음증은 중국에서 20년 전에 사라진 따오기를 찾기 위해 3년여 기간 동안 50,000킬로미터, 12개 성에 이르는 곳을 걸어서 찾아다녔다.

그래서 류음증을 비롯한 연구팀은 이 '진령 1호 따오기 무리'를 발견해 화제의 인물이 됐다. 중국 정부는 이곳을 특별관리 지역으로 선포하고 농약, 비료 등의 사용을 엄격히 제한했으며, 공기총이나 폭죽도 사용을 금지했으며, 벌목도 관리했을 뿐만 아니라 일 년 내내 습지를 유지하도록 했다. 또 기념우표도 발매했으며 관련 규정도 엄격하게 적용했다. 1990년 9월에 외지에서 사냥하러 온 사람이 과실로 따오기 3마리를 죽이자 그는 실형 4년을 선고받았다.

이후 따오기는 활발하게 번식해 매년 5마리씩 증가했고, 지금은 상당한 숫자가 서식하고 있다. 이 따오기는 외교 선물로도 주목받고 있는데 1998년에는 강택민 주석이 일본에 한 쌍을 선물했고, 2008년에는 호금도 주석이 우리나라에도 한 쌍을 기증했다. 지금 우리나라 경남 우포 습지에 있는 따오기 한 쌍이 바로 그때 받은 것이다.

관리사무실로 들어가 따오기를 취재하러 왔다고 했더니 대뜸 오늘은 볼 수 없다고 했다. 한참이나 설득하자 승낙하면서 안내인이 소개하는 조건으로 한 사람당 인민폐 500원을 내라고 했다. 우리 일행이 모두 6명이니 3,000원, 즉 우리 돈으로 50만 원이나 받겠다는 것이다. 이렇게 말하며 이전에 왔던 사람에게 발급한 영수증을 보여주는데, 정말 엄청났다. 500원은 저렴한 편이고 어떤 경우에는 2,000원이나 받았다면서 외국인에게는 더 비싸게 받아야 한다는 말도 덧붙였다. 우리는 북경에 사는 사람이고 따오기를 보려고 여기까지 왔다며 애걸하다시피 해서 겨우 1인당 100원을 주기로 합의했다. 이게 무슨 노릇인지. 안내원은 따오기가 있는 곳으로 가면서 오늘은 따오기 보기가 몹시 어려운 날이라고 말했는데, 볼 수 없다는 말인지, 아니면 어렵더라도 볼 수 있다는 말인지 헷갈렸다.

시내를 가로질러 30여 분 가더니 졸졸졸 흐르는 하천 앞에서 차를 멈췄다. 차에서 내리니 안내원은 1시간가량 더 가면 따오기가 많은 산이 있는데, 거기 가면 오늘은 보기 어려울 거라면서 여기 하천 습지에서 보라고 권했다. 여기서 보나 더 가서 보나 차이가 없을 것 같아 여기서 보기로 했다. 하천을 따라 좁은 길을 10여 분 걸어가니 정말 푸른 습지가 나타났다. 하천 옆으로는 풀들이 싱그럽게 돋아나 있고 땅을 밟으니 푹푹 빠졌다. 물소들이 한가로이 장난치고 있는 사이로 새들이 정겹게 날아다니는 게 보이자 안내원은 저 새는 따오기가 아니라 백로라고 했다. 따오기가 사는 곳에는 늘 백로가 많기 때문에 둘을 구별하기 어렵다고 하는데, 그럼 도대체 따오기는 어디에 있다는 말인가.

진흙탕에서 나뒹구는 물소를 지나 상류 쪽으로 올라가다가 안내원이 "바로 저 새야!" 하며 소리쳤다. 그러나 후다닥 날아가는 새가 백로인지 따오기인지는 알아보기 어려웠다. 따오기를 자세히 보면 머리부터 목덜미까지 빨갛게 물들어 있고, 날갯짓할 때는 백로보다 약간 더 금빛을 띤다고 한다. 그런데 의문을 품고 있는 우리에게 자신이 바로 따오기라는 듯이 하천 건너편에 나란히 서 있는 따오기가 보였다. 거리가 멀어서 카메라로는 잘 잡히지 않았다. 망원렌즈를 가져오지 않은 걸 후회하며 캠코더를 최대한 줌인 하니 어렴풋하게나마 따오기의 모습이 눈에 들어왔다.

우리 일행은 따오기가 도망가지 않도록 뒤편에 조용히 머물다가 캠코더를 들고 조심스럽게 접근해 축축한 습지 한 귀퉁이에 앉았다. 다행스럽게도 따오기는 낯선 이방인의 흔적을 전혀 느끼지 못하는 듯했다. 30여 분이 더 지났을까, 이제 서서히 백로 틈에서 따오기의 광채가 눈에 들어오기 시작했다. 시린 엉덩이를 참으며 한참이나 기다린 보람이 있었던 것인지 갑자기 따오기들이 비상하기 시작했다. 허공을 가르며 날아가는 모습은 감히 백로에 비할 바가 아니었다. 크게 원을 그리며 하늘을 날던 따오기는 커다란 나무 뒤에 숨는 듯하더니 다시 눈앞에 나타나 원을 그리고는 상류 쪽으로 날아가 버렸다. 하천 습지가 길어서 그런지 사라져가는 따오기 모습은 오랫동안 시야에 잡혔고 차분하게 착지하는 모습까지 보였다.

조용히 〈따오기〉 노래를 읊조려 보지만 가사가 끝까지 생각나지 않는다. 너무나도 오랫동안 〈따오기〉 노래를 잊었던 것은 아닌지. 너무나도 오래전에 따오기가 우리 곁에서 사라진 것은 아닌지. 요즘 아이들도 이 〈따오기〉 노래를 부르고 있는지. 일행은 따오기가 날아가는 멋

따오기 사육장

진 모습을 찍었다는 말에 마치 자기 일인 양 기뻐했고, 따오기의 처량한 곡조는 나이 40이 넘은 사람에게도 향수를 자극하는 듯했다. 어렵사리 이 멀리까지 와 따오기를 못 보고 가면 어쩌나 하는 걱정도 한순간에 날아가 버렸다.

우리는 다시 따오기 센터로 이동해 관리사무실에서 따오기 상품을 구경했다. 주환흑미주(朱鷳黑米酒), 즉 따오기 상표를 붙이고 흑미로 만든 술로 병 색깔은 예쁜 빨간색이었다. 따오기 열쇠고리와 배지도 있고, 홍보용 디브이디(DVD)도 있었다. 벽에는 따오기를 소재로 그린 산수화도 몇 점 걸려 있었는데, 그다지 탐날 정도는 아니었다.

안내원은 우리가 따오기를 많이 못 봐서 미안해하는 표정을 짓더니 따오기 구호사육센터 안으로 데리고 들어갔다. 이곳은 따오기를 양육하는 곳으로 입장료 40원을 받는다. 그러니까 우리는 공짜로 들어간 것이다. 안으로 들어가자 커다란 따오기 조각상이 하나 서 있었다. 촌스러운 조각상을 만드는 데 일가견이 있는 중국다웠다. 그래도 이 조각상 앞에서 사진 찍는 일행을 보면, 역시 뒤편에 있는 따오기가 예사로운 새가 아님을 모두 알고 있기 때문이리라.

커다란 철조망 안에서 사육되고 있는 따오기는 엄청나게 많았지만 모두 낮잠을 자는지 조용했다. 안내원은 철조망 옆에 있는 관망대로 가라는 손짓을 하면서 모이를 주는 관리인을 들어가라고 했으니 좋은 기회를 놓치지 말라고 얘기했다. 얼마 후, 관리인이 모이를 들고 들어서자 갑자기 따오기들이 엄청난 소리로 합창하며 날아올랐다. 크고 높은 철조망이 따오기의 비상을 막는다는 느낌이 들어 마음은 좋지 않았지만, 따오기를 이렇게 가까이서 보니 기분이 좋았다.

야생 습지에서 보던 느낌과는 사뭇 달랐지만 따오기의 아리따운 색감과 의젓한 날갯짓은 감탄할 만했다. 몇 바퀴나 빙빙 돌던 따오기가 내려앉으려는지 조용해졌다. 한 무리는 커다란 나무 위에 살포시 내려앉았다.

양현을 떠나 서안으로 돌아가면서 창밖으로 날아가는 새가 보이면 따오기가 아닌가 싶어서 눈을 씻고 바라봤다. 이곳 양현 습지와 산속에 천여 마리 산다는 따오기! 옛날에 비하면 개체 수가 아주 많이 늘었다고 하지만 아직도 따오기를 가까이서 보는 일은 쉽지 않다.

6 ★ 신화와 고전

공주들의 분투,
남양공주와 문성공주

-
-
-

진시황 이후 역사에는 두드러지게 나타나는 공주가 많지 않다. 그렇지만 역사에는 어김없이 황제가 등장하고 있으니 황후나 비도 그만큼 많고, 따라서 공주도 많이 기록되어 있다. 공주 열전만 모아도 책 수십 권은 될 것이다. 그리고 황제의 권위를 찬탈하는 데 열중한 아들만큼이나 딸도 많았으니, 공주가 역사의 한 대목을 차지하는 것도 그리 이상할 일은 아니다. 그런 공주 가운데서『수서 열녀전』에 등장하는 남양공주(南陽公主)와 티베트에 불교를 전파한 문성공주만큼이나 중국 사람에게 회자되는 공주는 없을 것이다.

태자와 부왕을 살해하고 등극한 수나라 2대 황제 양제는 용모가 아름답고 언행이 반듯한 맏딸 남양공주를 특별히 총애하고, 남양공주 또한 아버지의 뜻에 따라 선비족 맹장 우문술의 둘째 아들 우문사급과 결혼한다. 이후 남편의 형 우문화급이 자신의 아버지 양제를 살해하자 남양공주는 단호하게 인연을 끊어버리고, 두건덕(竇建德)이 우문화급을 살해하고 나머지 우문가 사람을 제거할 때는 아들 우문선사마저 잃어버린다. 이후 남양공주는 머리를 깎고 비구니가 되기로 결심하고, 당시 호북 일대를 장악하고 있던 두건덕의 영토 가운데서 험준한 산을 택해 암자를 짓고 산다.

호북성 정형(井陘)에 있는 창암산(蒼岩山)은 불교와 도교의 성지로 유명하다. 영화 〈와호장룡〉에서 장자이가 몸을 던져 추락하는 장면을 찍은 곳으로도 유명한데, 영화의 배경 무당산에는 이야기 주제와 어울리는 장소가 없어서 창암산에 있는, 절벽과 절벽을 이어놓은 교각에서 촬영한 것이다. 이 창암산이 역사적으로 유명하게 된 이유는 비구니가 된 남양공주가 은거한 곳이기 때문이다.

가파른 절벽과 바위로 된 산 중턱에는 남양공주 사당이 있다. 지금도 많은 사람이 인간을 위협하는 이 험한 산으로 올라가 사당에 봉사한다. 그녀는 이곳에서 폭군인 아버지의 극락왕생을 빌고 자신의 불행한

창암산, 남양공주가 설법하던 곳

운명과 화해하며 산 것이다. 절벽 꼭대기에는 자그마한 공터가 있다. 여기서 남양공주가 불경을 읽으면 산 아래에 있는 사람에게도 그 소리가 들렸다고 전한다. 또 득도 수행을 하면서도 사람들에게는 지극한 선행을 아끼지 않았다고도 전한다.

남양공주는 후일 창암산을 떠나 장안으로 돌아간다. 남양공주의 동생이 당 태종 이세민의 비가 됐기 때문이다. 당시에는 망국의 공주 대부분이 첩으로 강등되거나 재가했지만 남양공주만은 예외였다. 이후 당나라에서 재기한 전 남편 우문사급과 우연히 재회하지만, 또다시 혼인을 원하는 우문사급에게 철천지원수와 함께할 수 없다며 단호하게 거절한다. 이후 사람들은 공주의 처지를 애처롭게 여겨 수많은 전설을 만들어냈던 것이다.

송나라 때에 이르러서야 창암산에 관세음보살의 도장 복흥사를 세우면서 남양공주의 사당도 복원된다. 청나라 광서제는 남양공주에게 작호를 내려 자우보살(慈佑菩薩)로 봉했기 때문에 창암산 남양공주의 사당 본전은 자우전이 되었으며, 관음보살에 버금가는 멋진 조각상도 자리 잡게 되었다. 중국 사람은 인생 역정이 깊고, 또 정의롭고 선량한 남양공주에게 큰 감동을 받았기 때문에 아직도 전설로 전해 오고 있는 것이다. 중국인이 불교를 좋아하기는 하지만 그녀를 보살로 융숭하게 대접할 정도라면 보통 공주는 아니다.

정략적으로 결혼하는 공주는 역사에서 흔하다. 그렇지만 당대 최고였던 당나라를 대표해 시집간 공주 가운데 지금까지 유명한 인물로 남아 있는 경우는 문성공주밖에 없을 것이다. 당나라 때 토번국은 지금의 청해성과 티베트 일대를 장악하고 있었다. 토번국의 왕 손챈감포는 당 태종과 화친하며 정략혼인을 원했고, 당 태종은 조카딸을 문성공주로 봉하고 화친의 선물로 보낸다. 그래서 문성공주는 당시 티베트와 당나라 영토 경계에서 혼례식을 올렸다. 중국 최대 호수인 청해호와 가까운 일월산 부근에서 머물던, 불심이 아주 강한 문성공주는 주민에게 매우 친절해 어진 공주로 기억되었고, 공주가 떠난 후 주민들은 이곳에 사당을 짓는다.

라싸에 도착한 문성공주는 당나라에서 가져온 석가모니 불상을 조캉사원에 보관했고, 이후 조캉사원은 티베트 불교의 성지가 된다. 라싸 시내 해발 3700미터 지점에 있는 포탈라궁도 문성공주와 결혼한 후 세운 곳이다. 손챈감포가 외적의 방비를 위해 세운 것이라고 하는데, 일설에서는 문성공주의 건의로 정교 합일을 위한 궁전으로 지었다고 전한다.

알롱창포강을 건너고 체탕을 지나 일명 자시츠르라 불리는 산 중턱,

융부리캉

일월산 문성공주

그곳 절벽에 우뚝 솟아 있는 융브라캉 사원은 기원전 2세기경에 티베트 최초의 왕이 살았던 궁전이다. 그는 천신의 아들이라 불리며 많은 신화를 남긴 역사적인 인물이다. 융브는 어미 사슴이라는 뜻이고, 라는 뒷다리, 캉은 신전을 뜻하는 말이다. 즉 '어미 사슴 뒷다리처럼 생긴 궁전'이라는 의미이다. 33대 왕 손챈감포는 이곳을 사원으로 개조해 당나라 문성공주와 함께 여름을 보냈다.

    문성공주는 티베트에서 갑목살(甲木薩)이라 불렸다. 티베트 말로 갑은 한족이란 뜻이고 목은 여자라는 뜻이다. 티베트에 당나라 불교를 전해준 문성공주는 두 나라 사이에서 우호의 증인이자 보살로 칭송받으며 40여 년을 살았다. 그녀는 불교뿐만 아니라 종이 제조기술 등 세계 최고의 문화를 티베트에 전달한 것이다. 후에는 문성공주처럼 금성공주도 손챈감포의 손자에게 시집갔고 금성공주 역시 당나라 문화와 문물을 전하며 30여 년을 살았다.

    역사에는 당 태종이 문성공주에게 토번국 왕 손챈감포한테 시집갈 의향이 있는지를 물었다고 기록돼 있다. 그녀는 당나라에 머물며 셀 수 없이 많은 공주처럼 살기는 싫었을 것이다. 그래서 과감하게 결단한 문성공주는 역사의 한 페이지를 기록하는 영웅이 되었고 두 나라 모두에게 큰 공헌을 한 셈이다. 그러나 지금은 두 나라 모두 중국 영토이다.

서시와 초선,
나라를 좌지우지했을까

-
-
-

중국을 여행하다 보면 사대미인의 흔적이 자주 보인다. 대부분 역사적 사실과 함께 등장하고, 후대 사람은 그녀의 미모와 이야기를 관광산업에 적절하게 활용하고 있기 때문이다. 중국의 사대미인 가운데 가장 오래된 인물은 서시(西施)이다. 춘추전국시대 월나라에서 태어난 서시는, 강가에서 실을 씻고 있는데 그녀가 워낙 아름다워 물고기가 헤엄치는 것을 잊어버려서 가라앉고 말았다는 화려한 고사와 함께 등장한다. 그래서 문학적 수사인 침어(沈魚)가 바로 그녀의 미명(美名)이 된 것이다.

고사 와신상담에도 훌륭한 조연으로 등장하는 서시는 지금의 절강성 소흥(紹興) 서남쪽 제기(諸暨) 출신이고, 월나라 구천의 가신 범려의 미인계를 흔쾌히 실천한 미인이다. 중국에서 3번째로 넓은 담수호 태호는 오나라 수도였던 소주(蘇州)와 아주 가까이 있다. 태호

서시

6 신화와 고전 **295**

한가운데 있는 섬에는 명월파(明月坡)라는 낮은 언덕이 있다. 이곳이 바로 서시와 오나라 왕 부차가 함께 물놀이하고 호수를 감상하던 곳이다.

소주 부근 상주(常州)에는 중국에서 유일한 기원전 수성(水城)인 춘추엄성(春秋淹城)이 있다. 여기에도 서시가 등장한다. 하천 3개와 성곽 3개로 구성된 삼성삼하(三城三河)로 세계에서 이와 같은 곳을 찾아보기 어려운 곳이다. 상주 시내를 흐르는 경항운하 천변에 있는 비기항(篦箕巷) 골목은 1600년의 역사를 지닌 빗 제작소가 있는 곳이다. 참빗과 얼레빗을 만들어 운하를 통해 공물로 바쳤는데, 빗은 서시 같은 사대미인의 허리 모양을 따서 만들었다. 중국은 서시에 대한 관심이 매우 높다. 평균 2~3년에 한 편씩 영화나 드라마가 나올 정도라서 사대미인 중에서도 가장 인기 있는 인물이다.

초선(貂蟬)은 삼국시대 동한의 대신 왕윤(王允)의 가기(歌妓)로 동탁과 여포를 이간질하는 연환계(連環計)의 주인공이다. 소설『삼국지』에서는 초반에 뭇 장수의 애간장을 녹이는 역할로 등장한다. 초선이 어느 날 달을 보며 예를 올리고 있는데, 갑자기 바람이 불어 구름이 달을 가렸다. 달이 초선의 아름다움에 미치지 못할까 싶어서 구름 뒤로 숨어 버린 것이다. 이처럼 자연 현상을 문학적 은유로 표현한 폐월(閉月)의 주인공이 바로 초선이다.

『삼국지』는 알다시피 소설이고 내용 대부분은 가짜다. 그래서 초선에 관한『삼국지』내용이 모두 진실이라고 착각하면 안 된다. 사대미인 중에서 초선은 정사에는 기록이 없고, 민간에서만 전설로 전해 오는 존재이다. 그래서『삼국지』에는 왕윤의 양녀로 등장하지만 본디는 동탁과 여포의 첩이라고도 한다. 심지어 여포의 부하 장수 진의록(秦宜祿)의 전

처였다고도 한다. 관우도 초선을 연모해 자신에게 달라고 조르지만 조조는 그녀의 미모에 반해 자신의 첩으로 삼았다고 전한다.

초선은 산서성 흔주(忻州)시 출신이라고 전해지고, 시 동남쪽 목지촌(木芝村)에는 초선의 고향이라는 관광지가 조성돼 있다. 그러나 근거가 있는 것은 아니다. 초선의 고향 마을은 감숙성 임조(臨洮)와 강락(康樂), 섬서성 미지(米脂)에도 있는데, 아마도 서북 양주(凉州) 군벌 동탁의 처라는 전설과 깊은 관련이 있는 듯하다. 영화 〈뮬란〉의 주인공 목란(木蘭)의 고향이 전국에 산재해 있는 것과 비슷하다.

여포는 풍의정(風儀亭)에서 초선과 만나 양아버지인 동탁을 죽이기로 결심한다. 이 장면, 즉 두 사람의 연정이 드러나는 장소와 계책이 완성되는 순간을 잘 묘사한 그림이 전설과 함께 전해 온다. 서태후가 산책하던 이화원 벽화에도 풍의정과 여포와 초선의 밀회 장면이 그려져 있는 것을 보면 청나라 말기까지 둘이 연인관계라는 것은 변하지 않았나 보다.

초선 역시 『삼국지』만큼이나 영화와 드라마에 자주 등장하고, 경극에도 등장한다. 〈관우가 달빛 아래에서 초선을 베다〉라는 경극은 원나라 시대 무대극이 원형이다. 관우의 마음을 사로잡으려고 조조는 초선을 보내고, 관우는 온갖 재물과 미녀의 시중에도 눈 하나 꿈쩍하지 않았지만 초선에게만은 마음을 서서히 빼앗긴다. 그러나 초선을 데리고 가면 유비와 장비가 서로 탐해 대사를 그르

관우와 초선

칠 것 같아 칼로 베어 버린다. 초선은 사람들 입에 오르내리기 좋은 소재이고, 그래서 전설로 끊임없이 회자되다가 문무를 겸비한 관우와 만난다는 내용이다. 영웅과 사대미인의 이야기라는 점 때문에 경극의 인기 목록에 들어갔을 것이다.

경극에서 관우는 초선에게 동탁과 여포를 죽인 공로를 인정하며 그 옛날 나라를 구한 서시와 비교한다. 실을 들고 강물에서 물고기와 노니는 서시를 구구절절 불러내고, 범려의 연인이라는 점과 나라를 구한 점을 강조한다. 경극 국가 1급 배우인 왕경원(汪慶元)이 연기한 관우의 대사는 초선과 서시를 이어주고 있다.

오월춘추 시대에도 재가를 한 여인이 있었네
저라촌(苧蘿村)의 서시 완사(浣紗)라네
그녀는 월왕 구천의 국토를 회복하려고
뜻을 세우고 몸을 바쳐 오나라를 멸하였네
나중에 범려와 함께 평생 부부의 연을 맺었다네
초선 너는 서시를 능가하니
공로가 당대 으뜸이며 명성도 영원하리라

변덕이 심한 관우는 초선을 서시에 빗대며 이다지도 애절하게 흠모하더니, 달밤에 청룡언월도로 초선을 베고 만다.

화려한 미인 양귀비와
가난한 미인 왕소군

-
-
-

　당나라 시인이자 정치가인 백거이는 과거에 급제한 후 낭만적인 장편 서사시 『장한가(長恨歌)』를 짓는다. 당 현종과 양귀비의 삶과 죽음, 그리고 영화 〈사랑과 영혼〉처럼 비현실적으로 초혼하는 내용이다. 이처럼 양귀비는 당대부터 문학의 소재로 유명했던 사대미인 가운데 하나이다.

　양귀비 양옥환(楊玉環)은 지금의 산서성 영제(永濟)에서 태어나 당 현종의 18번째 아들의 비, 즉 며느리였다가 이혼하고 황제의 귀비가 된 여인이다. 절세의 미인이라는 얼굴과 복을 타고난 덕분에 황제의 총애를 받았으며, 안녹산과 사사명이 주도한 반란의 와중에 사망해 우여곡절 많은 인생을 살다간 여인이다. 그러나 서시와 초선, 왕소군은 몸을 더럽히는 실신(失身)의 정신으로 나라를 구한 공로라도 있다지만 양옥환은 자신의 영달만을 위해 살다간 비련의 여인일 뿐이다.

　양귀비는 궁에 들어온 후 화원을 거닐다가 화창하게 핀 꽃을 보자 고향 생각이 절로 났다. 이에 한탄하며 미모사(含羞草) 꽃을 쓰다듬었더니 꽃잎이 수축하고 줄기는 고개를 숙였다. 이를 본 사람이 그녀의 아름다움은 꽃조차 부끄럽게 한다는 뜻으로 수화(羞花)라고 불렀다. 그만큼 양귀비가 아름다웠다는 말이다.

서안 화청지(華淸池)에 가면 현종과 양귀비가 목욕한 탕이 있다. 이 욕정의 역사 앞에는 은밀하게 동전을 던지는 사람들로 늘 인산인해이다. 당 현종의 행궁 부용원(芙蓉園)에도 양귀비를 연기하는 아가씨가 늘 앉아서 유혹하고 있다. 『장한가』도 화청지에서 밀회를 노래하고 있는데, 반란이 일어나자 궁중 무용악인 예상우의곡(霓裳羽衣曲)을 멈추고 달아나다가 마외파(馬嵬坡)에서 생을 마감한다는 대목이다. 당시 황궁이 있던 함양(咸陽) 서쪽 흥평(興平) 마외진(馬嵬鎭)에는 양귀비의 의관묘가 있다.

양귀비도 영화나 드라마의 좋은 소재임은 틀림없다. 〈대당부용원〉, 〈양귀비〉, 〈장한가〉 외에도 성인물과 무대극도 있다. 2015년에 개봉될 예정인 영화 〈양귀비〉에는 특급 여배우 범빙빙(范冰冰)과 여명(黎明)이 등장한다.

2010년 서안 국제전시관에서, 한국에서 온 사장 한 명과 점심을 먹는 자리에서 전시관을 담당하던 아가씨에게 '양귀비처럼 미인이네요.'라고 말했다가 수저를 놓고 말았다. 그 아가씨는 기분 나쁘다는 말투로 조용히 '살을 빼겠다'고 말했다. 이처럼 양귀비는 당나라 시대 절세미인이긴 하지만 현대 중국에서 함부로 비유했다가는 큰일이 난다.

가장 못생긴 궁녀를 북방에 있는 흉노족 족장에게 보내려고 했다가 황제가 크게 후회한 일이 있으니, 그 주인공은 바로 왕소군(王昭君)이다. 그녀는 서한 시대 호북 흥산(興山) 출신으로 황제의 궁녀이던 19살 때 동흉노 선우(單于, 흉노 임금을 낮춰 부른 말) 호한야(呼韓邪)에게 화친의 선물로 보내지고, 이후 평생 고향으로 돌아오지 못한다. 한나라 원제는 수많은 궁녀 가운데서 화공에게 뇌물을 바치지 않아 가장 볼품없는 그림으로 그려진 왕소군을 보냈던 것이다. 왕소군은 흉노 땅인 변방으로 가

서안 화청궁

는 길에 슬픈 마음을 억누를 길 없어 악기를 뜯었고, 그 소리를 들은 기러기는 날갯짓하는 것도 잊어버려서 땅으로 떨어지고 말았다. 그래서 왕소군에게는 낙안(落雁)이라는 미명이 붙었다. 한나라 원제는 왕소군을 잃은 게 얼마나 애통했던지 화공을 참수하고 말았다.

　내몽고 호화호특(呼和浩特) 시내 남쪽에는 소군묘가 있다. 다른 곳은 대부분 흰 풀이 자라는데 유독 소군묘에만 초록색 풀이 자란다고 해서 청총(青冢)이라 부른다. 정면 화친동상(和親銅像)은 선우 호한야와 왕소군이 사이좋게 말을 타고 있는 모습이다. 결혼 2년 후 선우는 사망하지만 왕소군은 선우의 본처 아들과 다시 결혼해 산다. 이렇게 후궁으로서 변방에 가게 된 과정과 극적인 삶은 역사적 고증으로서가 아니라 대부분 민간에서 전설로 전해지고 있다.

화친동상

그녀의 삶은 이백, 두보, 백거이, 채옹, 왕안석, 야율초재 등 문인에 의해 전승되고 있는데, 그녀를 노래한 문인 500여 명은 시 700여 수, 이야기 40여 종을 남겼다. 근현대에 이르러서도 곽말약, 조우(曹禺), 전한(田漢), 전백찬(翦伯贊), 노사(老舍) 등이 시와 소설과 연극에 등장시킬 정도로 훌륭한 문학 소재가 되고 있다. 아마도 엄청난 미인이 인물화에는 추한 모습으로 그려졌기 때문에 더 극적으로 비쳤을 것이다. 내몽고에 가서 '왕소군처럼 미인이네요.'라고 말하면 살을 빼겠다는 말은 듣지 않을 것이다.

서호에 담긴
애절한 사랑

-
-
-

절강성 항주에는 낭만적인 호수 서호(西湖)가 있다. 동파거사(東坡居士) 소식(蘇軾, 1037~1101)은 서호를 은은한 화장과 짙은 화장 모두 어울리는 서시(西施)와 같은 호수라고 극찬했다. 그래서 서자호(西子湖)라고도 부른다. 서호에는 수많은 전설이 있다. 호수를 따라 산책로를 걷다 보면 사랑 이야기가 너무나도 풍부해 낭만적인 자연과 더불어 술 한 잔이 절로 생각난다. 또 서호에는 다리도 많은데 사랑 이야기와 관련된 정인교(情人橋) 3곳이 있다.

백거이(白居易)가 항주 자사로 부임해 만든 제방인 백제(白堤)에는 봉긋한 단교(斷橋)가 있다. '맑은 호수, 비 내리는 호수, 달에 비친 호수는 눈 내린 호수만 못하다'는 바로 그 단교잔설(斷橋殘雪)이라는 별명이 붙은 다리다. 다리 위에 눈이 덜 녹은 모습을 멀리서 보면 마치 다리가 끊어진 듯이 보인다는 감탄사인데, 그만큼 풍경이 멋지다는 말이다.

이 다리에는 재미있는 사연이 하나 더 있다. 〈양산백과 축영대(梁山伯與祝英台)〉, 〈맹강녀(孟姜女)〉, 〈우랑직녀(牛郎織女)〉와 함께 중국의 4대 민간 전설 가운데 하나인 〈백사전(白蛇傳)〉의 주인공인 허선(許仙)과 백

서호 단교

소정(白素貞)이 처음 만나는 장소다. 전설이다 보니 이야기 전개도 다양하다. 아미산에서 수도하고 인간이 된 백사와 청사가 서호에 오고, 백사는 전생에 생명의 은인인 허선을 만나 배필이 된다. 하지만 법해선사가 등장해 백소정이 백사임을 알리자 허선은 쇠약해지고, 백소정은 신선초를 구해 살려낸다. 둘은 결혼해 행복하게 살지만 법해선사는 백소정을 잡아다가 서호의 뇌봉탑(雷峰塔)에 가둔다. 이후 청사가 백소정을 구한다는, 우여곡절 끝에 행복하게 끝난다는 애절한 사랑 이야기의 배경이 되는 곳이다. 〈백사전〉은 대중문화의 훌륭한 소재이다. 영화나 드라마에서 자주 다루고 경극이나 그림자 인형극인 피영(皮影)에서도 인기 있는 목록에 올라가 있다. 〈도선초(盜仙草)〉는 백소정이 허선을 구하기 위해 신선초를 구하는 과정을 그린 경극이다.

　제방을 따라 육지로 연결된 서령교(西泠橋)에 이르면 산과 호수, 물 위에 가득한 수련까지 예쁘게 자리 잡고 있고, 다리를 건너면 중국 최고의 명기라 일컫는 소소소(蘇小小)의 자그맣고 동그란 무덤이 있다. 남북조시대의 소소소는 북송 말기의 이사사(李師師), 명나라 말기의 진원원

(陳圓圓), 류여시(柳如是)와 함께 4대 명기로 손꼽히는 인물이다. 소소소는 일찍 부모를 잃지만 총명하고 감수성이 뛰어났기 때문에 뭇사람의 선망을 한 몸에 받는 기생이 된다.

어느 날 소소소는 재상의 아들 완욱(阮郁)과 서호에서 우연히 만나 사랑에 빠지고, 첫눈에 반한 완욱은 매일 소소소의 집을 찾아가 낮과 밤을 가리지 않고 붙어 다닌다. 시간 가는 줄 모르고 서호의 풍광을 따라 거니는, 사랑을 빠진 연인 그 자체였다. 이 소식을 들은 재상은 크게 화를 내며 완욱을 집으로 끌고 가 버린다.

소소소는 신분을 뛰어넘지 못한 애절한 사랑을 품고 살다가 어느 날 산자락에서 책을 읽고 있는 서생 포인(鮑仁)을 만나고, 그의 인물 됨됨이를 한눈에 알아본다. 그에게 용기를 심어주고 과거를 보라며 여비도 챙겨준다. 시간이 흘러 서호를 지나던 관찰사 맹랑(孟浪)이 소소소의 소문을 듣고는 그녀의 미모를 탐하며 수차례 위협하고, 소소소는 맹랑 앞에 불려 나가 '백안시한다'는 고사를 인용해 시를 지어 위기에서 벗어난다. 소소소는 완욱을 잊지 못하다가 결국 19세에 요절하고, 과거에 급제한 후 서호로 금의환향한 포인은 소소소의 무덤 앞에서 은혜를 갚지 못한 것을 애통해한다. 그래서 무덤 옆에 정자를 짓고는 재주를 그리워한다는 뜻으로 모재정(慕才亭)이란 이름을 붙인다. 이처럼 줄거리는 우리나라의 황진이와 춘향이를 섞어놓은 듯하고, 서

소소소 묘

기 5세기경 실존 인물이라고 하는데 이것도 정확한 기록은 아니다. 이후 소소소는 서호를 거쳐 간 백거이와 소식을 비롯해 수많은 문인의 시적 소재가 되었다.

서호에는 수면 위를 걷는 듯한 장교(長橋)가 있다. 지그재그로 만들어진 이 돌다리에도 애절한 사랑 이야기가 얽혀 있다. 백사전과 더불어 4대 민간 전설이자 영화나 드라마, 노랫말에도 자주 등장하는 양축(梁祝)이다. 1994년 서극 감독의 영화 〈양축〉에 나오는 양산백(梁山伯)과 축영대(祝英台)를 말하는데, 이들도 중국판 로미오와 줄리엣처럼 이루어질 수 없는 사랑의 주인공이다.

말괄량이 딸 축영대는 부모의 권유로 남장하고 남자들만 우글대는 서원에 입학하고, 이곳에서 운명적으로 양산백을 만나 3년간 함께 공부하며 우정을 나눈다. 축영대가 급한 부름을 받고 집으로 돌아가게 되자 양산백에게 자신이 여자라는 사실을 털어놓고, 둘은 평생 함께할 것을 약속한다. 그러나 축영대는 부모의 뜻대로 출가할 수밖에 없었고 이를 안 양산백은 병으로 죽는다. 혼례를 위해 가던 중 양산백이 죽었다는 사실을 알게 된 축영대는 결혼을 포기하고 양산백의 무덤으로 달려간다. 축영대는 갑자기 갈라진 양산백의 무덤으로 들어가 무덤 속에서 한 마리 나비가 되어 날아간다.

서호에 가면 이처럼 애간장을 녹이는 전설 때문인지 다리마다 젊은 남녀가 다정하게 앉아 찰랑거리는 물살을 지켜보고 있다. 백사전과 소소소, 그리고 나비를 따라간 축영대, 오늘도 서호의 밤은 깊어가고 있을 것이다.

나라의 운명을 바꾼
진원원

-
-
-

　만리장성의 동쪽 끝자락 산해관(山海關)에는 왕가대원이 있다. 이 집에는 나라의 운명을 바꾼 명기(名妓) 사진 하나가 걸려 있으니, 바로 명나라 말기 산해관을 지키던 오삼계(吳三桂) 장군의 애첩 진원원(陳圓圓)이다. 오삼계와 진원원이 함께 머물던 이 집은 청나라 말기에 소금을 판매해 거부가 된 왕씨 저택이 되었다.

　소주에서 고아로 성장한 진원원은 진씨 가문의 양녀가 되고, 명기 8명을 말하는 강남팔절(江南八絶) 가운데 한 명이 될 정도로 유명해진다. 시와 가무에 뛰어났으며 무대에 설 때마다 관중의 혼을 빼놓았으니, 그녀의 명성이 전국으로 뻗어 나간 것도 당연했으리라.

　명나라 말기, 근심이 깊어가는 숭정제의 애환을 달려주려고 외척은 강남 일대를 돌며 진원원을 비롯해 아리따운 아가씨를 선발해 황제에게 바친다. 그러나 전쟁이 빈번하던 시기라 그런지 황제는 여인들과 쾌락을 즐기는 일에 관심이 없고, 외척은 선발한 아가씨를 자신의 집에 둔다. 마침 외척을 찾아온 오삼계는 진원원을 보는 순간 첫눈에 반해 첩으로 삼는다.

당시 후금의 남침을 막고 있던 명장 원숭환(袁崇煥)이 누명을 쓰고 죽자 오삼계는 멸망 직전 명나라의 마지막 보루나 마찬가지인 산해관을 굳건히 지켜 후금의 남침을 막아야 했다. 서쪽에서는 이자성의 농민군이 세력을 키워서 북경으로 향하고 있던 절체절명의 상황이었다. 얼마 후 이자성은 북경 북쪽에 있는 만리장성 관문 거용관(居庸關)을 넘어 북경 황궁을 함락시키고, 숭정제는 고궁 뒷산 경산의 한 정자에서 목매 자살하고 만다. 오삼계는 명나라의 운명이 다했음을 간파하고 항복 후의 상황을 생각하며 북경으로 향하다가 이자성의 부하 장수 유종민(劉宗敏)이 자신의 가족을 고문하고 진원원을 강탈해 첩으로 삼았다는 소식을 듣고는 산해관으로 다시 돌아간다.

이를 두고 청나라 시대에 이르러 시인 오위업(吳偉業)은 칠언시 〈원원곡(圓圓曲)〉에서 '털끝이 관을 뚫듯이 크게 노한 것은 미녀 때문이다.'라

거용관

무당산 금전

고 조롱했을 정도였다. 나중에 오삼계가 시의 내용을 문제 삼았지만 오위업은 눈 하나 꿈적하지 않았다. 오삼계는 이자성의 침공을 받아 절체절명의 위기에 이르자 후금에 구원을 요청하고, 호시탐탐 산해관을 넘어 북경을 노리던 만주족 다이곤(多爾袞)에게도 절호의 기회가 찾아왔다.

　북경을 탈환한 오삼계는 진원원을 되찾았다. 그리고 이자성 군대를 추격해 남하하다가 평서왕(平西王)에 봉해지고, 명나라 복귀를 도모하던 계왕(桂王)을 사살하고는 운남(雲南) 곤명(昆明)에서 자리를 잡는다. 곤명에서는 번왕(藩王)으로 독립적인 정권을 유지하며 세력을 키우고, 도교 궁전인 금전(金殿)을 중건한다. 금전은 조카를 죽이고 정권을 탈취한 명나라 영락제가 통치의 명분을 위해 도교 명산인 무당산 정상에 세운 것이다. 영락제는 당시 민중의 절절한 신앙이던 도교를 끌어들여서는 도교의 신과 자신을 동일시하는 진무(眞武) 사상을 만들었으며, 금전

안에는 황제의 얼굴인 진무대제를 조각해 놓았다. 오삼계 역시 황제의 복식을 갖추고 자신의 얼굴을 새긴 조각상을 금전에 세워 놓았다. 한족의 나라를 세우고자 했던 오삼계가 이러했으니 진원원의 위상도 제법 대단했을 것이다.

청나라 정부가 남쪽 지방에 있는 한족 정권이 독자적인 성장을 못하도록 번의 철폐를 명령하자 오삼계는 광동의 평남왕, 복건의 정남왕과 함께 삼번의 난을 일으킨다. 게다가 전쟁 와중에 형주(衡州)에서 대주(大周)라는 나라를 세우고 황제가 된다. 명나라와 청나라 두 왕조 모두를 배반한 오삼계는 황제가 된 지 반년도 안 되어 병사하고, 오삼계의 손자 오세번(吳世璠)이 황제 지위를 물려받았으나 곤명으로 후퇴했다가 청나라 군대의 포위를 당해 자살하고 만다.

진원원은 북경에서 오삼계를 다시 만나자 몸이 더럽혀진 것을 자책해 비구니가 됐다는 전설이 있다. 하지만 오삼계는 진원원을 그냥 출가하도록 내버려둘 사람이 아니다. 곤명으로 온 이후 그녀는 비록 오삼계의 비는 아니었지만 애첩이 되어 자식도 낳고 살았다. 그녀는 비천한 출생과 패망한 반역자의 식솔이기 때문에 정사에 기록되기 어려웠을 것이고, 그래서 민간에서는 그녀에 대해 떠돌아다니는 전설이 많다. 그녀의 무덤이라고 주장하는 곳도 여러 곳이다.

삼번의 난을 진압하러 청나라 군대가 곤명에 도착하기 전에 이미 사망했다는 설도 있다. 청나라 군대가 오자 오세번의 황후와 함께 목을 맸다고도 하고, 연화지(蓮花池)에 몸을 던져 자살했다고도 한다. 또 오삼계로부터 총애를 잃자 금마산(金馬山)에 들어가 비구니로 여생을 살았다는 설도 있다. 이 중에서 곤명에서 사망했다는 설이 가장 신빙성 있다. 1940

년에 연화지에서 진원원 것으로 추정되는 비석이 발견되었기 때문이다.

그런데 1983년에 뜬금없이 귀주(貴州) 동쪽에 진원원의 무덤이 있다는 주장이 제기됐다. 잠공(岑鞏)현 마가채(馬家寨)에서 볼품없는 무덤 하나가 발견되었는데 고증한 결과 진원원의 무덤으로 판명됐다. 오삼계가 사망하자 멸족을 피하려고 성을 바꾼 후 산촌에서 숨어 살았다는 말인데, 오삼계 사망 후 형주에서 곤명으로 가지 않고 부하 장수의 호위 아래 오삼계의 자손과 함께 이곳에 자리 잡았다는 것이다. 오삼계 후예는 모두 이렇게 진술하고 있고, 또 그럴듯한 이야기라서 무덤의 진위 여부를 놓고 논쟁 중이다.

진원원은 희대의 영웅 오삼계와 인연으로 인해 나라의 운명을 바꾼 미인, 중국의 4대 명기로 역사에 기록되어 있다. 산해관 왕가대원에서 당대 최고의 미인, 즉 절대명원(絶代名媛)이라는 편액을 볼 때마다 그녀의 파란만장한 삶을 되새기게 된다.

아름답지만 비판적인 소설, 홍루몽

-
-
-

　북경식물원에 가면 엄청난 식물이 천태만상으로 널브러져 있어 눈을 즐겁게 하지만, 이곳에는 식물만큼이나 매력적인 3곳이 더 있다. 원나라 때 동으로 주조한 석가모니 와상이 있는 와불사, 청나라 소설가 조설근의 고거, 무술정변을 일으킨 정치 사상가 양계초(梁啓超)의 묘원이 바로 그곳이다.

　『홍루몽(紅樓夢)』은 가보옥(賈寶玉), 고종사촌 임대옥(林黛玉), 이종사촌 설보차(薛寶釵)의 삼각관계를 기본 축으로 하는 소설이다. 가씨 집안의 아들 가보옥은 청나라 시대 페미니스트라 불릴 정도로 남녀 사이의 고루한 봉건적 서열을 무시하는 성향이 있고, 가보옥과 서로 첫눈에 반하는 임대옥은 가냘프고 연약하지만 순수하고 감성이 풍부한 여인이다. 이어 가씨 집안으로 들어와 가보옥을 흠모하는 설보차는 똑똑하고 재치가 있으며 순종적이다. 이들은 전생에서부터 숙명을 간직한 채 살아가고 있고, 집안의 생로병사 등이 얽히면서 이야기는 점점 무르익어 간다.

　『홍루몽』은 남경(南京)의 옛 지명인 금릉(金陵)의 가씨 집안 딸이자 가보옥의 누나 가원춘(賈元春)이 황제의 총애를 받고 거대한 가옥 대관원을 지으면서 점입가경이 된다. 소설 속에는 금릉 12차(釵)가 등장하는데, 차는 비녀라는 뜻이니 여주인공을 말한다. 임대옥, 설보차, 가원춘 외에도 시아버지와 부적절하게 정사한 후 자살하는 진가경(秦可卿)까지 모두 12명의 아리따운 여인네가 등장한다. 장예모 감독은 2011년에 이 금릉 12차와 남경대학살을 소재로 영화 〈금릉의 13소녀(金陵十三釵, 진링의 13소녀)〉를 발표하기도 했다.

중국 문화의 백과사전이라는 이 소설에는 진가경처럼 지독하게 봉건적인 이야기도 나오지만 가보옥이 서원에서 친구들의 동성애를 경험하는 등 당시로써는 엄청난 내용을 담고 있다. 또 청나라 중기의 사회상을 정제된 문체로 잘 표현했다는 평가를 받기도 했는데, 고관대작부터 천민에 이르기까지 다양한 인물이 등장하고, 유교와 불교, 도교를 아우

대관원

금릉 12차

르고 있어서 대작이라 할 만하다.

　이 소설은 저자 조설근의 자서전적 이야기를 담고 있기도 하다. 남경에서 살다가 북경으로 이사한 조설근은 가난에 못 이겨 다시 북경 외곽 식물원으로 이사하고, 그 농촌에서 열정적으로 『홍루몽』을 저술한다. 그러던 어느 날 아들이 병으로 급사하고, 조설근 역시 뒤따라 사망하고 만다. 그는 『홍루몽』 80권만 저술하고 나머지는 완성하지 못한 채 세상을 떠난 것이다. 그러나 처음부터 완벽한 구성으로 복선을 깔고 서술했기 때문에 나머지 40권은 고악(高鶚)이 완성할 수 있었다.

　북경에는 『홍루몽』과 관련된 조설근 고거 외에도 1984년에 방영한 드라마 〈홍루몽〉을 촬영하기 위해 지은 대관원도 있다. 지금은 유명 관광지로 변해 사시사철 사람이 찾고 있으며 정월 초하루부터는 홍루묘회(紅樓廟會)라는 문화 활동도 열리고 장터도 열린다.

　또 『홍루몽』은 습근평 주석과도 밀접한 관련이 있다. 30대 초반의 나이로 하북성 정정(正定) 서기로 근무하고 있던 습근평 주석은 1986년에 드라마 〈홍루몽〉의 촬영 장소를 적극적으로 유치한다. 가보옥의 집안사람이 살던 영국부(榮國府)를 관광지로 만든 것도 습근평 주석의 업적 중 하나다. 당시로써는 모험에 가까운 자금을 투자해 촬영 장소를 지었는데, 이후 관광 수입만으로도 엄청난 흑자를 달성하고 있다. 지금은 『삼국지』의 오호장군 조운의 고향, 중국 10대 사찰인 대불사, 그리고 영국부는 명소가 되어 역사와 문화의 도시 정정을 모르는 사람이 없을 정도이다.

가보옥은 마침내 사랑의 허무와 인생의 허망함을 깨닫고 출가를 결심한다. 눈

영국부

이 내리는 어느 날, 가보옥의 아버지 가정(賈政)은 문득 맨발과 붉은 망토를 쓴 남자가 아들임을 깨닫고 따라가지만 어느새 승려와 도사를 따라 사라져 버린다. 이것이 『홍루몽』의 마지막 장면이다. 이 승려와 도사는 첫 장면에 나오는 두 노인과 닮았고, 두 노인은 천상의 세계에서 거대한 돌을 놓고 운명적인 예언을 한다. 그래서 『홍루몽』의 원본 제목은 『석두기(石頭記)』이다.

청나라 중기 사회는 부익부와 빈익빈, 그리고 차별의 세상으로 변해가고 있었다. 도시에서 멀리 떨어진 허름한 농촌, 가난과 절망에도 불구하고 그곳에서 자신의 마지막 운명처럼 역작을 집필한 조설근, 그 덕분에 『홍루몽』은 세상 속으로 나와 빛이 되었다. 그는 이렇게 유명한 소설로 평가받고 있는지도 모른 채 세상을 떠났다. 운명처럼 천상의 세계에서 거대한 돌이 되어 응시하고 있는지도 모른다.

수호지와 금병매의 여인
반금련

-
-
-

　중원 개봉(開封)에 가면 온갖 풍물과 공연이 잘 어우러진 멋진 놀이 공원 청명상하원이 있다. 중국의 10대 명화 가운데 하나인 청명상하도(淸明上河圖)를 본뜬 공원이다. 북송 화가 장택단(張擇端)이 그린 대로 당시 거리와 강물, 봉긋한 다리를 그대로 옮겨놓은 공원이다.

　청명상하원에는 재미난 것이 아주 많은데 가장 눈길을 끄는 것은 취병을 팔고 있는 사내와 얼굴을 가린 채 종이우산을 쓰고 있는 아리따운 아낙네 모습이다. 취병은 넓게 편 과자를 말한다. 큰 소리로 '취병'을 외치며 호객하는 사내도 웃기지만 더운 날씨에도 불구하고 얼굴을 가리고 있는 아낙네를 보면 더 웃음이 나온다. 정말 재미있는 발상이다. 이 두 주인공은 바로 무대랑(武大郞)과 반금련(潘金蓮)이다. 무대랑은 『수호지』의 주인공인 무송(武松)의 형 무식(武植)이고, 반금련은 무식의 부인으로 『수호지』에도 잠시 등장하고 소설 『금병매』에서는 주인공으로 등장하는 여인이다. 반금련은 부도덕한 아내를 상징해서 그런지 여기서는 말할 자격이 없다는 듯이 얼굴을 가리고 있다.

　『수호지』에서 호랑이를 때려잡는 영웅 무송의 고향은 하북 청하(淸

河)이다. 형 무식과 반금련의 고향도 이곳이다.『수호지』 초반부는 거의 무송이 이끌어간다고 해도 과언이 아닐 정도로 흥미진진한 주인공으로 등장한다. 무송은 형수 반금련이 대형 약방을 운영하는 지방 토호 서문경과 불륜을 저지르고, 또 형을 암살했다는 것을 알고는 복수를 결심하고, 반금련과 서문경을 죽이고 유배 가던 중 양산박에 합류한다.

청하가 배출한 영웅답게 시내에는 무송공원이 있다. 공원 곳곳에는 『수호지』와 관련된 표지판이 있고 108 협객의 근거지 양산(梁山)이 있고 육합탑(六合塔)도 있다. 정문 쪽에는 큰 영벽(影壁)이 있는데 웅풍장소(雄風長嘯), 즉 위풍당당한 풍모와 커다란 고함 소리라는 뜻이 새겨져 있다. 높이는 약 10미터, 길이는 약 30미터에 이른다. 해와 달, 나무도 새겨져 있으며『수호지』의 영웅 이야기도 그림으로 그려져 있다. 그런데 무송공원의 원래 이름은 금병매원(金甁梅園)이었다고 전한다.

『수호지』는 원나라 말기 또는 명나라 초기 문학가인 시내암(施耐庵, 1296~1370)이 쓴 소설이고, 무송과 송강은 대중적인 영웅이 된다. 명나라 중엽에 쓴 것으로 알려진『금병매』에도 무송이 등장하지만 줄거리는 완전히 다르고 인물도 다르게 그려진다. 오랫동안 금서로 알려진『금병매』는 당시 부패한 사회상을 대표하는 인물 서문경(西門慶)을 주인공으로 한다.

책 제목은 서문경의 첩 반금련과 이병아, 반금련의 시녀 춘매의 이름에서 한 글자씩 따온 것이다.『금병매』

서호에 있는 무송 묘

무송공원

는 서문경이 문란한 성생활과 부도덕한 쾌락을 일삼는 무뢰한으로 등장하기 때문에 외설적인 소재라는 것과 사회문제를 고발한 문제작이라는 상반된 평가를 받고 있다. 또 『금병매』는 『수호지』의 등장인물을 새롭게 해석한 소설이지만, 반금련을 더욱 요부로 묘사하고 있으며 무송은 복수를 하지도 못한다.

중국에서는 4대 고대 소설로 『홍루몽』 대신 『금병매』를 꼽기도 한다. 외설적인 금서라는 선입견을 버리고 꼼꼼하게 보면 당시 기준으로는 굉장한 작품이라는 평가를 받을 만하다. 이 문제작의 저자는 난릉소소생(蘭陵笑笑生)이다. 딱 봐도 본명이 아닌 필명인데 이 이름 다섯 글자 때문에 의견이 분분하다. 난릉은 지명으로 산동이냐 강소이냐를 놓고 오랜 논쟁이 있었지만, 고증을 거쳐 산동성 남쪽 창산(蒼山)현으로 굳어졌다. 하지만 소소생이 누구인지에 대해서는 50여 명이나 되는 작가가 등장할 정도로 설이 무수하게 많다. 그런데 최근에 『금병매』의 작가는 명나라 가정(嘉靖) 시대 때 진사에 급제한 정유녕(丁惟寧)이라는 보도가 나왔다. 『금병매』에 나오는 수많은 방언 등을 고증한 결과 산동성 제성(諸城) 출신의 정유녕이라는 견해를 학계에서도 받아들이는 추세이다.

『수호지』와 『금병매』는 서로 다른 배경과 줄거리로 이야기를 전개하지만 모두 드라마나 영화로 제작돼 많은 인기를 끌고 있다. 『수호지』는 『삼국지』, 『서유기』와 함께 대중으로부터 많은 사랑을 받고 있으며, 2011년에는 84편이라는 대작 드라마로 제작돼 방영되기도 했다. 『금병매』는 외설이라는 선입견 때문인지 몰라도 드라마보다는 주로 영화로 제작되는 편이다. 『수호지』는 우여곡절이 많은 영웅 108명이 등장해 무협을 펼치는 작품이고, 『금병매』는 서문경을 중심으로 펼쳐지는, 화려한 19금 장면과 탐욕으로 얼룩진 작품이다. 또 『금병매』는 중국의 정서와는 맞지 않아 주로 홍콩에서 제작되어 왔지만 최근에는 중국에서도 상업 영화 바람이 불고 있다. 2013년에 제작된 〈신금병매〉는 화려한 미술과 활력 넘치는 촬영기법을 활용해서 그런지 새로운 에로티시즘 영화로 주목받고 있다.

무송이나 반금련은 두 소설에 모두 등장하다 보니 소설마다 성격이 다르게 나타난다. 반금련은 『수호지』에서 남편 동생 무송을 흠모하고 서문경에게 능욕당하

신금병매

지만, 『금병매』에서는 더 주도적으로 부도덕성을 드러낸다. 최근 영화에서는 아주 잔인하고 악랄한 역할로 나오기도 한다. 세월에 따라 해석이 달라져 다른 인물로 탄생하는 것이 대중소설이자 문화의 특색일 것이다. 그런 면에서 보면 반금련이 지닌 이미지가 사회주의 국가 중국에서 드러나고 있는, 자본주의적 상품화로 주체할 수 없이 변해가는 속물적 근성을 대변하고 있는 것은 아닌가 하고 생각해 본다.